襄垣方言研究

张威娜 / 著

山西出版传媒集团 北岳文艺出版社
BEIYUE LITERATURE & ART PUBLISHING HOUSE

· 太原 ·

图书在版编目（CIP）数据

襄垣方言研究 / 张威娜著 . -- 太原 : 北岳文艺出
版社 , 2022.1
ISBN 978-7-5378-6486-2

Ⅰ.①襄… Ⅱ.①张… Ⅲ.①西北方言 - 方言研究 -
襄垣县 Ⅳ.① H172.2

中国版本图书馆 CIP 数据核字 (2021) 第 248759 号

| 书 名：襄垣方言研究 | 出 品 人：郭文礼 | 书籍设计：谢 放 |
| 著 者：张威娜 | 责任编辑：谢 放 | 印装监制：郭 勇 |

出版发行：山西出版传媒集团·北岳文艺出版社
地址：山西省太原市并州南路 57 号　邮编：030012
电话：0351-5628696（发行部）　0351-5628688（总编室）
传真：0351-5628680
网址：http://www.bywy.com
E-mail：bywycbs@163.com
印刷装订：山西新华印业有限公司

开本：787mm×1092mm　1/32
字数：258 千字　印张：11.625
版次：2022 年 1 月第 1 版
印次：2022 年 1 月山西第 1 次印刷
书号：ISBN　978-7-5378-6486-2
定价：58.00 元

序

2002年，为了检验《汉语方言地图集》调查条目设计的效度，曹志耘老师和我去山西太谷进行试验调查，这是我第一次实地接触山西方言，山西方言的特点让我印象深刻。从那以后，我带在读的硕士生、博士生陆陆续续调查过山西晋语和中原官话的十多个地点，调查得越多，越发觉得山西方言复杂，富有魅力。也是因为山西方言、晋语的丰富性和特殊性，吸引不少学生以山西方言或晋语为题展开研究，截至目前计有冯雪利（河南武陟西滑封）、尹金堂（山西阳曲西凌井）、韩玉（山西河曲巡镇）、张滢（河北张家口晋语）、张威娜（山西襄垣古韩；汾河片中原官话）、孙宇炜（山西并州片晋语）、刘丹丹（汾河片中原官话）、赵晓阳（河北原阳化稍营）、王柳柳（河北邢台沙河）、朱玉柱（河南武陟）、李琪（山西娄烦顺道）等，或单点调查描写，或成片考察分析，大体都能实实在在地描写，也不乏从实际材料入手深入分析有所创新的成果。张威娜是硕士、博士都在北京语言大学就读，研究课题又都跟山西方言有关的其中一位。

威娜2009年考入北京语言大学攻读硕士学位。2010年12月29日至2011年1月5日，我和威娜、徐丽丽调查了襄垣县古韩镇方言，其中，蟹摄开口一二等字和效摄字调值分韵引起的韵类分合、三个入声调（其中一个是"子"尾变调）等现象给我留下了深刻印象。威娜在此基础上写成硕士学位论文《襄垣方言语音研究》。2012年，

1

威娜硕士毕业，继续攻读博士学位，我们一起讨论了山西方言研究概况，确定以山西省境内，与晋语有密切关系的汾河片中原官话作为其博士论文的选题。然后，她便自己安排计划，投入调查和论文写作。先后独自调查十六个点，完成博士学位论文《中原官话汾河片语音研究》，填补了这一地区方言的全面专门性研究的空白。

博士毕业之后，威娜一度在一家国企工作过一年多时间，终究还是放不下喜欢的专业，于2017年底成为长治学院的一名教师。回到教学科研岗位，新的环境使她更加成熟，目标也更为明确。过去我们常说："要给学生一杯水，老师就要准备一桶水。"现代社会，老师光有一桶水已经远远不能满足学生的需求，必须保证这桶水永远在"保鲜期"，是"长流水"才行。我想威娜一定深知教学相长的道理，从她近几年来克服种种困难以极大的热情投身学术，便能看出她是做好了充分准备的。以威娜稳扎稳打、不急不躁、不争不抢的性格，我相信她一定会有所作为的。

本书是在威娜的硕士学位论文基础上，补充调查词汇、语法和长篇语料增改而成。这是威娜的第一本方言学专著，描写分析的是她的母语方言，这应该是她做起来感觉最有把握的一项工作。尽管如此，她还是在初稿形成之后的几年内，多次补充调查，谨慎地不断修改、增益，相较当年的硕士学位论文，无论是在材料的翔实、圆满程度上，还是描写分析的广度、深度上，都有了很大的提高，我觉得目前的书稿质量并不亚于任何同类著作。

李荣先生曾说："山西的方言对于我们研究语言的人来说，可以说是无尽的宝藏，就跟山西的煤一样。"威娜供职于山西高校，调查研究山西方言有很多方便的地方，近几年来，她参加了一些学术活动，也经常跟我讨论调查研究的心得，我能感觉到她在不停地探索，不断地进步，希望并祝愿她的学术道路越走越顺利，让学问成为一生的气质。

是为序。

赵日新

2021年11月23日

前　言

　　襄垣县地处山西省东南部，襄垣方言属于晋语上党片。襄垣方言中的某些特点是非常值得关注的，例如：蟹摄开口一二等和效摄存在因声调不同而分韵的现象：蟹摄开口一二等_{二等见系除外}、合口二等部分见系字，逢上声[423]今韵母读作[æ uæ]，与咸山摄舒声韵今洪音韵母混同，如："买"与"满"同音；效摄字逢上声[423]今韵母读[ɒ iɒ]，与宕摄开口一三等、江摄开口二等_{知系字除外}今韵母合流，如："岛"和"党"同音。本书以襄垣县古韩镇老年发音人的方言发音为主要描写对象，对襄垣方言的语音、词汇和语法系统进行较为全面和细致的描写，通过共时和历时的比较，总结和归纳襄垣方言的特点。

　　全书共分五章。第一章绪论，首先介绍襄垣县地理人口概况、历史沿革等基本情况，其次说明襄垣方言的方言归属和内部差异，最后介绍本书的发音合作人和重要的先行研究。第二章语音，内容包括襄垣方言音系、声韵调配合关系，襄垣方言和普通话的语音对应规律，襄垣方言语音与中古音的比较，襄垣方言同音字表，襄垣方言蟹摄开口一二等和效摄字韵母的异调分韵以及中古阳声韵在襄垣方言中的演变。第三章词汇，内容包括襄垣方言的词缀、重叠、分音词和分类词表。第四章语法，内容包括襄垣方言的代词、副词、语气词、"×人"式使感形容词、补语、疑问句和有关体貌意义的表达手段。第五章语料记音，内容是搜集整理的襄垣方言的语法例句以及谚语、歇后语、谜语和民间故事等。

　　本书较为详细地勾勒出襄垣方言语音、词汇和语法的基本面貌，既反映了襄垣方言与周边方言及普通话的共性和差异，又突出了襄垣方言本身所具有的个性特点，为晋语研究提供了一些可靠的语言材料，丰富了晋东南晋语的研究成果。

目录

第一章　绪论

第一节　襄垣县简介

一　地理人口概况

襄垣县，隶属于山西省长治市，位于山西省东南部，长治市正中，太行山西麓，上党盆地之北，东以仙堂山、黄岩山与黎城县分界；西以石磴山和沁县相连；南以五阳山、麓台山、磨盘山、五赞山分别与潞城区、潞州区、屯留区接壤；北和武乡县为邻。地理坐标在东经112°42′—113°14′、北纬36°23′—36°44′，总面积1178平方千米。襄垣县地形西北高而东南低，山岭重叠，沟壑交错，地质复杂，属半山丘陵地区，平均海拔在1000米左右，属内陆黄土高原的一部分。襄垣属于海河流域，地处浊漳河上游，浊漳河的三大干流南源、西源和北源在襄垣县境内实现汇流。交通运输方面，太焦线、国道208线、省道榆长线和太长高速公路穿越本县，交通比较便利。

2009年，襄垣县被联合国地名专家组中国分部评定为中国地名文化遗产"千年古县"。襄垣众多的古代文化遗址和历史文化名人对晋东南地区文化的研究有重要的意义，文化上的深厚积淀和特殊的地理位置使得襄垣方言的研究具有重要的价值。

襄垣县风景秀丽，人文景观独特，有名胜八景、四堂、五庵、四观、十五寺。（八景为：仙堂旧隐、漳江春渡、韩山独秀、市桥怀古、狮山晚照、凉楼胜观、宝峰晴雪、甘泉漱玉。四堂是：三圣堂、白衣堂、观音堂、大慈堂。五庵是：广佑庵、瑜加庵、静业庵、栖云庵、普照庵。四观是：先天观、幽楼观、洞真观、长生观。十五寺是：寿圣寺、崇福寺、宝峰寺、慈云寺、香山寺、兴福寺、园明寺、仁济寺、净居寺、建封寺、仙堂寺、化成寺、开华寺、华藏寺、五峰寺）历史上曾涌现出张良、法显、刘龙、连楹等杰出人物。

截至2018年末，襄垣县下辖8个镇、3个乡、323个行政村：古韩镇、王桥镇、夏店镇、虒亭镇、王村镇、下良镇、侯堡镇、西营镇、善福乡、北底乡、上马乡。另设有2个功能区：富阳工业园区和襄垣经济技术开发区。共有人口27.95万人，汉族占全县总人口的99.97%，除汉族外，还有满、蒙、回、壮等少数民族。

二　历史沿革

襄垣具有悠久的历史，县境内现已发现多处龙山文化（新石器晚期）遗址，距今四千多年。在唐尧时，襄垣属冀州之域；到虞舜时，为并州之地；夏朝复属冀州。（以上三代，均在王畿之内）商朝成汤王时，封同姓为黎侯，襄垣属黎国。战国初，赵、韩、魏三家分晋，襄垣始属韩国，后归赵国，赵襄子筑城于此，故名襄垣。秦置襄垣县，属上党郡，王莽改为上党亭。北魏初属乡郡，后魏改为襄垣郡治，北周为韩州治，隋罢州为县，属上党郡。故址在今襄垣城以北。唐武德元年（618）复置韩州。后因漳水淹城，城址南移，即今县城。贞观时，改州为县，属路州。五代因之。宋属隆德府。金、元属潞州。明、清属潞安府。民国属冀宁道。抗日战争时期，北部为抗日根据地。1941年2月，白晋公路以东仍名襄垣县，属太行区；白晋公路以西原属襄垣的地区和屯留、沁县的部分地区合并建立了襄漳县，属太岳区。1945年9月2日，全县解放。1946年，撤消了襄漳县，复归原建制，仍称襄垣县。1958年9月，与沁县合并为襄沁县。不久，又和沁源县合并，改名沁县。1959年9月，襄垣、沁县、沁源三县分治，襄垣仍为晋东南专区属县。1985年，实行市管县体制，襄垣改属长治市辖。

第二节　襄垣县方言的归属及内部差异

一　方言的归属

关于襄垣方言的归属，目前学界的认识尚未统一。侯精一《晋语的分区（稿）》（1986）将晋陕蒙冀豫五省区使用晋语的地区分为八片：并州片、吕梁片、上党片、五台片、大包片、张呼片、邯新片、志延片。襄垣方言属于晋语上党片。侯精一、温端政主编《山西方言调查研究报告》（1993）根据入声有无，是否分阴阳平，今阴平与上声是否同调，古清去与古全浊上、古浊去是否同调四个标准将山西方言分为六区：中区、西区、东南区、北区、南区、东北区。襄垣方言隶属东南区方言沁县片，这一方言片还包括：沁县、沁源和武乡。沈明《晋语的分区（稿）》（2006）仍将晋语分为八片，把上党片分为长治小片和晋城小片，襄垣方言属于长治小片。1987版和2012版《中国语言地图集》均将襄垣方言归入晋语上党片。

二 内部差异

襄垣方言内部可分为三个方言小片，分别是以古韩镇、善福镇等为代表的中区方言，以西营镇、虒亭镇等为代表的西北区方言，以侯堡镇、王桥镇等为代表的南区方言，三个方言小片的语音差异如表1-1所示：

表1-1 襄垣方言语音内部差异

比较项目	中区	西北区	南区
鸡 旗 洗 义	tɕi¹ tɕʰi² ɕi³ i⁵	tsɿ¹ tsʰɿ² sɿ³ zɿ⁵	tɕi¹ tɕʰi² ɕi³ i⁵
尖 前 陷 厌	tɕiei¹ tɕʰiei² ɕiei⁵ iei⁵	tsei¹ tsʰei² sei⁵ zei⁵	tɕiei¹ tɕʰiei² ɕiei⁵ iei⁵
雨 于 鱼 遇	y³ y² y² y⁵	zʮ³ zʮ² zʮ² zʮ⁵	y³ y² y² y⁵
冤 元 远 愿	yei¹ yei² yei³ yei⁵	zuei¹ zuei² zuei³ zuei⁵	yei¹ yei² yei³ yei⁵
比 皮 米 地	pi³ pʰi² mi³ ti⁵	pɿ³ pʰɿ² mɿ³ tɿ⁵	pi³ pʰi² mi³ ti⁵
猪 醋 暑	tsu¹ tsʰu⁵ su³	tsu¹ tsʰu⁵ su³	tɕy¹ tɕʰy⁵ ɕy³
森 林 混 群	sən¹ liəŋ² xuəŋ⁵ tɕʰyəŋ²	sən¹ liəŋ² xuəŋ⁵ tɕʰyəŋ²	sɛ̃¹ liɛ̃² xuɛ̃⁵ tɕʰyɛ̃²
"热日肉让"的声母	ʐ	z	∅

第三节 符号说明

本书的记音符号采用国际音标记音。

1. 辅音。本书所用辅音符号共有22个。

音标	例字
[p]	部 pu⁵⁵｜表 piɔu⁴²³｜帮 pɒ³³
[pʰ]	婆 pʰuɤ²¹³｜品 pʰiəŋ⁴²³｜瀑 pʰɐʔ³
[m]	木 maʔ³｜门 məŋ²¹³｜买 mæ⁴²³
[f]	发 faʔ³｜风 fəŋ³³｜富 fu⁵⁵
[v]	五 vu⁴²³｜袜 vaʔ³｜闻 vəŋ²¹³
[t]	道 tɔu⁵⁵｜德 tiɐʔ³｜单 tæ³³
[tʰ]	太 tʰᴇ⁵⁵｜糖 tʰɒ²¹³｜塔 tʰaʔ³
[n]	纳 naʔ³｜奴 nu²¹³｜囊 nɒ²¹³
[l]	里 li⁴²³｜牢 lɔu²¹³｜六 liou⁵⁵
[ts]	坐 tsuɤ⁵⁵｜蒸 tsəŋ³³｜直 tsɐʔ⁴²³
[tsʰ]	才 tsʰᴇ²¹³｜疮 tsʰuɒ³³｜插 tsʰaʔ³
[s]	速 suaʔ³｜生 səŋ³³｜伞 sæ⁴²³
[z]	嚷 zɒ⁴²³｜揉 zou²¹³｜染 zæ⁴²³
[tɕ]	酱 tɕiɒ⁵⁵｜肩 tɕiei³³｜甲 tɕiaʔ³
[tɕʰ]	清 tɕʰiəŋ³³｜全 tɕʰyei²¹³｜瘸 tɕʰyɤ²¹³
[ɕ]	醒 ɕiəŋ⁴²³｜秀 ɕiou⁵⁵｜学 ɕiaʔ⁴²³
[ɲ]	女 ɲy⁴²³｜念 ɲiei⁵⁵｜扭 ɲiou⁴²³
[k]	骨 kuɐʔ³｜敢 kæ⁴²³｜根 kəŋ³³
[kʰ]	开 kʰᴇ³³｜裤 kʰu⁵⁵｜考 kʰɒ⁴²³
[ŋ]	挨 ŋᴇ³³｜熬 ŋɔu²¹³｜人 zəŋ²¹³
[x]	河 xɤ²¹³｜航 xɒ²¹³｜盒 xaʔ⁴²³
[ø]	鱼 y²¹³｜样 iɒ⁵⁵｜鸭 iaʔ³

5

2. 元音。本书所用元音符号共有15个。

音标	例字
[a]	茶 tsʰa²¹³ | 哑 ia⁴²³ | 话 xua⁵⁵
[ɒ]	草 tsʰɒ⁴²³ | 枪 tɕʰiɒ³³ | 黄 xuɒ²¹³
[ɑ]	八 paʔ³ | 叠 tiɑʔ⁴²³ | 活 xuɑʔ⁴²³
[ɐ]	石 sɐʔ³ | 笔 piɐʔ³ | 绿 lyɐʔ³
[æ]	三 sæ³³ | 短 tuæ⁴²³ | 算 suæ⁵⁵
[ɔ]	道 tɔu⁵⁵ | 敲 tɕʰiɔu³³ | 苗 miɔu²¹³
[ɛ]	太 tʰɛ⁵⁵ | 债 tsɛ⁵⁵ | 猜 tsʰuɛ³³
[ɤ]	坐 tsuɤ⁵⁵ | 课 kʰɤ⁵⁵ | 瘸 tɕʰyɤ²¹³
[o]	周 tsou³³ | 揉 zou²¹³ | 扭 ȵiou⁴²³
[ə]	本 pən⁴²³ | 琴 tɕʰiən²¹³ | 训 ɕyəŋ⁵⁵
[e]	甜 tʰei²¹³ | 念 ȵiei⁵⁵ | 劝 tɕʰyei⁵⁵
[i]	底 ti⁴²³ | 钱 tɕʰiei²¹³ | 水 suei⁴²³
[u]	主 tsu⁴²³ | 牢 lou²¹³ | 短 tuæ⁴²³
[y]	雨 y⁴²³ | 训 ɕyəŋ⁵⁵ | 足 tɕyɑʔ³
[ɿ]	知 tsɿ³³ | 刺 tsʰɿ⁵⁵ | 时 sɿ²¹³

3. 声调。声调采用五度制数码标示，在音节的右上角用数字标出具体调值。共有6个单字调：

阴平33	例字：东该灯风通开天春
阳平213	例字：门龙牛油铜皮糖红
上声423	例字：懂古统苦买老五草
去声55	例字：动罪半四痛快卖洞
阴入3	例字：百袜节麦镯六蛰月
阳入423	例字：眨别治恰悉学石白

连读变调在本调后用横线隔开。

4. 其他符号。

（1）"[∅]"表示零声母。

（2）"□"表示有音无字，或写不出本字。例如：

□[sɐʔ⁴²³]□[tɕiəŋ⁵⁵]：万一。

（3）"～"代表例字。例如：

糁：圪～：小颗粒状的东西。

（4）字的右上角加"＝"表示同音代替。

第四节 发音合作人

本书的发音合作人有：

黄培明，男，1950年出生。出生地为襄垣县古韩镇东畛村。高中学历，在县城上的高中。曾在县城工作，现在家务农。

王丕生，男，1941年出生。出生地为襄垣县古韩镇东畛村。初中学历，在古韩镇上的初中。做过村会计，现在家务农。

张继中，男，1965年出生。出生地为襄垣县古韩镇东畛村。高中学历，在县城上的高中。现在县城工作。

史二斌，男，1987年出生。出生地为襄垣县古韩镇东畛村。高中学历，在县城上的高中。现在县城工作。

第五节 有关襄垣方言的重要先行研究

侯精一、温端政主编的《山西方言调查研究报告》（1993）简要介绍了襄垣方言的音系特点。陈润兰、李唯实《襄垣方言志》

（1987）较为详细地描写了襄垣城关镇（即古韩镇）的方言语音，该书共分六个部分：第一部分概说，简要介绍了襄垣县的地理人口概况、历史沿革、语言概况等；第二部分语音分析，系统地记录了襄垣方言的声、韵、调、连读变调和儿化；第三部分同音字表；第四部分分类词表，分义类列举了700多条方言词语；第五部分语法例句，记录语法例句105条；第六部分标音举例，记录了一些当地的农谚、俚语、歇后语和民间故事等。《襄垣方言志》描写了襄垣方言的语音面貌和主要特点，但存在审音不精的问题。金有景《山西襄垣方言和〈中原音韵〉的入声问题》（1989）指出，襄垣方言有三个入声调，分别为入声[3ʔ]、入声B[5ʔ]和一个舒促调[213ʔ]，并认为舒促调是入声向舒声转变的过渡现象。金有景《襄垣方言效摄、蟹摄（一、二等韵）字的韵母读法》（1985）描写了襄垣方言效摄、蟹摄（开口一、二等韵）存在的依声调分韵的现象。乔全生《论晋方言中的"阴阳对转"》（2005）也谈及了襄垣方言蟹摄开口一、二等上声字转入阳声韵，咸山摄开口二等见系字、开口三四等字、合口三四等精组、见系字阳声韵转入阴声韵的现象。曹志耘《汉语方言中的调值分韵现象》（2009）也提到了襄垣方言效摄字逢今音上声读如宕江摄字，蟹摄（开口一、二等韵）逢今音上声读如咸山摄字的现象。沈明《晋东南晋语入声调的演变》（2005）认为，襄垣方言入声分为阴入和阳入两类[3ʔ，53ʔ]，并根据入声儿化连调推测了襄垣的入声调是如何从三类合并为两类的。总体来看，有关山西襄垣方言的研究成果还是比较少的。

第二章　语音

第一节　声韵调

一　声母

共有声母22个，包括零声母在内。

p 波饱部笔	pʰ 坡婆泼品	m 馍买命蜜	f 风福饭罚	v 万袜温王
t 底弟毒答	tʰ 他腿题托	n 奴努纳捺诺		l 李牢六绿
ts 则坐字驻阵志	tsʰ 搓次才瓷疮豺		s 锁速祠实渗	ʐ 嚷揉弱肉
tɕ 酱节渐佳甲建	tɕʰ 悄晴齐去穷求	ȵ 女念尿拈	ɕ 靴醒鞋袖媳习	
k 歌寡跪骨	kʰ 开葵裤磕	ŋ 挨熬爱扼	x 慌河话黑	
∅ 鱼爷藕右鸭				

说明：

①开口呼韵母自成音节时，开头有时读[ŋ]，有时读[ɣ]，但与零声母不对立。

②声母[n]拼开口呼、合口呼韵母，[ȵ]拼齐齿呼、撮口呼韵母。

③[ts][tsʰ][s][ʐ]只拼洪音，不拼细音。

④[tɕ][tɕʰ][ȵ][ɕ]只拼细音，不拼洪音。

二 韵母

共有韵母41个，包括自成音节的[l̩]、[m̩]、[n̩]。

ʅ 撕池字四	i 西蹄底屈	u 姑图主醋	y 区驴雨具
a 巴茶大骂	ia 家牙贾下	ua 抓铧话掛	
ɒ 汤肠草炕	iɒ 枪羊想亮	uɒ 装黄闯逛	
ɛ 该裁歹债		uɛ 猜槐甩怪	
ɤ 窝河扯课	iɤ 爹鞋姐夜	uɤ 多骡火坐	yɤ 瘸靴
æ 三含宰站		uæ 官船短蒜	
ei 鞭甜脸肺	iei 淹钱简念	uei 堆回水桂	yei 冤全选劝
ɔu 高桃劳灶	iɔu 敲飘苗跳		
ou 偷愁狗路	iou 修牛九舅		
əŋ 根人本褪	iəŋ 音琴紧杏	uəŋ 工红桶顺	yəŋ 军熊永训
aʔ 八答眨渴	iaʔ 夹压贴聂	uaʔ 脱活落刷	yaʔ 月雪缺足
ɐʔ 胳日屋石	iɐʔ 笔七踢习	uɐʔ 独出竹国	yɐʔ 削菊越绿
l̩ 而耳饵二			
m̩ 谋某母牧			
n̩ 你女闺~			

说明：

①[ɤ]韵母拼[ts][tsʰ][s]时实际读音为[ɤ]。

②[uəŋ]韵母拼[t][tʰ][n][l]、[ts][tsʰ][s][z]声母时实际音值为[uŋ]。

③[aʔ][iaʔ][uaʔ][yaʔ]中的[a]，发音人王丕生实际舌位略高。

三 声调

共有单字调6个，不包括轻声。

阴平	[33]	例字：东该灯风通开天春
阳平	[213]	例字：门龙牛油铜皮糖红
上声	[423]	例字：懂古统苦买老五草
去声	[55]	例字：动罪半四痛快卖洞
阴入	[3̲]	例字：百袜节麦镯六蛰月
阳入	[42̲3̲]	例字：眨别洽恰悉学石白

说明：

①阴平字来自中古清平字，阳平字来自中古浊平字，上声字来自中古清上和次浊上字，去声字来自中古清去、浊去、全浊上字，阴入字来自中古清入和次浊入字，阳入字来自中古全浊入字。

②阴平[33]末尾有时下降。

③阳平[213]以降为主。

④声母为塞擦音时，去声[55]倾向于高平调；声母为擦音时，去声[55]倾向于高降调。

⑤阴入读短调，喉塞音显著。阳入是一个舒促调（入声向舒声转变的过渡状态，即还有喉塞尾，但发音时长已接近舒声调）。

四 连读变调

（一）两字组连读变调

襄垣方言两字组连调规律见表2-1。表中各栏的上一行为单字调，下一行为连读调。无下一行的表示连读调与单字调相同。

表2-1　襄垣方言两字组连调规律表

	非重叠式						重叠式
	阴平 33	阳平 213	上声 423	去声 55	阴入 3	阳入 423	
阴平 33	33　33 34　213	33　213 34　213	33　423 34　213	33　55	33　3	33　423 34　423	33　33 33　55
阳平 213	213　33 21　33	213　213 21　213	213　423 21　423	213　55 21　55	213　3 21　3	213　423 21　423	213　213 213　55
上声 423	423　33 42　33	423　213 42　212	423　423 42　423	423　55 42　55	423　3 55　3	423　423 42　423	423　423 42　33
去声 55	55　33 24　33	55　213 24　213	55　423 24　423		55　3 24　3	55　423 24　423	55　55 55　213
阴入 3	3　33	3　213 5　213	3　423 5　423	3　55	3　3	3　423 5　423	3　3
阳入 423	423　33	423　213	423　423	423　55	423　3	423　423	423　423

说明：

（1）阴平做前字时，重叠式后字变调为[55]，非重叠式不变调。

（2）阳平做前字时，重叠式后字变调为[55]，非重叠式前字变调为[21]。

（3）上声做前字时，在非阴入字前变调为[42]，在阴入字前变调为[55]，重叠式后字变调为[33]。

（4）去声做前字时，重叠式后字变调为[213]，在阴平、阳平、上声、阴入、阳入字前，变调为[24]。

（5）阴入做前字时，在阳平、上声、阳入字前变调为[5]。

（6）阳入做前字时不变调。

现将襄垣方言两字组连调规律举例如下：

1. 阴平的变调主要体现在阴平字在前时的变调。阴平字在第二字为阳平、上声及阳入调前，调尾轻微上扬，调值由中平调[33]变为上升调[34]，后字调值不变。例如：

工人kuəŋ$^{33-34}$ zəŋ^{213}　　开门k^{h}E$^{33-34}$ məŋ^{213}　　工厂kuəŋ$^{33-34}$ ts^{h}ɒ^{423}

乡长ɕiɒ$^{33-34}$ tsɒ^{423}　　开学k^{h}E$^{33-34}$ ɕiɑʔ^{423}　　生活səŋ$^{33-34}$ xuɑʔ^{423}

2. 阳平在前，与任意声调相连时，前字阳平由[213]变为[21]，后字不变调。例如：

农村nəŋ$^{213-21}$ ts^{h}uəŋ^{33}　　农忙nəŋ$^{213-21}$ mɒ^{213}　　门口məŋ$^{213-21}$ k^{h}ou^{423}

骑马tɕ^{h}i$^{213-21}$ ma^{423}　　毛病mɒu$^{213-21}$ piəŋ^{55}　　毛笔mɒu$^{213-21}$ piɐʔ^3

3. 上声在前，后字为非阴入调时，前字调值由[423]变为[42]。例如：

火车xuɤ$^{423-42}$ ts^{h}ɤ^{33}　　老师lɒ$^{423-42}$ sɿ^{33}　　水库suei$^{423-42}$ k^{h}u^{55}

小雨ɕiɒ$^{423-42}$ y^{423}　　满意mæ$^{423-42}$ i^{55}　　比赛pi$^{423-42}$ sE^{55}

上声在前，阴入在后，上声调值由[423]变为[55]。例如：

美国mei$^{423-55}$ kuɐʔ^3　　粉笔fəŋ$^{423-55}$ piɐʔ^3　　好药xɒ$^{423-55}$ iɑʔ^3

4. 去声在前，阴平、阳平、上声、阴入、阳入字在后时，去声字调值由[55]变[24]。例如：

教师tɕiɒu$^{55-24}$ sɿ^{33}　　认输zəŋ$^{55-24}$ su^{33}　　论文luəŋ$^{55-24}$ vəŋ^{213}

字典tsɿ$^{55-24}$ tiei^{423}　　刺激ts^{h}ɿ$^{55-24}$ tɕiɐʔ^3　　大学ta$^{55-24}$ ɕiɑʔ^{423}

5. 阴入在前，阳平、上声、阳入字在后时，阴入调值由[3]变[5]。例如：

铁门t^{h}iɑʔ$^{3-5}$ məŋ^{213}　　发财faʔ$^{3-5}$ ts^{h}E^{213}　　黑板xaʔ$^{3-5}$ pæ^{423}

发展 fɑʔ³⁻⁵ tsæ⁴²³　　复习 feʔ³⁻⁵ ɕieʔ⁴²³　　结合 tɕiɑʔ³⁻⁵ xɑʔ⁴²³

（二）部分名词的后字变调

襄垣方言的部分名词在语流中，后字不论本调如何，不论前字调值如何，都统一变读为一个平调[22]或[55]。具体情况如下：

1. 当前字声调为阳平、去声和阳入，或前字为部分阴平字时，后字读作低平调[22]。例如：

红薯 xuəŋ²¹³⁻²¹ su⁴²³⁻²²　　案板 ŋæ⁵⁵ pæ⁴²³⁻²²　　笊篱 tsɔu⁵⁵ li²¹³⁻²²

石头 sɐʔ³ tʰou²¹³⁻²²　　泔水 kæ³³ suei⁴²³⁻²²　　池塘 tsʰʅ²¹³⁻²¹ tʰɒ²¹³⁻²²

2. 当前字是上声、阴入字及部分阴平字时，后字读作高平调[55]。例如：

暖壶 næ⁴²³⁻⁴² xu²¹³⁻⁵⁵　　钥匙 iɑʔ³ sʅ²¹³⁻⁵⁵　　蚂蚁 ma⁴²³⁻⁴² i⁴²³⁻³³

玻璃 puɤ³³ li²¹³⁻⁵⁵　　苍蝇 tsʰɒ³³ iəŋ²¹³⁻⁵⁵　　木头 mɑʔ³ tʰou²¹³⁻⁵⁵

（三）儿化变调

襄垣方言的儿化变调规律如下：

1. 被儿化字是阴平的，儿化后调值变为[55]。例如：

工分儿 kuəŋ³³ fər³³⁻⁵⁵　　鸡蛋清儿 tɕi³³ tæ⁵⁵ tɕʰiər³³⁻⁵⁵

花边儿 xua²¹³⁻²¹ piɐr³³⁻⁵⁵

2. 被儿化字是阳平、上声和去声的，不发生变调。例如：

醋瓶儿 tsʰu⁵⁵ pʰiər²¹³　　套袄儿 tʰou⁵⁵ ŋɐr⁴²³　　有劲儿 iou⁴²³⁻⁴² tɕiər⁵⁵

3. 入声字儿化后喉塞音尾[ʔ]脱落读舒声，阴入[3]同阴平[33]，阳入[423]同上声[423]。例如：

侄儿 tsər⁴²³⁻⁴²³　　树叶儿 su⁵⁵ iɐr⁻³⁻³³

五　儿化韵母

襄垣方言有41个基本韵母，就目前记录到的例词来看，其中28个可以儿化，形成7个儿化韵，具体情况如下：

ɐr（<a、ɒ、ᴇ、æ、ɔu、ɐʔ、ɑʔ）　iɐr（<ia、iɔu、iɑʔ）
uɐr（<ua、uᴇ）　yɐr（<yei）　ər（<ɿ、ɤ、ei、ou、əŋ）　iər
（<i、y、iei、iəŋ、iɛʔ）　uər（<u、uɤ、uɒ、uei、uəŋ）

儿化韵举例：

ɐr（<a）	哑巴儿pɐr⁴²³　刀把儿pɐr⁴²³　圪垃儿小土块儿lɐr³³⁻⁵⁵
ɐr（<ɒ）	蛤蚌儿pɐr⁵⁵　套袄儿ŋɐr⁴²³　药方儿fɐr³³⁻⁵⁵
ɐr（<ᴇ）	杯盖儿kɐr⁵⁵　口袋儿tɐr⁵⁵　牌儿pʰɐr²¹³
ɐr（<æ）	肉丸儿vɐr²¹³　手腕儿vɐr⁵⁵　小碗儿vɐr⁴²³
ɐr（<ɔu）	猫儿mɐr²¹³　桃儿tʰɐr²¹³　豆腐脑儿nɐr⁴²³
ɐr（<ɐʔ）	疙瘩儿tɐr³⁻³³
ɐr（<ɑʔ）	格儿kɐr³⁻³³　木鸽儿kɐr³⁻³³　鸡蛋壳儿kʰɐr³⁻³³
iɐr（<ia）	豆芽儿iɐr²¹³
iɐr（<iɔu）	鸟儿ɲiɐr⁴²³
iɐr（<iɑʔ）	煮角儿tɕiɐr³⁻³³　一圪节儿tɕiɐr³⁻³³
uɐr（<ua）	花儿xuɐr³³⁻⁵⁵　瓜儿kuɐr³³⁻⁵⁵　褂儿kuɐr⁵⁵
uɐr（<uᴇ）	一块儿kʰuɐr⁵⁵
yɐr（<yei）	圈儿tɕʰyɐr³³⁻⁵⁵　手绢儿tɕyɐr⁵⁵　闹悬儿ɕyɐr²¹³
ər（<ɿ）	写字儿tsər⁵⁵　刺儿tsʰər⁵⁵　有事儿sər⁵⁵
ər（<ɤ）	饱嗝儿kər²¹³　蛾儿ŋər²¹³
ər（<ei）	东面儿mər⁵⁵　味儿vər⁵⁵
ər（<ou）	大拇指头儿tʰər²¹³　瘊儿xər²¹³　猴儿xər²¹³
ər（<əŋ）	盆儿pʰər²¹³　本儿pər⁴²³　绳儿sər²¹³
iər（<i）	鸡儿tɕiər³³　皮儿pʰiər²¹³

iər （＜y）	闺女儿n̩iər⁴²³
iər （＜iei）	茧儿tɕiər⁴²³　剪儿tɕiər⁴²³
iər （＜iəŋ）	杏儿ɕiər⁵⁵　有劲儿tɕiər⁵⁵　影儿iər⁴²³
iər （＜iɤʔ）	粒儿liər³⁻³³
uər （＜u）	花圪都儿tuər³³⁻⁵⁵　兔儿tʰuər⁵⁵
uər （＜uɤ）	笋儿luər²¹³　发火儿xuər⁴²³
uər （＜uɒ）	疮儿tsʰuər⁵⁵
uər （＜uei）	嘴儿tsuər⁴²³　秦桧儿xuər⁵⁵　麦穗儿suər⁵⁵
uər （＜uəŋ）	棍儿kuər⁵⁵　轮儿luər²¹³　酒盅儿tsuər³³⁻⁵⁵

六　子变调和子变韵

　　襄垣方言有子尾的词很少，普通话中带子尾的词襄垣方言通常用相应的单音节词表示，如：椅[i⁴²³]表示椅子。少数韵母存在类似子变调和子变韵的形式（参与变韵与变调的究竟是不是"子"，目前还有较大的争议，本书暂且将其称为"子变韵"和"子变调"）。在韵母为[ɤʔ iɤʔ uɤʔ yɤʔ]和[ɒʔ iɒʔ uɒʔ yɒʔ]的音节中，如果单字音调为[3]，在相当于普通话表示子尾的词中调值变为[5]，例如："麦"单字音读[miɒʔ³]，在表示"麦子"时读[miɒʔ³⁻⁵]。韵母为[əŋ iəŋ yəŋ]时，在相当于普通话表示子尾的词中韵母变为[əːŋ iəːŋ yəːŋ]，例如："蝇"单字音读[iəŋ²¹³]，在表示"苍蝇"时读[iəːŋ²¹³]。

　　襄垣方言共有韵母41个，除了自成音节的[l̩]、[m̩]、[n̩]，其他音节都可以作为相当于普通话表示子尾的词中的韵母。其中[əŋ iəŋ yəŋ]还有类似子变韵的形式[əːŋ iəːŋ yəːŋ]。具体情况如下：

ɿ（<ɿ）			
	i（<i）	u（<u）	y（<y）
a（<a）	ia（<ia）	ua（<ua）	
ɒ（<ɒ）	iɒ（<iɒ）	uɒ（<uɒ）	
ɛ（<ɛ）		uɛ（<uɛ）	
ɤ（<ɤ）	iɤ（<iɤ）	uɤ（<uɤ）	yɤ（<yɤ）
æ（<æ）		uæ（<uæ）	
ei（<ei）	iei（<iei）	uei（<uei）	yei（<yei）
ɔu（<ɔu）	ɔu（<iɔu）		
ou（<ou）	iou（<iou）		
əŋ（<əːŋ）	iəŋ（<iəːŋ）	uəŋ（<uəŋ）	yəŋ（<yəːŋ）
aʔ（<aʔ）	iaʔ（<iaʔ）	uaʔ（<uaʔ）	yaʔ（<yaʔ）
ɐʔ（<ɐʔ）	iɐʔ（<iɐʔ）	uɐʔ（<uɐʔ）	yɐʔ（<yɐʔ）

子变调、子变韵举例：

[sɿ^{55}]柿 柿子			
	[i^{423}]椅 椅子	[xu^{213}]胡 胡子	[tɕy^{55}]锯 锯子
[tsa^{33}]渣 渣子	[tɕia^{55}]架 架子	[kua^{55}]褂 褂子	
[fɒ^{213}]房 房子	[tɕiɒ^{55}]浆 浆糊	[kʰuɒ^{33}]筐 筐子	
[pʰɛ^{213}]牌 牌子		[kʰuɛ^{55}]筷 筷子	
[tsʰɤ^{33}]车 车子	[tɕʰiɤ^{213}]茄 茄子	[kuɤ^{423}]果 果子	[ɕyɤ^{33}]靴 靴子
[pʰæ^{213}]盘 盘子		[kuæ^{55}]罐 罐子	
[pei^{33}]杯 杯子	[tɕiei^{423}]剪 剪子	[kuei^{55}]柜 柜子	[yei^{55}]院 院子
[mɔu^{55}]帽 帽子	[ɕiɒ^{423}]小 小子		
[kou^{33}]钩 钩子	[ɕiou^{55}]袖 袖子		
[və：ŋ^{33}]蚊 蚊子	[iə：ŋ^{213}]蝇 苍蝇	[kuəŋ^{55}]棍 棍子	[tɕʰyə：ŋ^{213}]裙 裙子
[laʔ$^{3-5}$]辣 辣椒	[tiaʔ^{423}]碟 碟子	[tsuaʔ$^{3-5}$]桌 桌子	[yaʔ$^{3-5}$]月 坐月子
[sɐʔ$^{3-5}$]虱 虱子	[piɐʔ^{423}]鼻 鼻子	[kuɐʔ$^{3-5}$]谷 谷子	[tɕyɐʔ$^{3-5}$]橘 橘子

说明：右下角注释为普通话的相应说法。

第二节　襄垣方言声韵调配合关系

襄垣方言声韵配合关系见下表2-2。表中，韵母分为开齐合撮四类，声母分成十组（包括零声母）。空格表示声韵不相拼。

表2-2　襄垣方言声韵配合表

	开口	齐齿	合口	撮口
p pʰ m	帮盘木	表批麦	补坡魔	
f v	发唯		富舞	
t tʰ	等塔	德梯	东拖	
n	南		努	
l	辣	灵	雷	吕
k kʰ ŋ x	钢开案黑		工苦红	
ts tsʰ s z̨	蒸缠沙嚷		尊穿素褥	
tɕ tɕʰ ɕ n̨		肩齐修腻		捐切熊女
Ø	饿藕肮	衣羊鸭	诬我	鱼用月
l̩ m̩ n̩	耳母你			

襄垣方言音节结构有以下特点：

1. [p][pʰ][m][t][tʰ]与开口呼、齐齿呼、合口呼相拼，不与撮口呼相拼；[p][pʰ][m]拼合口呼时只限[u][uɤ]韵母。

2. [l]可以与开、齐、合、撮四呼相拼。

3. [tɕ][tɕʰ][n̨][ɕ]只拼齐齿呼、撮口呼，不拼开口呼、合口呼。

4. [f][v][ts][tsʰ][s][z̨]和[k][kʰ][x]只拼开口呼、合口呼，不拼齐齿呼、撮口呼；[f][v]与合口呼相拼只限[u]韵母。

5. 零声母可以与开、齐、合、撮四呼相拼。

6. 自成音节的[l̩ m̩ n̩]只拼开口呼。

表2-3　襄垣方言声韵调配合表（一）

韵	ɿ				i				u				y				a				ia			
声调	阴平	阳平	上声	去声	阴平	阳平	上声	去声	阴平	阳平	上声	去声	阴平	阳平	上声	去声	阴平	阳平	上声	去声	阴平	阳平	上声	去声
p					①		比	闭	**堡**			**布**					芭		把	坝				
pʰ					批	皮	脾	屁	**铺**	菩	谱	**铺**						爬		怕				
m						迷	米	泌									妈	麻	马	骂				
f									夫	扶	斧	父												
v									污	梧	五	雾					洼		**瓦**	**瓦**				
t					低		底	弟	都		赌	度					③		打	大				
tʰ					梯	题	体	替	涂	图	土	兔					他							
n										奴	努	怒						拿		那				
l						梨	李	丽		炉	鲁			驴	吕	虑	**落**		晃				俩	
ts	知		纸	字					猪		组	柱					渣	咱	拃	榨				
tsʰ	痴	池	耻	刺					粗	除	②	醋					叉	茶		岔				
s	师	时	死	四					苏		暑	树					沙		洒					
ʐ										如	乳													
tɕ					机		挤	记					居		举	巨					嘉		贾	驾
tɕʰ					期	齐	起	汽					区	渠	娶	趣								
ȵ						倪	你	腻							**女**								④	⑤
ɕ					稀		洗	细					虚	徐	许	序					虾	霞		夏
k									孤		古	故												
kʰ									枯		苦	裤												
ŋ																								
x									呼	葫	虎	护					哈							
∅					医	移	椅	艺	诬			误	榆	鱼	雨	御	**阿**				鸦	牙	雅	亚

说明：表左是声母，表端是韵母和声调，表中是音节例字。本表韵母、声母、声调的顺序和"第一节声韵调"中所列顺序相同。表中空格表示襄垣方言里没有这个音。圈码表示写不出字的音节。表下的注，按韵母顺序对表中的圈码和某些特殊的字（表中的黑体字）略作说明，有一些不单说的音，写出词再注释。下同。

注：①□[pi⁵⁵]：打~斗：打耳光　　堡[pu⁴²³]：侯~：地名

铺₁[pʰu³³]：~路　　铺₂[pʰu⁵⁵]：店~

都[tu³³]：~城　　②□[tsʰu⁴²³]：~下来了：坍下来了

女[ɳy⁴²³]：妇~　　瓦₁[va⁴²³]：名词

瓦₂[va⁵⁵]：动词　　③□[ta³³]：~~：面称父亲

落[la³³]：丢三~四　　旯[la⁵⁵]：角~：小的不规则的有角的空间

咱[tsa²¹³]：文读　　阿[a³³]：~哥

④□[ɳia²¹³]：人家　　⑤□[ɳia⁵⁵]：□[ɳia²¹³]~：表感叹惊讶等

表2-4　襄垣方言声韵调配合表（二）

韵	ua	ɒ	iɒ	uɒ	ɛ	uɛ
声调	阴阳上去 平平声声	阴阳上去 平平声声	阴阳上去 平平声声	阴阳上去 平平声声	阴阳上去 平平声声	阴阳上去 平平声声
p		帮　褒棒	表		败	
pʰ		胖旁跑胖			牌　派	
m		忙蟒	秒		卖	
f		方房纺放				
v		亡网忘			③　外	
t		档　岛荡			呆　歹戴	

（续表）

韵	ua	ɒ	iɒ	uɒ	ɛ	uɛ
声调	阴阳上去 平平声声	阴阳上去 平平声声	阴阳上去 平平声声	阴阳上去 平平声声	阴阳上去 平平声声	阴阳上去 平平声声
tʰ		汤糖躺烫			胎台　太	
n		囊脑			耐	
l		狼老浪	良两亮		来④赖	
ts	抓　爪	张　枣帐		庄　①壮	栽　**载**在	拽
tsʰ		仓肠草唱		窗床闯②	钗裁采菜	猜　踹
s	耍	桑　赏裳		霜　爽	腮　赛	衰　甩帅
ʐ̩		壤　扰让				
tɕ			浆　搅酱			
tɕʰ			枪墙抢呛			
ɲ			娘			
ɕ			箱详小向			
k	瓜　寡卦	刚　稿杠		光　广逛	该　溉	乖　怪
kʰ	夸　垮跨	康　考炕		筐狂　矿	开　慨忾	筷
ŋ		袄			挨　矮爱	
x	花铧　化	夯航**好行**		荒黄幌**晃**	孩　害	淮　坏
∅	剜	肮昂	央羊咬样		哀挨蔼	

注：爪[tsua⁴²³]：～子　　　　好[xɒ⁴²³]：～人

行[xɒ⁵⁵]：一～　　　①□[tsuɒ⁴²³]：老～：弟弟背称大哥

②□[tsʰuɒ⁵⁵]：～□[m ɑ ʔ³]：干脆　　晃[xuɒ⁵⁵]：摇～

③□[vɛ³³]：～了：病了　　④□[lɛ⁴²³]：不～：摆动

载[tsɛ⁴²³]：记～

表2-5 襄垣方言声韵调配合表（三）

韵声调	ɤ 阴平阳平上声去声	iɤ 阴平阳平上声去声	uɤ 阴平阳平上声去声	yɤ 阴平阳平上声去声	æ 阴平阳平上声去声	uæ 阴平阳平上声去声
p			菠 跛簸		班 摆办	
pʰ			坡婆 破		潘盘 盼	
m		①	摩摹磨		蛮买慢	
f					翻凡反饭	
v	窝				弯完碗万	
t		爹	多 躲剁		耽 胆蛋	端 短锻
tʰ			拖驮妥唾		滩谭毯探	团
n			挪 糯		南暖难	
l			锣③摞		蓝懒烂	李 乱
ts	遮		助坐		毡 宰赞	专 转赚
tsʰ	车 扯		初锄楚挫		搀缠彩忏	穿船喘串
s	赊蛇舍社		梭 锁数		三 伞善	酸 蒜
ʐ	惹		撋		⑤染碾	软
tɕ		街 姐借		④		
tɕʰ		茄 且		瘸		
ȵ		②				
ɕ		斜 写卸		靴		
k	歌 哥个		锅 果过		甘 改干	官 拐罐
kʰ	科 可课		騍嗑		刊勘凯看	宽 款
ŋ					安 岸	
x	河 贺		禾火货		憨寒海汉	欢环缓换
∅	阿蛾饿	爷野夜	倭 我卧		庵 暗	

注：窝[vɤ³³]：□[lou⁵⁵]～鸡：抱窝鸡　　　　阿[ɤ³³]：～胶

①□[miɤ³³]：我　　②□[niɤ³³]：～都：你们

簸[puɤ⁵⁵]：～箕　　磨[muɤ⁵⁵]：石～

③□[luɤ⁴²³]：触碰　　数[suɤ⁵⁵]：名词

过[kuɤ⁵⁵]：～去　　④□[tɕyɤ³³]：圪～：筒状物柱状物滚动

难[næ⁵⁵]：患～　　　　　⑤□[ʐæ²¹³]：～了：喋喋不休，闲聊。

碾[ʐæ⁵⁵]：推～　　　　　干[kæ⁵⁵]：～部

看[kʰæ⁵⁵]：～见　　　　　转[tsuæ⁴²³]：～眼

表2-6　襄垣方言声韵调配合表（四）

韵	ei	iei	uei	yei	ɔu	iɔu
声调	阴平 阳平 上声 去声	阴平 阳平 上声 去声	阴平 阳平 上声 去声	阴平 阳平 上声 去声	阴平 阳平 上声 去声	阴平 阳平 上声 去声
p	悲 扁辈				包 报	标
pʰ	篇培佩				抛袍炮	飘瓢票
m	①棉美妹				毛冒	苗妙
f	飞肥废费					
v	威唯委卫					
t	掂点电		堆 ④对		刀到	刁钓
tʰ	天甜舔		推腿退		掏桃套	挑条跳
n			内		孬挠闹	
l	②廉脸练		雷馁泪		劳佬涝	疗料
ts			追嘴最		招躁	
tsʰ			吹垂脆		操巢糙	
s	谁		荽随水岁		烧韶绍	
ʐ			瑞		饶绕	
tɕ		坚笕碱见		捐卷倦		交叫
tɕʰ		千钱浅歉		圈全劝		敲瞧翘
ȵ		年撵念				尿
ɕ		仙闲险限		鲜选镟		消笑
k			归鬼贵		高告	
kʰ	③		盔葵傀溃		靠	
ŋ					熬奥	
x			灰回悔慧		蒿豪浩	
ø		淹盐眼燕		冤圆远院	傲	腰看耀

注：①□[mei³³]：～都：我们　　②□[lei³³]：□[tɐʔ⁴²³]～：匆忙地提

③□[kʰei⁵⁵]：～□[iɤ⁵⁵]：特别非常　　④□[tuei⁴²³]：扔，投，掷

23

卷[tɕyei⁴²³]：～起　　圈[tɕʰyei³³]：圆～。

鲜[ɕyei³³]：新～；朝～　　绕[zɔu⁵⁵]：～线

表2-7　襄垣方言声韵调配合表（五）

韵	ou	iou	əŋ	iəŋ	uəŋ	uŋ
声调	阴阳上去 平平声声	阴阳上去 平平声声	阴阳上去 平平声声	阴阳上去 平平声声	阴阳上去 平平声声	阴阳上去 平平声声
p			奔 本泵	宾 饼病		
pʰ			烹盆捧	拼贫品聘		
m			门猛闷	民敏命		
f			风逢粉粪			
v			温文稳问			
t	兜 抖豆	丢	灯 等邓	丁 鼎定		蹲 懂洞
tʰ	偷头 透		吞疼④褪	厅停挺		通屯捅痛
n			⑤能 嫩			弄
l	①炉篓路	③留柳遛	扔棱冷棱	⑥林领另		仑陇论
ts	周 走皱		针岑整证			尊 总众
tsʰ	抽绸丑凑		撑陈 衬			春崇宠寸
s	搜 手瘦		森神沈甚			孙 顺
ʐ	揉		扔人忍认			绒闰
tɕ		揪 酒就		金 井近		
tɕʰ		丘囚		青琴请庆		
ȵ		扭谬		凝 宁		
ɕ		休 朽秀		新寻醒性		
k	沟 狗构		跟 耿更		工 滚棍	
kʰ	抠 口扣		坑 肯		空 捆困	
ŋ	②					
x	猴吼厚		亨痕很恨		昏红哄混	
Ø	欧 藕怄	优牛友右	恩	阴蝇影硬		

注：①□[lou³³]：～～：叔叔_{非亲属}　　②□[ŋou⁴²³]：烧焦了

③□[liou³³]：□[tɤʔ³]～：提；靽拉　④□[tʰən⁴²³]：～子：傻子

⑤□[nəŋ³³]: 打~~: 教婴儿学站　　　　棱₁[ləŋ²¹³]: ~角

棱₂[ləŋ⁵⁵]: 侧~: 歪了　　　　　　　更[kəŋ⁵⁵]: ~加

⑥□[liei³³]: 圪~: 松鼠　　　　　　　宁[ɲiɛŋ⁵⁵]: ~可

空[kʰuəŋ³³]: 天~　　　　　　　　　哄[xuəŋ⁴²³]: ~骗

表2-8　襄垣方言声韵调配合表（六）

韵	yəŋ	aʔ		iaʔ		uaʔ		yaʔ		ɐʔ	
声调	阴阳上去平平声声	阴入	阳入	阴入	阳入	阴入	阳入	阴入	阳入	阴入	阳入
p		八	脖	百	白					不	**北**
pʰ		泼		拍						扑	
m			末	木	灭						
f		发	乏							福	服
v		袜								物	机
t		答	达	跌	叠	掇	夺		‥	**得**	①
tʰ		塔		贴		脱					
n		纳		聂		诺					
l		辣		列		鹿					
ts		折	杂			桌	镯			哲	侄
tsʰ		插				戳				拆	
s		杀				说				涩	石
ʐ		热								日	
tɕ	君菌俊			接	杰			决	绝		
tɕʰ	群			切	恰			缺			
ȵ											
ɕ	兄旬损训			狭	匣			雪			
k		鸽				刮				圪	胳
kʰ		客				阔				可	
ŋ											
x		黑	盒			霍	活				
ø	晕荣永运	额		药	**鸦**			月			

注：鸦[iɑʔ⁴²³]：～鹊：喜鹊　　　北[pieʔ⁴²³]：～瓜

得[teʔ³]：一～□[lei⁵⁵]葡萄　　①□[teʔ⁴²³]：～脑：头

表2-9　襄垣方言声韵调配合表（七）

韵	ieʔ		ueʔ		yeʔ		l̠	m̠	n̠
声调	阴入	阳入	阴入	阳入	阴入	阳入	阴阳上去 平平声声	阴阳上去 平平声声	阴阳上去 平平声声
p	笔	鼻							
pʰ			①						
m	密								
f									
v									
t	德		②	独					
tʰ	踢		秃						
n									
l	立		陆		绿				
ts			竹						
tsʰ			出						
s			熟						
z̩			入	褥					
tɕ	集				局	菊			
tɕʰ	七				屈				
ɲ									
ɕ	吸	席			肃	俗			
k			骨						
kʰ			哭						
ŋ									
x			忽	糊					
∅	乙	亦			哟		儿耳二	谋母牡	女

注：①□[pʰieʔ⁴²³]：颌水～儿：涎布　　②□[tueʔ³]：～上
去：涂上去　　糊[xueʔ⁴²³]：～涂　　儿[l²¹³]：～猫儿：公猫
女[n⁴²³]：闺～

第三节　襄垣方言语音与普通话语音的对应规律

一　声母的对应规律

襄垣方言共有22个声母：[p][pʰ][m][f][v][t][tʰ][n][l]、[ts][tsʰ][s][z̩]、[tɕ][tɕʰ][n̩][ɕ]、[k][kʰ][ŋ][x]、[∅]。其中[ŋ]和[v]是普通话没有的，其余是与普通话共有的。其中有的与普通话是一对一的关系，包括[p][pʰ][m][f][v][t][tʰ][n][z̩][tɕ][tɕʰ][k][kʰ][ŋ][x]，有的是一对多的关系，下面分别说明。

1. 一对一关系

襄垣方言	普通话	例字
p	p	避波饱部碑报步笔搬本帮柄壁宾班八办病弊白
pʰ	pʰ	坡怕普派批屁炮篇判拼拍劈爬排陪皮袍盆棚平
m	m	摩麻暮埋米媒美描牡棉民忙猛命末密莫墨麦木
f	f	斧非粉方风法腹费副翻芬峰覆附帆房奉伐服袱
v	∅	王围唯五外危完武晚问袜物威碗温汪瓮挖握屋
t	t	剁戴低刀兜胆登冬答滴杜弟稻盗蛋邓洞夺笛毒
tʰ	tʰ	土台剃掏探汤通踏踢秃徒蹄桃甜糖疼停亭庭同
n	n	挪糯奴耐内脑南男暖嫩能农捺诺尿年捏倪凝逆
z̩	z̩	蕊扰揉染软人认闰润壤仁嚷忍入热日弱肉辱褥
tɕ	tɕ	剪井接挤节聚匠集截嫁街窘甲基韭姜急鸡叫杰
tɕʰ	tɕʰ	趣千切泉秦前敲掐去欠劝屈歉缺癍奇球勤群穷
k	k	哥果古高狗感官根棍缸光工鸽割葛骨桂胳国谷
kʰ	kʰ	科苦开盔考口砍宽坤糠磕哭夸快坑客壳葵狂恐
ŋ	∅	熬岸爱挨矮隘袄懊奥庵暗安鞍按案恶扼碍艾
x	x	火海灰耗吼喊欢婚荒郝禾孩厚寒很黄红活横滑

说明：声母[n]拼开口呼合口呼韵母，[ȵ]拼齐齿呼撮口呼韵母，因此统一放在[n]声母中说明。

2. 一对二关系

襄垣方言	普通话	例字
l	l	摞路旅犁雷牢蓝林乱狼凌龙拉立裂栗洛力六绿
	Ø	尔儿二耳饵
ts	ts	左再最尊葬增棕则紫滋子梓嘴醉坐罪皂族杂字
	tʂ	猪知展忠桌柱赵丈侄轴蘸争责珠纸周真准章质
tsʰ	tsʰ	搓粗醋菜蔡催草村葱擦刺裁曹惨翠凑仓存层瓷
	tʂʰ	超抽撑拆茶耻柴沉稠虫初窗插锄床吹唱充出尺
s	s	锁素鳃碎嫂算蒜桑速四诵孙宋索思所搜涩色缩
	ʂ	沙蛇神顺舌鼠水手声室烧闪叔束社树慎谁石熟
ç	ç	写笑修细先星薛惜斜袖循祥席靴香吸霞杏学型
	s	损笋榫肃宿住~俗

3. 一对三关系

襄垣方言	普通话	例字
Ø	Ø	蛾牙悟鱼傲咬眼硬月哀淹冤摇油押夜羊蝇药育
	n	牛虐
	ʐ̩	荣融容镕蓉

二 韵母的对应规律

襄垣方言共有韵母41个（不包括儿化韵）：[ʅ][i][u][y]、[a][ia][ua]、[ɒ][iɒ][uɒ]、[ɛ][uɛ]、[ɤ][iɤ][uɤ][yɤ]、[æ][uæ]、[ei][iei][uei][yei]、[ɔu][iɔu]、[ou][iou]、[əŋ][iəŋ][uəŋ][yəŋ]、[aʔ][iaʔ][uaʔ][yaʔ]、[əʔ][iəʔ][uəʔ][yəʔ]、[l̩][m̩][n̩]，和普通话韵母，有的是一对一

关系，有的是一对多关系。

1. 一对一关系

襄垣方言	普通话	例字
u	u	步普斧舞堵徒兔奴怒炉鲁组柱醋暑如固苦湖误
y	y	驴旅虑居举聚区渠娶趣女虚徐许序榆鱼语雨预
ia	iA	嘉加痂枷嫁驾佳贾价霞遐瑕芽衙涯崖雅哑亚压
ua	uA	抓耍瓜寡剐掛卦褂夸侉垮跨花铧划~船桦化
uɒ	uɑŋ	装状床创撞霜孀爽光广逛眶框狂矿谎黄恍凰磺
uE	uai	拽揣踹衰摔甩帅乖怪块快筷怀淮槐坏
iɤ	iɛ	爹街皆械借姐界介届茄且鞋斜写卸谢蟹爷野夜
yɤ	yɛ	瘸靴
iei	ian	监肩笺捡贱千钱浅欠年搽念掀咸显现淹盐眼砚
yei	yan	捐眷倦全泉权劝犬喧悬癣选镟楦冤袁远院怨援
ɔu	ɑu	报炮袍毛盗桃套挠劳遭皂曹烧饶告靠熬薅浩坳
iɔu	iɑu	标票苗妙钓条雕跳撩料焦敲翘轿尿萧孝腰尧耀
iou	iou	丢留柳六遛揪九酒舅丘球扭休朽秀优牛油有右
ɭ	ɚ	尔儿而耳饵二

2. 一对二关系

襄垣方言	普通话	例字
ɭ	ɿ	资紫梓自字兹磁慈辞词此刺思撕死四巳祀寺嗣
	ʅ	智支纸址治志制池迟侈耻齿翅狮尸匙使驶世试
a	A	疤霸爬麻马打他哪拿昆渣榨茶岔沙洒阿~姨
	uA	蛙洼瓦名词瓦动词
ɒ	iɑŋ	凉梁两辆奖姜匠枪墙娘呛抢酱镶想向巷洋样痒
	iɑu	表裱藐渺秒绞狡较剿侥铰搅巧小晓咬啕
E	ai	拜败排派卖歹戴袋态耐来栽菜腮盖开孩挨霭爱
	uai	外

ɣ	ɣ	遮车扯奢赊蛇社惹歌戈个科棵可课何贺蛾饿讹
	uo	窝
uæ	uan	短锻团乱鸾专撰喘串穿拴蒜软阮缓欢宽管款换
	uai	拐枴
ou	ou	兜豆头透楼周走稠臭搜手售揉狗沟购口扣厚欧
	u	庐炉露鹭路赂住
uəŋ	uŋ	东董通弄龙笼钟总虫葱冲宋宠茸绒公共恐红弘
	uən	顿蹲盾臀屯豚轮伦尊遵准村蠢纯孙顺舜寸润闰
m̩	u	模拇母亩暮墓慕募牡牧
	ou	谋某
n̩	y	女
	i	你

3. 一对三关系

襄垣方言	普通话	例字
i	i	比避皮米弟题涕礼利技挤奇启尼腻西细衣胰艺
	ei	被备眉
	uei	尾
ɑ	ɑŋ	帮榜旁忙纺裆党糖躺囊狼张丈肠厂桑嗓嚷缸扛
	au	保跑卯岛讨脑老枣草炒嫂扰稿搞拷袄好~人
	uɑŋ	亡王网枉往忘望妄旺
uɣ	uo	多惰拖舵椭挪糯箩骡摞佐左座搓措蓑锁锅火我
	o	波菠播跛颇坡婆破摩馍魔漠摹
	u	阻助初锄楚础疏蔬梳数擩
æ	an	办盘满翻胆蛋坛毯南懒烂展缠三染敢刊案寒暗
	ai	摆买乃奶宰彩採踩改凯楷海还~有
	uan	豌弯湾完丸顽碗玩挽晚皖腕万端暖

襄垣方言		例字
uei	uei	堆对队推腿退追嘴最崔锤脆荽随水岁锐规亏回
	ei	内雷擂累类泪馁儡垒贼
	y	婿
əŋ	əŋ	崩泵棚猛风冯冷等疼能瓮增整层成声仍哽坑衡
	ən	奔本盆门奋文嫩镇真晨深神衬森认甚根肯痕恩
	uŋ	农脓浓
iəŋ	iəŋ	丙炳平名定丁挺听灵惊井净清凝腥醒赢英硬
	iən	宾鬓拼品民敏林赁筋金锦勤钦馨心信音淫吟印
	yn	寻讯孕允
yɑʔ	yɛ	决诀镢绝蹶缺雪悦阅月岳越曰粤
	y	狱域欲
	u	足

4. 一对四关系

襄垣方言	普通话	例字
ei	ei	杯倍卑悲背赔裴培配佩媒煤梅每美妹飞废肺费
	ian	编辫篇片棉眠免掂典垫天甜田舔店电帘脸练莲
	uei	微威薇维惟围桅危伪姜委违苇伟纬卫喂未味谁
	i	婢坏不
yəŋ	uən	损榫
	uŋ	荣融容镕蓉
	yŋ	窘琼穷兄雄胸凶熊永泳咏甬勇涌雍拥用
	yn	均钧君军郡菌俊骏浚峻群裙勋薰荀循旬巡殉匀

5. 一对多关系

襄垣方言	普通话	例字
aʔ	A	八拔乏伐罚法发答达踏榻塔塌纳捺辣杂闸轧铡
	o	钵拨剥驳脖钹勃博脖帛泼莫摸
	u	木目穆拇
	ɤ	特辙折彻撤侧测策厕割热葛各搁阁革隔鸽
	ei	肋勒
	ai	宅
	uo	弱握沃
iaʔ	iɛ	撇鳖别灭叠蝶谍贴铁帖跌捏列接揭节歇
	uo	伯迫魄
	ai	百柏掰白拍脉麦
	i	僻辟劈狄笛敌嫡滴
	yɛ	掠略却确雀鹊薛学虐约
	iɑu	角脚饺药钥
	iA	甲夹恰洽掐狭峡瞎辖匣鸭押鸦
uaʔ	uo	掇夺脱诺落桌拙作酌涿浊捉昨镯卓琢啄戳括获
	u	秃鹿禄录卒祝淑束速叔酷
	uA	刷刮猾
	ɑu	酪烙凿
	ou	轴
ɐʔ	u	不瀑扑福幅蝠腹覆复物勿屋
	ɤ	蛰哲折浙则蔗择泽责册涩色涉赦胳
	ei	北
	ʅ	汁执秩质值职只侄直殖植赤斥尺吃湿失识式日
	ai	窄摘拆
iɐʔ	i	笔毕壁臂密蜜觅踢剔立粒栗力历吉极七席一益
	ɤ	得德
	o	墨默
	iɛ	妾些

	u	独读督毒秃凸陆竹筑逐烛嘱熟赎述秫属入辱骨忽
uɐʔ	y	律
	uo	啰裸撮国或惑
	yɛ	掘
yɐʔ	y	绿菊橘麹屈曲续
	yɛ	掠掘倔爵穴
	iɛ	胁协
	u	俗戌

三 声调的对应规律

1. 襄垣方言有入声，普通话没有入声。

2. 襄垣方言的阴平、阳平、上声和去声，在普通话中也是阴平、阳平、上声和去声，但调值差别比较大。

襄垣方言	普通话	例字
阴平33	阴平55	刚高开村桑三飞知天边
阳平213	阳平35	瓷麻罗埋刘留坟瓶棚同
上声423	上声214	古口女草楚老五闯滚染
去声55	去声51	菜放案罪淡杖害动犯共
阴入3̲	阴平55	八割屋失泼摸刮噎约脱
	阳平35	驳结洁昨卒拙决局镬足
	上声214	曲骨铁法百柏脚饺索雪
	去声51	热弱特麦裂业钥诺霍绿
阳入42̲3̲	阴平55	出督
	阳平35	拔乏达盒谍狄学舌植胁
	上声214	眨
	去声51	栅鹤恰洽褥续室

第四节　襄垣方言语音与中古音的比较

本节与中古音比较，中古音指《广韵》系统，声韵调名称以及表格样式均依照丁声树撰文、李荣制表的《汉语音韵讲义》（上海教育出版社1984年版），例字和标音都是襄垣方言。

表2-10　古今声母比较表

		清				全浊	
						平	仄
帮组		帮p	保pɒ⁴²³	滂pʰ	品pʰiəŋ⁴²³	并	pʰ婆pʰuɤ²¹³	p白pia?⁴²³
非组		非f	福fə?³	敷f	费fei⁵⁵	奉	f浮fu²¹³	f饭fæ⁵⁵
端泥组		端t	单tæ³³	透tʰ	汤tʰɒ³³	定	tʰ徒tʰu²¹³	t洞tuaŋ⁵⁵
精组	今洪	精ts	早tsɒ⁴²³	清tsʰ	葱tsʰuaŋ³³	从	tsʰ瓷tsʰ1²¹³	ts在tsE⁵⁵
	今细	精tɕ	酒tɕiou⁴²³	清tɕʰ	请tɕʰiəŋ⁴²³	从	tɕʰ前tɕʰiei²¹³	tɕ绝tɕya?⁴²³
知组		知ts	桌tsua?³	澈tsʰ	丑tsʰou⁴²³	澄	tsʰ肠tsʰɒ²¹³	ts赵tsou⁵⁵
庄组		庄ts	装tsuɒ³³	初tsʰ	炒tsʰɒ⁴²³	崇	tsʰ愁tsʰou²¹³	ts助tsuɤ⁴²³
章组		章ts	砖tsuæ³³	昌tsʰ	厂tsʰɒ⁴²³	船	tsʰ船tsʰuæ²¹³ s蛇sɤ²¹³	s顺suaŋ⁵⁵
日母								
见晓组	今洪	见k	高kou³³	溪kʰ	砍kʰæ⁴²³	群	kʰ葵kʰuei²¹³	k共kuaŋ⁵⁵
	今细	见tɕ	九tɕiou⁴²³	溪tɕʰ	轻tɕʰiəŋ³³	群	tɕʰ穷tɕʰyəŋ²¹³	tɕ件tɕiei⁵⁵
影组		影ŋ 影v 影ø	案ŋæ⁵⁵ 瓮vəŋ⁵⁵ 音iəŋ³³					

（续表）

次浊		清	全浊平	全浊仄		
明m	棉miæ^{213}				帮组	
微v	问vəŋ^{55}				非组	
泥n　南næ^{213}　来 l	路lou^{55}				端泥组	
		心s三sæ^{33}	邪s随suei^{213} tsʰ词tsʰʅ^{213}	s讼suəŋ^{55}	今洪	精组
		心ɕ线ɕiei^{55}	邪ɕ详ɕiɒ^{213}	ɕ席ɕiɒʔ^{423}	今细	
					知组	
		生s霜suɒ^{33}			庄组	
		书s手sou^{423}	禅tsʰ承tsʰəŋ^{213} s时sʅ^{213}	ts植tsʔ^{423} s睡suei^{55}	章组	
日	ʐ热zɑʔ^{3}				日母	
	l耳l^{423}					
疑	ŋ挨ŋɛ^{33} v吴vu^{423} Ø蛾ɤ^{213}	晓x海xæ^{423}	匣x航xɒ^{213}	盒xɑʔ^{423}	今洪	见晓组
疑	Ø硬iəŋ^{55} n凝niəŋ^{213}	晓ɕ熏ɕyəŋ^{33}	匣ɕ悬ɕyei^{213}	杏ɕiəŋ^{55}	今细	
云　Ø荣yəŋ^{213} v围vei^{213}	以　Ø养iɒ^{423} v唯vei^{213}				影组	

古今韵母比较。

表2-11　古今韵母比较表（一）

	一等			二等			
	帮系	端系	见系	帮系	泥组	知庄组	见系
果开		多tuɤ³³	贺xɤ⁵⁵				
果合	婆pʰuɤ²¹³	坐tsuɤ⁵⁵	锅kuɤ³³				
假开				爬pʰa²¹³	拿na²¹³	沙sa³³	牙ia²¹³
假合						傻sa⁴²³	花xua³³
遇合	布pu⁵⁵	租tsu³³	苦kʰu⁴²³				
蟹开	贝pei⁵⁵	戴tE⁵⁵	海xæ⁴²³	排pʰE²¹³	奶næ⁴²³	柴tsʰE²¹³	街tɕiɤ³³ 挨ŋE³³
蟹合	梅mei²¹³	雷luei²¹³	灰xuei³³ 外vE⁵⁵			拽tsuE⁵⁵	怪kuE⁵⁵ 话xua⁵⁵
止开							
止合							
效开	毛mɔu²¹³	道tɔu⁵⁵	考kʰɒ⁴²³	包pɔu³³	闹nɔu⁵⁵	吵tsʰɒ⁴²³	交tɕiɔu³³ 坳ou⁵⁵
流开	茂mɔu⁵⁵	漏lou⁵⁵	狗kou⁴²³				
咸舒开		蓝læ²¹³	喊xæ⁴²³			蘸tsæ⁵⁵	馅ɕiei⁵⁵
咸入开		搭taʔ³	盒xaʔ⁴²³			插tsʰaʔ³	甲tɕiaʔ³
咸舒合							
咸入合							
深舒开							
深入合							

（续表）

三四等								
帮系	端组	泥组	精组	庄组	知章组	日母	见系	
							茄tɕʰiɤ²¹³	果 开
							靴ɕyɤ³³	果 合
			写ɕiɤ⁴²³		车tsʰɤ³³	惹zɤ⁴²³	夜iɤ⁵⁵	假 开
								假 合
舞vu²¹³		庐lou²¹³ 女ȵy⁴²³	聚tɕy⁵⁵	初 tsʰuɤ³³ 所suɤ⁴²³	住 tsou⁵⁵	如zu²¹³	鱼y²¹³	遇 合
闭pi⁵⁵	低ti³³	礼li⁴²³	西ɕi³³		制tsʅ⁵⁵		计tɕi⁵⁵	蟹 开
肺fei⁵⁵			岁suei⁵⁵		税 suei⁵⁵	芮zuei⁵⁵	闺kuei³³	蟹 合
皮pʰi²¹³ 美mei⁴²³	地ti⁵⁵	梨li²¹³	资tsʅ³³	师sʅ³³	志tsʅ⁵⁵	耳l̩⁴²³	基tɕi³³	止 开
飞fei³³ 味vei⁵⁵		泪luei⁵⁵	醉 tsuei⁵⁵	衰suE³³	睡 suei⁵⁵	蕊zuei⁵⁵	贵kuei⁵⁵ 唯vei²¹³	止 合
标piou³³	挑 tʰiou³³	尿 ȵiou⁵⁵	小ɕiɔ⁴²³		照tsɔu⁵⁵	扰zɒ⁴²³	轿tɕiɔu⁵⁵	效 开
妇fu⁵⁵ 谋m̩²¹³ 矛mɔu²¹³ 彪piou³³	丢 tiou³³	柳 liou⁴²³	袖ɕiou⁵⁵	瘦sou⁵⁵	抽 tsʰou³³	揉zou²¹³	牛iou²¹³	流 开
贬pei⁴²³	甜 tʰei²¹³	镰lei²¹³	尖tɕiei³³	闪sæ⁴²³		染zæ⁴²³	严iei²¹³	咸舒 开
	跌 tiaʔ³	聂ȵiaʔ³	接tɕiaʔ³		涉sɤʔ³		叶iaʔ³	咸入 开
范fæ⁵⁵								咸舒 合
法faʔ³								咸入 合
品 pʰiəŋ⁴²³		临 liəŋ²¹³	寻 ɕiəŋ²¹³	森səŋ³³	甚səŋ⁵⁵	任zəŋ⁵⁵	金tɕiəŋ³³	深舒 开
	立lieʔ³		集tɕieʔ³	涩sɤʔ³	湿sɤʔ³	入zuɤʔ³	吸ɕiaʔ³	深入 合

（续表）

	一等			二等			
	帮系	端系	见系	帮系	泥组	知庄组	见系
山舒开		炭 tʰæ^{55}	寒 xæ^{213}	慢 mæ^{55}		山 sæ^{33}	眼 iei^{423} 闲 ɕiei^{213}
山入开		达 taʔ^{423}	割 kaʔ^{3}	拔 paʔ^{423}		锏 tsaʔ^{423}	瞎 ɕiaʔ^{3}
山舒合	满 mæ^{423}	酸 suæ^{33}	罐 kuæ^{55}			涮 suæ^{55}	弯 væ^{33}
山入合	泼 pʰaʔ^{3}	脱 tuaʔ^{3}	活 xuaʔ^{423}			刷 suaʔ^{3}	刮 kuaʔ^{3}
臻舒开		吞 tʰəŋ^{33}	很 xəŋ^{423}				
臻入开							
臻舒合	本 pəŋ^{423}	村 tsʰuəŋ^{33}	稳 vəŋ^{423}				
臻入合	不 pɐʔ^{3}	卒 tsuaʔ^{3}	骨 kuɐʔ^{3}				
宕舒开	帮 pɒ^{33}	朗 lɒ^{55}	炕 kʰɒ^{55}				
宕入开	薄 paʔ^{423}	托 tʰuaʔ^{3}	搁 kaʔ^{3}				
宕舒合			光 kuɒ^{33}				
宕入合			霍 xuɑʔ^{3}				
江舒开				绑 pɒ^{423}	攘 nɒ^{423}	窗 tsʰuɒ^{33}	项 ɕiɒ^{55}
江舒入				剥 paʔ^{3}		戳 tsʰuaʔ^{3}	壳 kʰaʔ^{3} 学 ɕiaʔ^{423}
曾舒开	崩 pəŋ^{33}	层 tsʰəŋ^{213}	肯 kʰəŋ^{423}				
曾入开	墨 miɐʔ^{3}	得 tiɐʔ^{3}	黑 xaʔ^{3}				
曾舒合			弘 xuəŋ^{213}				
曾入合			国 kuɐʔ^{3}				
梗舒开				棚 pʰəŋ^{213}	冷 ləŋ^{423}	争 tsəŋ^{33}	杏 ɕiəŋ^{55}
梗入开				百 piaʔ^{3}		窄 tsɐʔ^{3}	革 kaʔ^{3}
梗舒合							宏 xuəŋ^{213}
梗入合							获 xuaʔ^{423}
通舒合	蒙 məŋ^{423}	动 tuəŋ^{55}	红 xuəŋ^{213}				
通入合	木 maʔ^{3}	独 tuɐʔ^{423}	谷 kuɐʔ^{3}				

（续表）

三四等								
帮系	端组	泥组	精组	庄组	知章组	日母	见系	
边pei³³	田tʰei²¹³	莲lei²¹³	贱tɕiei⁵⁵		善sæ⁵⁵	燃ʐæ⁴²³	见tɕiei⁵⁵	山舒开
灭miaʔ³	铁tʰiaʔ³	烈liaʔ³	节tɕiaʔ³		舌seʔ⁴²³	热ʐaʔ³	洁tɕiaʔ³	山入开
反fæ⁴²³		恋luæ²¹³	选ɕyei⁴²³		船tsʰuæ²¹³	软ʐuæ⁴²³	愿yei⁵⁵	山舒合
罚faʔ⁴²³		劣liaʔ³	绝tɕyaʔ⁴²³		说suaʔ³		月yaʔ³	山入合
贫pʰiəŋ²¹³		邻liəŋ²¹³	秦tɕʰiəŋ²¹³	衬tsʰəŋ⁵⁵	震tsəŋ⁵⁵	人zəŋ²¹³	近tɕiəŋ⁵⁵	臻舒开
笔pieʔ³		栗lieʔ³	漆tɕʰieʔ³	虱seʔ³	质tseʔ³	日zaʔ³	一ieʔ³	臻入开
文vəŋ²¹³		轮luəŋ²¹³	遵tsuəŋ³³		春tsʰuəŋ³³	润zuəŋ⁵⁵	匀yəŋ²¹³	臻舒合
物veʔ³		律lueʔ³	恤ɕiaʔ³		率luaʔ³	出tsʰuæʔ³	屈tɕʰyaʔ³	臻入合
		亮liŋ⁵⁵	墙tɕʰiŋ²¹³	状tsuŋ⁵⁵	伤sɒ³³	让zɒ⁵⁵	羊iŋ²¹³	宕舒开
		略liaʔ³	削ɕyeʔ³		着tsaʔ⁴²³	弱ʐaʔ³	脚tɕiaʔ³	宕入开
方fɒ³³							王vɒ²¹³	宕舒合
缚faʔ³								宕入合
								江舒开
								江入
冰piəŋ³³		凌liəŋ²¹³			蒸tsəŋ³³	扔zəŋ³³	蝇iəŋ²¹³	曾舒开
逼pieʔ³		力lieʔ³	熄ɕieʔ³	色seʔ³	式seʔ³		极tɕieʔ³	曾入开
								曾舒合
							域yaʔ³	曾入合
名miəŋ²¹³	定tiəŋ⁵⁵	零liəŋ²¹³	井tɕiəŋ⁴²³		整tsəŋ⁴²³		形ɕiəŋ²¹³	梗舒开
劈pʰiaʔ³	敌tiaʔ³	历lieʔ³	积tɕieʔ³		尺tsʰaʔ³		击tɕieʔ³	梗入开
							荣yəŋ²¹³ 营iəŋ²¹³	梗舒合
							役i⁵⁵	梗入合
梦məŋ⁵⁵		龙luəŋ²¹³	踪tsuəŋ³³	崇tsʰuəŋ²¹³	众tsuəŋ³³	绒zuəŋ²¹³	共kuəŋ⁵⁵	通舒合
福feʔ³		录luaʔ³	足tɕyaʔ³	缩suaʔ³	赎suaʔ⁴²³	褥zuaʔ⁴²³	玉y⁵⁵	通入合

古今声调比较。

表2-12　古今声调比较表

中古声调		襄垣方言声调	襄垣方言调值
平声	清	阴平	33
	浊	阳平	213
上声	清、次浊	上声	423
	全浊	去声	55
去声	清	去声	55
	浊	去声	55
入声	清	入声	3
	浊	入声	423

一　古声母与襄垣方言声母的对应关系

襄垣方言声母与中古声母的对应关系见表2-10。

1. 古全浊声母字今读清音，今逢塞音和塞擦音平声送气，仄声不送气，如：婆[pʰuɤ²¹³]、步[pu⁵⁵]、徒[tʰu²¹³]、度[tu⁵⁵]、才[tsʰɛ²¹³]、在[tsɛ⁵⁵]、持[tsʰʅ²¹³]、治[tsʅ⁵⁵]、锄[tsʰuɤ²¹³]、寺[sʅ⁵⁵]、期[tɕʰi³³]、技[tɕi⁵⁵]、炸~油条[tsɑʔ⁵]、白[piaʔ⁴²³]。

2. 古非敷奉母今读[f]，如：飞[fei³³]、风[fəŋ³³]、覆[fɐʔ³]，例外：甫[pʰu⁴²³]。古微母大多读唇齿擦音[v]，如：舞[vu²¹³]、晚[væ⁴²³]、忘[vɒ⁵⁵]。

3. 泥来母不混。古泥母字今读[n]，如：那[na⁵⁵]、嫩[nəŋ⁵⁵]；细音读[ɲ]，如：尿[ɲiou⁵⁵]、拈[ɲiei⁵⁵]。古来母除"弄"读[nuŋ⁵⁵]外，其余字不分洪细都读[l]，如：路[lou⁵⁵]、聊[liou²¹³]。

4. 不分尖团，古精组字和古见组字在今细音前都读[tɕ]组声母，如：精＝经[tɕiəŋ³³]，想＝响[ɕiɒ⁴²³]，取＝娶[tɕʰy⁴²³]，全＝权[tɕʰyei²¹³]，修＝休[ɕiou³³]。

5. 知庄章组字一律读为[ts]组声母，与精组洪音合流，如：迟＝瓷[tsʰʅ²¹³]，山＝三[sæ³³]，主＝组[tsu⁴²³]，谁＝随[suei²¹³]，趁＝衬＝蹭[tsʰəŋ⁵⁵]。

6. 古日母字今读[z]，如：软[zuæ⁴²³]、人[zəŋ²¹³]、热[zɑʔ³]；止摄开口三等日母字今读自成音节的[l]，如：二[l⁵⁵]。

7. 影疑母今细音多读零声母，如：牛[iou²¹³]、丫[ia³³]、央[iɒ³³]。今合口呼多读[v]声母，如：五[vu⁴²³]、乌[vu³³]；开口呼多读零声母或声母为[ŋ]，如：哀[ɛ⁵⁵]、昂[ɒ²¹³]、挨[ŋɛ²¹³]。

二　古韵摄与襄垣方言韵母的对应关系

襄垣方言韵母与中古韵摄的对应关系见表2-11。

1. 果摄开口一等端系、合口一等多读[uɤ]韵，如：多[tuɤ³³]、婆[pʰuɤ²¹³]、锁[suɤ⁴²³]、锅[kuɤ³³]。开口一等见系多读[ɤ]韵，如：歌[kɤ³³]、鹅[ɤ²¹³]、河[xɤ²¹³]。例外有：啰[luɐʔ³]、裸[luɐʔ³]。

2. 假摄开口二等非见系多读[a]韵，如：爬[pʰa²¹³]、拿[na²¹³]、沙[sa³³]、疤[pa³³]。开口二等见系多读[ia]韵，如：家[tɕia³³]、牙[ia²¹³]、霞[ɕia²¹³]、哑[ia⁴²³]，例外是：蛤~蟆[kɐʔ³]。开口三等精组影组多读[iɤ]韵，如：姐[tɕiɤ⁴²³]、写[ɕiɤ⁴²³]、谢[ɕiɤ⁵⁵]、爷[iɤ²¹³]，例外是：些[ɕiɐʔ³]。开口三等章组日母多读[ɤ]韵，如：遮[tsɤ³³]、蛇[sɤ²¹³]、社[sɤ⁵⁵]、惹[zɤ⁴²³]，例外有：者[tsɐʔ⁴²³]、蔗[tsɤʔ³]、赦[sɤʔ³]。合口二等多读[ua]韵，如：瓜[kua³³]、花[xua³³]、跨[kʰua⁵⁵]、华~山[xua²¹³]，例外是：傻[sa⁴²³]、瓦(名词)[va⁴²³]、瓦(动词)

[va⁵⁵]、蛙洼[va³³]、蜗[uɤ³³]。

3. 遇摄合口一等、合口三等非组知系多读[u]韵，如：部[pu⁵⁵]、苦[kʰu⁴²³]、父[fu⁵⁵]、主[tsu⁴²³]。部分端组泥组字读[ou]韵，如：都～是[tou³³]、露[lou⁵⁵]、路[lou⁵⁵]。部分庄组日母字读[uɤ]韵，如：初[tsʰuɤ³³]、锄[tsʰuɤ²¹³]、蔬[suɤ³³]、擩[ʐuɤ⁵⁵]，例外是：做[tsuɐʔ³]、戍[ɕyɐʔ⁴²³]。合口三等非组知系以外多读[y]韵，如：驴[ly²¹³]、巨[tɕy⁵⁵]、具[tɕy⁵⁵]、雨[y⁴²³]，例外有：庐[lou²¹³]、续[ɕyɐʔ⁴²³]。

4. 蟹摄开口一等（帮组除外）、开口二等不包括见系（包括影母）多读[ɛ]韵，如：带[tɛ⁵⁵]、来[lɛ²¹³]、孩[xɛ²¹³]、爱[ɛ⁵⁵]。上声字读[æ]韵，如：乃[næ⁴²³]、宰[tsæ⁴²³]、彩[tsʰæ⁴²³]、改[kæ⁴²³]、海[xæ⁴²³]、买[mæ⁴²³]、奶[næ⁴²³]，例外有：咳[kʰɑʔ³]、埋[mei²¹³]、猜[tsʰuɛ³³]、罢[pa⁵⁵]、洒[sa⁴²³]、迈[ma⁴²³]。开合一等帮组和合口三等非组多读[ei]韵，如：贝[pei⁵⁵]、赔[pʰei²¹³]、妹[mei⁵⁵]、肺[fei⁵⁵]。开口二等见系多读[iɤ]韵，如：街[tɕiɤ³³]、鞋[ɕiɤ²¹³]、谐[ɕiɤ²¹³]、戒[tɕiɤ⁵⁵]，例外有：骇[xɛ⁵⁵]、捱[ŋɛ²¹³]、楷[kʰæ⁴²³]、佳[tɕia³³]、涯[ia²¹³]等。开口三等知系读[ɿ]韵，如：制[tsɿ⁵⁵]、世[sɿ⁵⁵]。开口三等不包括知系、开口四等多读[i]韵，如：厉[li⁵⁵]、迷[mi²¹³]、洗[ɕi⁴²³]、替[tʰi⁵⁵]，例外是：婿（文读）[ɕy⁵⁵]。合口一等（帮组除外）、合口三等（非组除外）、合口四等多读[uei]韵，如：雷[luei²¹³]、回[xuei²¹³]、岁[suei⁵⁵]、慧[xuei⁵⁵]，例外有：外[vɛ⁵⁵]、桅[vei²¹³]、卫[vei⁵⁵]、废[fei⁵⁵]、肺[fei⁵⁵]、块会～计[kʰuɛ⁵⁵]。合口二等多读[uɛ]韵，如：乖[kuɛ³³]、坏[xuɛ⁵⁵]，例外有：拐[kuæ⁴²³]、歪[vɛ³³]、话[xua⁵⁵]。

5. 止摄开口三等帮组端组泥组见系多读[i]韵，如：眉[mi²¹³]、梨[li²¹³]、忌[tɕi⁵⁵]、医[i³³]。部分帮组字读[ei]韵，如：卑[pei³³]、丕[pʰei³³]、楣[mei²¹³]、霉[mei²¹³]，例外有：臂[piɐʔ³]、秘[miɐʔ³]、鼻[piɐʔ⁴²³]、履[ly⁴²³]。开口三等精组知系（日母除外）多读[ɿ]韵，如：姊[tsɿ⁴²³]、尸[sɿ³³]、事[sɿ⁵⁵]、时[sɿ³³]，例外有：只~有[tsɐʔ³]、厕[tsʰɐʔ³]、筛[sE³³]。开口三等日母为自成音节的[l]，如：二[l⁵⁵]，例外蕊[ʐuei⁴²³]。合口三等（非组除外）多读[uei]韵，如：吹[tsʰuei³³]、跪[kʰuei⁵⁵]、水[suei⁴²³]、锤[tsʰuei²¹³]。部分见系字读[ei]韵，如：危[vei³³]、伪[vei²¹³]、为~什么[vei⁵⁵]、魏[vei⁵⁵]，例外有：揣[tsʰuE³³]、衰摔[suE³³]、帅[suE⁵⁵]、季[tɕi⁵⁵]、遗[i²¹³]。合口三等非组多读[ei]韵，如：肥[fei²¹³]、味[vei⁵⁵]、伟[vei⁴²³]，例外有：尾~巴[i⁴²³]、汇[xuei⁵⁵]。

6. 效摄开口一等多读[ɔu]韵，如：抱[pɔu³³]、稻道[tɔu⁵⁵]、造皂[tsɔu⁵⁵]、浩[xɔu⁵⁵]。开口一等上声字多读[ɒ]韵，如：老[lɒ⁴²³]、考[kʰɒ⁴²³]。开口二等非见系多读[ɔu]韵，如：包[pɔu³³]、茅[mɔu²¹³]、笊[tsɔu⁵⁵]、炒[tsʰɔu⁴²³]。开口二等见系多读[iɔu]韵，如：交[tɕiɔu³³]、敲[tɕʰiɔu³³]、教~育[tɕiɔu⁵⁵]，例外是：鞠[iou⁵⁵]。开口二等上声字多读[iɒ]韵，如：绞狡铰搅[tɕiɒ⁴²³]、巧[tɕʰiɒ⁴²³]、咬[iɒ⁴²³]，例外有：爪~子[tsua⁴²³]。开口三四等非知系多读[iɔu]韵，如：乔[tɕʰiɔu²¹³]、疗[liɔu²¹³]、掉[tiɔu⁵⁵]、叫[tɕiɔu⁵⁵]、庙[miɔu⁵⁵]。开口三等知系多读[ɔu]韵，如：超[tsʰɔu³³]、赵[tsɔu⁵⁵]、韶[sɔu²¹³]。开口三四等非知系上声字多读[iɒ]韵，如：表[piɒ⁴²³]、秒[miɒ⁴²³]、小[ɕiɒ⁴²³]、侥[tɕiɒ⁴²³]。

7. 流摄开口一等（帮组除外）、开口三等知系多读[ou]韵，如：头[tʰou²¹³]、藕[ou⁴²³]、宙[tsou⁵⁵]、柔[ʐou²¹³]，例外：漱[su⁵⁵]、

帚[tsu⁵⁵]。开口三等不包括知系多读[iou]韵，如：刘[liou²¹³]、救[tɕiou⁵⁵]、求[tɕʰiou²¹³]、舅[tɕiou⁵⁵]，例外有：矛[mɔu²¹³]、廖_姓[liɔu⁵⁵]、彪[piɔu³³]、宿_星~[ɕyɐʔ³]。开口一等帮组、开口三等非组多读[u]韵，如：戊[vu⁵⁵]、浮[fu²¹³]，例外是：复~兴[fɐʔ³]、剖[pʰɔu³³]、茂贸[mɔu⁵⁵]、某亩牡母拇[m⁴²³]、谋[m²¹³]。

8. 咸山摄舒声韵今读为纯元音韵母，如：馋[tsʰæ²¹³]、甜[tʰei²¹³]、尖[tɕiei³³]、丹[tæ³³]、轩[ɕyei²¹³]、建[tɕiei⁵⁵]。咸山摄和蟹摄开口一二等韵今音上声合流，如：满＝买[mæ⁴²³]、赶＝改[kæ⁴²³]、辨＝辈[pei⁵⁵]。

9. 宕江摄舒声韵今读为纯元音韵母，如：旁[pʰɒ²¹³]、亮[liɒ⁵⁵]、荒[xuɒ³³]、胖[pʰɒ⁵⁵]、讲[tɕiɒ⁴²³]、窗[tsʰuɒ³³]。宕江摄和效摄今音上声合流，如：饱＝绑[pɒ⁴²³]、巧＝抢[tɕʰiɒ⁴²³]、搞＝港[kɒ⁴²³]、讨＝躺[tʰɒ⁴²³]。

10. 深臻曾梗通摄舒声韵今韵尾均为[ŋ]，舒声韵主要元音为央元音[ə]，如：林[liəŋ²¹³]、根[kəŋ³³]、瞪[təŋ⁵⁵]、永[yəŋ⁴²³]、洪[xuəŋ²¹³]。

11. 曾开一梗开二入声字部分今读为齐齿呼，如：北[piɐʔ³]、墨[miɐʔ³]、麦[miɑʔ⁵]、得[tiɐʔ⁵]、百[piɑʔ³]。

12. 古入声韵大都带有喉塞音韵尾[ʔ]，共有两组入声韵分别是[ɑʔ][iɑʔ][uɑʔ][yɑʔ]和[ɐʔ][iɐʔ][uɐʔ][yɐʔ]，如：答[tɑʔ³]、掠[liɑʔ³]、活[xuɑʔ⁴²³]、绝[tɕyɑʔ⁴²³]、虱[sɐʔ⁵]、吸[ɕiɐʔ³]、独[tuɐʔ⁴²³]、倔[tɕyɐʔ⁵]。

襄垣方言的八个入声韵[ɑʔ][iɑʔ][uɑʔ][yɑʔ][ɐʔ][iɐʔ][uɐʔ][yɐʔ]可以分为两组，两组入声韵均是四呼俱全的。

表2-13、表2-14是这八个入声韵的中古来源（表中"／"表示

此摄无此韵）。

表2-13　入声韵[aʔ][iaʔ][uaʔ][yaʔ]的中古来源表

		[aʔ]	[iaʔ]	[uaʔ]	[yaʔ]
咸摄	开一	答搭踏沓杂纳拉 合十合一升喝~酒蛤鸽 合盒塔榻塌溻腊 蜡磕	/	/	/
	开二	扎眨插闸炸用油~	夹恰掐峡狭洽甲 匣鸭押压	/	/
	开三	折~叠褶摄涉	聂镊蹑猎接捷页 叶劫怯业	/	/
	开四	/	跌贴帖叠碟喋蝶 谍	/	协
	合三	法乏	/	/	/
深摄	开三	/	揖作~	/	/
山摄	开一	獭达捺辣撒萨割 葛渴喝~彩	/	/	/
	开二	八拔抹~布札扎察 杀轧铡	瞎辖	/	/
	开三	蜇撒折存~彻辙设 热	别鳖灭列烈裂薛 杰孽揭歇蝎	/	/
	开四	/	憋撇铁捏节切切 开截结洁噎	/	/
	合一	钵拨泼钵末沫抹	/	掇脱夺 撮一~米括阔 豁活	/
	合二	/	/	滑猾刷刮	/
	合三	发伐筏罚袜	劣	拙说	绝雪悦阅月
	合四	/	血	/	决缺

（续表）

		[aʔ]	[iaʔ]	[uaʔ]	[yaʔ]
臻摄	开一	/	/	/	/
	开三	/	/	/	/
	合一	勃没	/	/	/
	合三	/	恤	/	戌
宕摄	开一	博泊_{梁山~}薄莫摸各阁搁郝鹤恶_{善~}	/	托讬诺落烙骆酪洛络乐作_{工~}凿昨索	/
	开三	着若弱	略掠雀鹊脚却虐约_{大~}药钥	酌	/
	合一	/	/	郭廓扩霍藿劐	/
	合三	/	/	/	镢
江摄	开二	剥驳壳握	觉_{知~}角饺乐_{音~}学确	桌卓琢啄涿戳浊捉镯朔	狱岳
曾摄	开一	特肋勒刻克黑			
	开三	侧测			
	合一	/	/	/	
	合三	/	/	/	域
梗摄	开二	魄_{体~}帛陌格客额赫吓_{恐~}栅策革隔扼	百柏伯迫拍魄_{~力}白掰麦脉		
	开三	/	逆	/	/
	开四	/	滴嫡笛敌狄	/	/
	合二	/	/	获划	/
	合三	/	/	/	/
	合四	/	/	/	/
通摄	合一	木沃	/	鹿禄酷	/
	合三	目穆	/	缩祝粥淑录促烛嘱触赎束辱褥	绿足曲局狱

表2-14 入声韵[ɐʔ][iɐʔ][uɐʔ][yɐʔ]的中古来源表

		[ɐʔ]	[iɐʔ]	[uɐʔ]	[yɐʔ]
咸摄	开一	/	/	/	/
	开二	/	/	/	/
	开三	/	妾	/	胁
	开四	/	/	/	/
	合三	/	/	/	/
深摄	开三	蛰涩执汁什湿十拾给~你	立笠粒缉集辑习袭急级给供~及吸	入	
山摄	开一	擦	/	/	/
	开二	/	/	/	/
	开三	哲折浙舌	/	/	/
	开四	/	/	/	/
	合一	/	/	豁~然	捋
	合二	/	/	/	/
	合三	/	/	掘~地	哕越曰粤
	合四	/	/	/	穴
臻摄	开一	/	/	/	/
	开三	佚秩瑟虱质实失室日	笔毕必弼密蜜栗七漆疾悉膝吉一乙乞讫	/	/
	合一	不窟杌	/	突骨忽	/
	合三	佛仿~佛物勿	/	律率速~术白~出术述	橘屈掘倔
宕摄	开一	胳	/	/	爵削
	开三	/	/	/	
	合一	/	/	/	/
	合三	缚	/	/	/

（续表）

		[ɐʔ]	[iɐʔ]	[uɐʔ]	[yɐʔ]
江摄	开二	朴~素朴姓	/	/	/
曾摄	开一	北~瓜则塞	北~京墨默得德	/	/
曾摄	开三	直值色职织食蚀识式饰殖植	逼力即鲫息熄熄极	/	/
曾摄	合一	/	/	国或惑	/
曾摄	合三	/	/	/	/
梗摄	开二	拆泽择宅窄摘责	/	/	/
梗摄	开三	只赤尺斥适释石	碧戟璧僻辟积迹脊籍藉惜昔席夕益亦液腋	/	/
梗摄	开四	吃	壁劈觅的日~踢剔历绩戚寂锡析击激	/	/
梗摄	合二	/	/	/	/
梗摄	合三	/	/	/	/
梗摄	合四	/	/	/	/
通摄	合一	卜扑曝瀑屋	/	秃独读犊族速谷谷~子督毒	/
通摄	合三	福幅蝠複腹覆服伏复	/	六陆竹筑畜~生逐轴叔熟肉属	肃宿菊掬麴畜~牧蓄俗续

由表2-13、表2-14可知，[aʔ]韵来自咸开一二三、咸合三、山开一二三、山合一三、臻合一、宕开一三、江开二、曾开一三、梗开二、通合一三；[iaʔ]韵来自咸开二三四、深开三、山开二三四、

山合三四、臻合三、宕开三、江开二、梗开二三四；[uɑʔ]韵来自山合一二三、宕开一三、宕合一、江开二、梗合二、通合一三；[yɑʔ]韵来自咸开四、山合三四、臻合三、宕合三、江开二、曾合三、通合三；[əʔ]韵来自深开三、山开一三、臻开三、臻合一三、宕开一、宕合三、江开二、曾开一三、梗开二三四、通合一三；[iəʔ]韵来自咸开三、深开三、臻开三、曾开一三、梗开三四；[uəʔ]韵来自深开三、山合一三、臻合一三、曾合一、通合一三；[yəʔ]韵来自咸开三、山合一三四、臻合三、宕开三、通合三。

综上，我们可以知道襄垣方言入声韵的情况，咸山宕江摄大致为一类，主元音以低元音[ɑ]为主；深臻曾梗通摄大致为一类，主元音以元音[ə]为主。

三　古声调与襄垣方言声调的对应关系

襄垣方言声调与中古声调的对应关系见表2-12。

1. 古平声按照古声母清浊今分为阴平和阳平。古清平今读阴平，如：东[tuŋ³³]、风[fəŋ³³]、天[tʰei³³]、春[tsʰuŋ³³]；古浊平今读阳平，如：牛[iou²¹³]、媒[mei²¹³]、糖[tʰɒ²¹³]、红[xuəŋ²¹³]。

2. 古清上和次浊上今读上声，如：九[tɕiou⁴²³]、每[mei⁴²³]、躲[tuɤ⁴²³]、老[lɒ⁴²³]；古全浊上和去声合流，今读去声，如：罪[tsuei⁵⁵]、舅[tɕiou⁵⁵]、竖[su⁵⁵]、怕[pʰa⁵⁵]、兔[tʰu⁵⁵]、乱[luæ⁵⁵]、树[su⁵⁵]。

3. 古入声今仍读入声调。襄垣方言有两个入声调。阴入包括古清入、古次浊入和古全浊入，以清入和次浊入为主，例如：急[tɕiɐʔ³]、腊[lɑʔ³]、贴[tʰiɑʔ³]、涉[sɑʔ³]；阳入包括古清入、古次浊入和古全浊入，以古全浊入为主，例如：乏[fɑʔ⁴²³]、啄[tsuɑʔ⁴²³]、择

[tsɐʔ⁴²³]、实[sɐʔ⁴²³]。也就是说，古清入字和次浊入字在今襄垣方言中声调基本为阴入，古全浊入字在今襄垣方言中声调基本为阳入。

下表是襄垣方言入声调和古声母清浊的对应关系。表中"／"表示该古声母没有此入声调，例字旁的数字表示来源于该古声母的入声字的个数。

表2-15　襄垣方言入声调和古声母清浊的对应关系

	[3]	[423]
帮	逼[piɐʔ³]21	博[paʔ⁴²³]2
滂	拍[piaʔ³]10	／
并	瀑[piɐʔ³]2	白[piaʔ⁴²³]7
明	墨[miɐʔ³]18	／
非	福[fɐʔ³]8	／
敷	覆[fɐʔ³]1	佛仿~[fɐʔ⁴²³]1
奉	复~原[fɐʔ³]1	乏[faʔ⁴²³]8
微	物[vɐʔ³]2	／
端	答[taʔ³]9	督[tuɐʔ⁴²³]1
透	踢[tʰiaʔ³]14	／
定	特[tʰaʔ³]1	笛[tiaʔ⁴²³]13
泥	诺[nuaʔ³]4	／
来	辣[laʔ³]35	／
精	足[tɕyaʔ³]12	爵[tɕyaʔ⁴²³]1
清	妾[tɕʰiɐʔ³]9	／
从	寂[tɕiɐʔ³]5	绝[tɕyaʔ⁴²³]7
心	熄[ɕiɐʔ³]21	悉[ɕiɐʔ⁴²³]1
邪	夕[ɕiɐʔ³]4	习[ɕiɐʔ⁴²³]2
知	摘[tsɐʔ³]7	啄[tsuaʔ⁴²³]4
彻	拆[tsʰɐʔ³]5	／

（续表）

	[3]	[423]
澄	浊[tsuɑʔ³]6	侄[tsɐʔ⁴²³]8
庄	窄[tsɐʔ³]5	责[tsɐʔ⁴²³]2
初	插[tsʰɑʔ³]5	/
崇	/	闸[tsɑʔ⁴²³]2
生	杀[sɑʔ³]6	/
章	汁[tsɐʔ³]14	/
昌	尺[tsʰɐʔ³]5	/
船	/	舌[sɐʔ⁴²³]8
书	叔[suɐʔ³]12	室[sɐʔ⁴²³]1
禅	涉[sɑʔ³]3	熟[suɐʔ⁴²³]8
日	入[zuɐʔ³]6	/
见	割[kɑʔ³]38	菊[tɕyɐʔ⁴²³]2
溪	掐[tɕʰiɑʔ³]21	恰[tɕʰiɑʔ⁴²³]1
群	掘[tsuɐʔ³]4	局[tɕyɑʔ⁴²³]2
疑	月[yɑʔ³]10	/
晓	喝[xɑʔ³]19	/
匣	惑[xuɐʔ³]4	活[xuɑʔ⁴²³]11
影	一[iɐʔ³]11	哕[yɐʔ⁴²³]2
云	越[yɐʔ³]4	/
以	药[iɑʔ³]6	亦[iɐʔ⁴²³]1

由上表可知，古清入字和次浊入字在今襄垣方言中声调基本为阴入[3]，古全浊入字在今襄垣方言中声调基本为阳入[423]。

襄垣方言中存在入声舒化现象，舒化的方向大致是清入字分别归入阴平和去声，例如：匹[pʰi³³]、挖[va³³]、蟀[suɛ⁵⁵]、忆[i⁵⁵]；次浊入归上声和去声，如：膜[muɤ⁴²³]、寞[muɤ⁴²³]、翼[i⁵⁵]、玉[y⁵⁵]；

全浊入多归上声和去声，如：嚼[tɕiŋ⁴²³]、踱[tuɤ⁵⁵]、射[sɤ⁵⁵]、弼[pi⁵⁵]；也有少数字归阴平和阳平，如：雹[pɔu³³]、核[xɛ²¹³]。襄垣方言的入声舒化现象应该是受到普通话影响的结果。舒入两读的字有：刮[kuɑʔ³]～风——[kua³³]～胡、拉[lɐʔ³]～肚子——[la³³]～车。舒入两读入声字的存在体现了中古入声在向舒声演变的过程中的渐变性。

第五节　襄垣方言同音字表

本字汇收录襄垣方言的单字音。字汇按韵母、声母、声调的次序排列，声韵次序见"第一节声韵调"部分。轻声音节用"[0]"表示。写不出本字的用"□"表示，解释、举例在字后用"（）"表示，又读在字的右下角用数字表示，字右上角的"＝"表示同音字代替。举例时用"～"代替本字。变调的字放在"‖"后面。

ɿ

ts　[33]知蜘智支枝肢咨资姿滋芝之　[423]紫纸姊脂指₁（～出）旨籽梓子址趾止　[55]滞制自致稚至字置痔治志（～向；方言～）痣□（□[ta⁴²³]～：搭理）□（称）‖[0] 子（荄～：高粱）　[33] 牸（～牛）

tsʰ　[33]眵兹痴呲　[213]雌池驰瓷迟磁慈辞词持　[423]此侈耻齿[55]刺赐翅次侍

s　[33]斯撕厮施私师狮尸司丝思饲诗虒（～亭：地名）　[213]匙祠时　[423]屎（～巴牛：屎壳郎）死矢史使驶始□（～人：困乏）　[55]势世誓逝是氏四肆示嗜视巳祀似寺嗣士仕柿事试市恃

i

p　[33]□（打～斗：打耳光）　[423]彼俾鄙比　[55]蔽斃敝币弊
闭算陛被（～子；～打）避备篦（～梳）

pʰ　[33]批披　[213]皮疲砒痞啤琵枇□（水～了：水凉了）　[423]
脾庇痹　[55]屁

m　[213]迷眯₁（～缝眼）谜₁（～语）泥₂（白读）弥猕靡眉
[423]米女₂（～猫儿：母猫）　[55]眯₂（～眼：灰土钻进眼睛
里，眼睛睁不开）谜₂（猜～）泌秘₁（文读）□（～□[kɐʔ³]虫
儿：蠹虫）

t　[33]低羝（～羊：配种用的公羊）　[423]底抵　[55]帝弟第递地

tʰ　[33]梯　[213]堤提题蹄啼　[423]体　[55]嚏替涕剃屉

l　[213]犁黎篱离（～别；～开半寸）璃梨厘狸藜
（□[liou²¹³]～□[kɑʔ³]□[pɐr⁵⁵]树：荆棘）　[423]礼李理里（～面；
公～）鲤娌（妯～）　[55]厉励例丽隶荔利痢（～疾）吏

tɕ　[33]鸡稽肌基机几₁（～乎）讥饥揶　[423]挤（圪～：拥挤）几₂
（茶～；～个）虮己　[55]祭际稷济剂计继系₁（～鞋带）髻寄技
妓冀纪（世～；年～；～律）记忌既

tɕʰ　[33]妻欺期　[213]杞箕齐脐畦奇骑岐祁鳍棋其旗祈□（□[kɐʔ³]
蛋～了：程度减轻了，主要指病轻了或轻微小病）□（蒸～：
蒸面）□（不～：线团）　[423]启起（晚～：下午）岂　[55]
契企器弃气汽□（□[tsʰuɑʔ³]□[ɕiəŋ³³]～：不耐烦）

n̠　[213]泥₁（水～）倪尼拟　[423]你　[55]腻

ɕ　[33]西栖犀溪兮奚牺熙希稀　[423]洗嬉喜　[55]细系₂（联～）戏

Ø　[33]伊医沂依衣　[213]揖宜仪蚁谊倚移夷姨疑矣遗胰（肥皂、
　　香皂）　[423]椅已以尾₁（～巴，白读）　[55]役疫艺缢义议易
　　（难～）意异毅义逸

u

p　[423]补捕堡₁（侯～：地名）　[55]布怖部簿步埠荫（～小鸡）

pʰ　[33]铺₁（～路）　[213]菩（～萨）　[423]谱普浦蒲（～公
　　英）脯（胸～；果～）圃甫　[55]铺₂（店～）

f　[33]夫肤麸芙　[213]敷俘孵（～小鸡）抚扶腐₁（豆～）浮　[423]
　　斧府腑俯符釜腐₂（～烂）辅否　[55]赋傅付赴讣父附富副阜负妇

v　[33]乌污呜（～叫：喊叫）　[213]梧蜈无舞侮鹉　[423]吴吾五
　　午伍武　[55]雾务戊

t　[33]都₁（～城；圪～：拳头）　[423]堵赌肚₂（猪～）　[55]炉
　　肚₁（～子；～□[vɛ³³]：腹泻）杜度渡镀

tʰ　[33]涂₁（新读）　[213]途屠图徒　[423]土吐（～痰；呕～）
　　[55]兔

n　[213]奴　[423]努　[55]怒

l　[213]卢炉芦鸬　[423]卤鲁橹虏屡

ts　[33]租猪诸蛛株诛珠硃朱　[423]祖组煮拄主帚　[55]著驻注柱
　　住₁（～下）蛀铸

tsʰ　[33]粗□（～人：过道风、逆风使人发冷）　[213]除储厨
　　雏　[423]处₁（相～）□（～下来了：坍下来了）　[55]醋处₂
　　（～所）

s　[33]苏酥书舒枢输（～赢；运～）殊　[423]鼠暑黍薯署　[55]

素塑诉嗉庶恕竖漱树

ʐ　[213]如　[423]汝儒孺□（拄）乳

k　[33]孤箍姑蛄（蝼～）□（下□[pɑʔ⁴²³]～：下巴）　[423]估古牯股鼓　[55]故固顾（不许＝～：没注意）雇锢

kʰ　[33]枯　[423]苦　[55]库裤

x　[33]呼（招～：帮忙；小心）乎唬□（□[tsuɐʔ³]～：欺骗）　[213]壶葫（～芦）胡糊₁（～起来）狐湖　[423]虎浒　[55]户沪糊₂（发～了：脑子不清）互护□（骚～：公山羊）

Ø　[33]巫诬　[55]悟误恶

y

l　[213]驴□（□[kuɐʔ³]～：山羊统称）　[423]吕侣旅缕履　[55]虑（操～：张罗负责主事安排）滤

tɕ　[33]居车（～马炮）驹　[423]举矩　[55]锯据巨距拒聚拘俱句瞿具惧剧（～烈；戏～）

tɕʰ　[33]蛆趋区驱躯　[213]渠　[423]取娶　[55]去趣

n̥　[423]女₁（妇～）

ɕ　[33]墟虚嘘需须（圪～：小布片）　[213]徐　[423]许　[55]絮序续叙婿₁（文读）

Ø　[33]盂榆逾　[213]鱼渔於余虞愚迂于禹宇芋羽　[423]语与雨　[55]御淤誉预豫娱遇寓吁愈愉喻裕予郁育玉欲浴

a

p　[33]巴（屎～牛：屎壳郎）疤芭笆爸叭（喇～）　[423]把₁

（～门打开）　[55]把₂（刀～）坝霸耙罢

pʰ　[213]爬杷琶钯　[55]怕帕

m　[33]妈□（老～□[xou⁵⁵]：狼）　[213]麻蟆□（～□[tsa³³]：
烦，啰嗦）　[423]马码蚂（～蚱）玛迈　[55]骂

v　[33]蛙洼　[423]瓦₁（名词）　[55]瓦₂（动词）鸦₁（黑老～：
乌鸦）

t　[33]□（～～：面称父亲）　[423]打（～褙：褡褙）□
（～□[tsʅ⁵⁵]：搭理）　[55]大₁（～学）

tʰ　[33]他

n　[213]哪拿　[55]那（读字）

l　[33]落（丢三～四）　[55]旯（角～：小的不规则的有角的空
间）喇（～叭）

ts　[33]楂渣□（□[ma²¹³]～：烦，啰嗦）　[213]咱₁（文读）
[423]咋₁（～办，文读）拃（一～：六寸）咱₂（～都：咱们）
[55]咋₂（～呼）诈榨炸（～蛋）乍

tsʰ　[33]叉差₁（～别，～不多）　[213]茶搽查（调～）苴　[55]权岔

s　[33]莎（～草）沙纱痧　[423]洒厦₁（偏～）傻

x　[33]哈₁（打～□[tɕʰyei⁵⁵]：打哈欠）

Ø　[33]阿₂（～姨）家₂（张～庄：地名）‖[0]下（搁～：放下）
上（□[tuæ⁵⁵]～他：追上他）

ia

l　[423]俩（咱～）

tɕ　[33]家₁（邻～：老鼠）嘉傢加痂枷　[423]假₁（真～）贾架₂

（□[təŋ⁵⁵]～：说谎）　[55]稼假₂（放～）价架₁（搭～：邀约）嫁驾佳籍₂（～贯）

ȵ　[213]□（～□[ȵia⁵⁵]：表感叹惊讶等）□（～的：人家）[55]□（□[ȵia²¹³]～：表感叹惊讶等）

ç　[33]虾哈₂（～腰）　[213]霞遐瑕　[55]吓₁（～一跳）下（～面；～降）夏（姓；～天）厦₂（～门）暇

Ø　[33]丫鸦₂（乌～）　[213]牙（～狗）芽衙涯崖　[423]雅哑[55]亚压

ua

ts　[33]抓　[423]爪₁（～子）

s　[423]耍

k　[33]瓜　[423]寡剐　[55]挂卦褂

kʰ　[33]夸　[423]侉垮　[55]跨

x　[33]花（开～）　[213]华（中～；～山）铧划（～船）桦[55]化（～食丹：鸡内脏）画话

Ø　[33]剜

ɒ

p　[33]帮梆（上党～子）浜邦　[423]褒保堡₂（城～）宝绑榜饱（～嗝儿）　[55]谤傍棒蚌□（□[xər²¹³]～虫儿：蜻蜓）

pʰ　[33]胖（肿）□（～床：磅床）　[213]旁螃庞　[423]跑　[55]胖

m　[213]忙杧₁（～果）茫盲虻　[423]铆卯（出～：大方，大胆）莽蟒

f   [33]方肪芳妨   [213]房防   [423]纺仿访   [55]放

v   [213]亡芒$_2$（麦～）王   [423]网枉往   [55]汪（一～水）忘望妄旺

t   [33]当$_1$（～时）裆垱（垮～土：路上的灰土）   [423]倒$_2$（打～）岛祷党挡   [55]当$_2$（～铺）荡（浪～）

t^h [33]汤   [213]堂棠搪唐糖塘螳   [423]讨倘躺淌   [55]烫趟

n   [213]囊   [423]脑恼攮口（扛布袋）

l   [213]狼榔廊（圪～：胡同）郎螂   [423]老口（圪～：搅拌）口（不～：滚动打滚）栳（井上提水的柳条制的工具）佬（圪～：手脶纹）   [55]朗浪

ts   [33]赃章樟障脏$_1$（日～：脏）张   [423]涨长$_1$（生～）早蚤枣澡爪$_2$（～牙）找掌   [55]帐账胀葬脏$_2$（内～）藏$_2$（西～）丈仗杖瘴

ts^h [33]仓苍沧舱昌菖口（～圪口[luæ^{55}]：正月二十七做的，送神用的圆形的谷子、豆子、玉米等做的粮山）   [213]藏$_1$（隐～）长$_2$（～短）肠场常尝偿嫦   [423]草钞炒吵厂   [55]唱倡娼畅

s   [33]桑丧（婚～；～失）商伤墒口（～牛蛋：蜗牛）   [423]扫$_1$（～地）嫂少$_1$（多～）嗓赏晌（～午）   [55]裳上（～山；～面）尚

z̠   [213]壤瓤攘   [423]扰嚷绕$_1$（围～）   [55]让

k   [33]冈刚$_1$（～强）钢$_1$（～铁）缸岗   [423]稿搞港$_1$（～口）   [55]口（搽笔）钢$_2$（刀钝了）杠

k^h [33]康糠慷   [423]考烤拷扛   [55]抗炕

ŋ　[423]袄

x　[33]夯　[213]杭航行₁（银～）　[423]好₁（～人）　[55]行₂
　　（一～）

ø　[33]肮　[213]昂‖[0]上（床～）

iŋ

p　[423]表（～兄弟；手～）裱

m　[423]藐渺秒杳

l　[213]良凉（秋风儿～：蝉，也叫晌午虫儿）量₁（～长短）梁
　　梁（圪～：小山梁）粮　[423]燎₁（火～眉毛）两（～个；
　　斤～）了（～结）　[55]酿亮量₂（数～）辆谅

tɕ　[33]将₁（～来）浆蒋疆僵姜礓缰江豇刚₂（～来）　[423]绞
　　狡铰搅较剿侥桨奖噍讲港₂（～里：地名）□（～驴：公驴）
　　□（～人：中暑）　[55]将₂（大～）酱匠强₂（倔～）降₁
　　（下～；投～）虹

tɕʰ　[33]枪羌腔　[213]墙蔷　[423]巧抢强₁（～大；勉～）　[55]呛

n̠　[213]娘

ɕ　[33]相₁（～互）厢箱襄镶香湘乡　[213]详祥享饷降₂（～伏）
　　□（□[xəŋ⁴²³]人～：讨厌）　[423]小想晓响　[55]相₂（～貌）
　　像象橡向巷项

ø　[33]央秧殃鸯　[213]羊洋杨扬阳疡　[423]咬养舀仰痒　[55]样

uŋ

ts　[33]庄装桩　[423]□（老～：弟弟背称大哥）　[55]壮状撞

ts^h [33]疮窗 [213]床 [423]闯创 [55]□（～□[mɑʔ³]：干脆）

s [33]霜孀双（～生） [423]爽（～利：干脆）

k [33]光 [423]广 [55]滑（地上很～；～冰）逛桄（一～线）

k^h [33]筐匡眶框诓 [213]狂 [55]旷况矿

x [33]荒慌谎晃₂（～眼） [213]黄簧蝗皇潢凰磺□（～□[tsən³³]：后脑勺突出）□（□[vei³³]个～：那个人）[423]幌恍 [55]晃₁（摇～）

E

p [55]拜败（～兴：丢人）

p^h [213]排牌簰 [55]派

m [55]卖

v [33]□（～了：病了；肚～：腹泻） [55]外

t [33]呆（发～；～板） [423]歹□（多：这么～；～～：很多） [55]带戴贷待代怠袋大₃（～夫；～黄）

t^h [33]胎 [213]苔抬台 [55]态太泰汰

n [55]耐奈

l [213]来 [423]□（不～：摆动） [55]赖癞

ts [33]灾栽斋 [423]载₁（年～，～重，记～） [55]再在载₂（满～）债寨□（楔子）

ts^h [33]钗差₂（出～） [213]裁才（～来，天～）材财豺柴 [423]采 [55]菜蔡

s [33]腮鳃筛 [55]赛晒

k [33]该 [55]溉概丐盖（圪□[tiən⁵⁵]～：膝盖）

kʰ　[33]开　[423]慨　[55]忾

ŋ　[33]挨₁（白读）　[423]碍矮隘　[55]爱艾

x　[213]孩　[55]亥害骇□（～□[suɤ⁴²³]：名堂）

Ø　[33]哀埃　[213]挨₂（文读）　[423]霭

uɛ

ts　[55]拽

tsʰ　[33]搋（～面）猜揣　[55]踹

s　[33]衰摔　[423]甩　[55]帅

k　[33]乖　[55]怪（日～：奇怪）

kʰ　[55]块剑会₂（～计）快筷（～篓）

x　[213]怀淮槐　[55]坏

ɤ

v　[33]窝₁（□[lɔu⁵⁵]～鸡：抱窝鸡）

ts　[33]遮

tsʰ　[33]车（马～）　[423]扯哆

s　[33]奢赊佘　[213]蛇　[423]舍（宿～；～不得）　[55]射麝社

ʐ　[423]惹

k　[33]歌戈□（□[luɑʔ³]～：连枷）　[423]哥　[55]个

kʰ　[33]科棵窠颗　[423]可　[55]课

x　[213]河何荷（薄～；～花）□（～□[pɒ⁵⁵]虫儿：蜻蜓）　[55]贺

Ø　[33]阿₁（～胶）　[213]蛾娥鹅俄讹　[55]饿

iɤ

m　[33]□（～都：我们）

t　[33]爹

tɕ　[33]阶街皆□（□[kɔu³³]～：厕所）　[423]姐解₁（讲～；～开）　[55]械疥（～蛤蟆：癞蛤蟆）借戒₁（文读）藉（～□）芥界介届

tɕʰ　[213]茄（～子）　[423]且

n̠　[33]□（～都：你们）

ɕ　[213]邪斜谐鞋（～兜：鞋拔子）　[423]写　[55]卸泻谢蟹懈解₂（姓）

Ø　[213]爷　[423]耶冶椰也（我～去；之乎者～）野　[55]夜□（□[kʰei⁵⁵]～：特别非常）

uɤ

p　[33]波菠（～菜）播（广～）玻（～璃）　[423]跛（～足）簸₁（～一～）　[55]簸₂（～箕）薄₁（～荷）

pʰ　[33]颇坡　[213]婆　[55]破

m　[213]磨₁（～刀）摩馍　[423]魔抹₁（涂～）漠摹　[55]磨₂（石～）

t　[33]多哆朵　[423]躲　[55]剁惰垛（柴～）大₂（～姨）踱

tʰ　[33]拖　[213]驮（～起来；～子）鸵舵（掌～）椭　[423]妥（～当）　[55]唾（～液，～沫）‖[55]驼（骆～）

n　[213]挪[55]糯

l　[213]罗锣箩骡螺　[423]□（触碰）　[55]摞

ts　[423]佐阻助　[55]左坐座

ts^h　[33]搓初　[213]锄　[423]措楚础　[55]锉错（～误；～杂）挫绰

s　[33]蓑梭疏蔬梳挲（不～：抚摸摩挲）　[423]锁琐唢所数$_1$（动词）□（□[xε^{55}]～：名堂）　[55]数$_2$（名词）

z̩　[55]□（～倒：摁倒）擩

k　[33]锅过$_1$（～期）挝　[423]果裹馃　[55]过$_2$（～去）

k^h　[423]骒（～骡：公驴与母马杂交繁殖的动物）□（～虑：赶紧）　[55]嗑（～瓜子）

x　[213]禾和（～气）　[423]火（明～虫儿：萤火虫）伙　[55]货祸

∅　[33]倭涡窝$_2$蜗（读字）　[423]我　[55]卧

yɤ

tɕ　[33]□（圪～：筒状物柱状物滚动）

tɕ^h　[213]瘸

ɕ　[33]靴

æ

p　[33]班斑（～鸠）扳颁搬般　[423]摆板版扁$_1$（压～了）　[55]扮瓣办畔半（～生□[kuər^{55}]儿：小舅子）绊伴拌

p^h　[33]攀潘　[213]盘（～缠：路费）　[55]盼判版

m　[213]蛮瞒（□[taʔ^{423}]～：唠叨）馒　[423]买满　[55]慢漫幔蔓‖[11]蔓（～菁蛋：山药）

f　[33]藩番翻　[213]凡帆烦矾繁　[423]反返　[55]泛范（姓；模～；不风～：不懂事不通情理）犯贩婑饭

v　[33]豌弯湾　[213]完丸顽　[423]□（踒）歪碗玩挽晚（～起：下午）皖　[55]腕万

t　[33]耽担₁（～任）丹单₁（～独）端₁（～午）□（～工：故意）　[423]胆掸（鸡毛～子）　[55]担₂（挑～）淡旦诞弹₁（子～）蛋石（十斗为一～）但

tʰ　[33]贪滩摊瘫　[213]潭谭痰坦檀坛弹₂（～琴）　[423]毯谈　[55]探叹炭

n　[213]南男难₁（～易）　[423]乃奶暖　[55]难₂（患～）

l　[213]蓝篮榄揽览缆兰拦栏　[423]溇懒　[55]滥烂

ts　[33]簪沾粘盏毡　[423]宰斩瞻展攒（积～）这₁（～地：这么，这样）□（这么：～粗适量）　[55]暂站（～立；车～）蘸占赞绽栈战颤（圪～：打哆嗦）□（□[tɕiaʔ³]～：厉害）

tsʰ　[33]参₁（～加）惨搀餐　[213]蚕谗（读字）馋蟾残缠（盘～：路费）蝉禅₁（～宗）婵　[423]彩䌽惭灿铲产□（～叨：不着边际地说，跑题）踩　[55]忏

s　[33]三杉衫珊山删膻扇₁（动词）　[423]陕闪伞　[55]钐骟（～牛～羊）散（分～）疝扇₂（名词）善膳单₂（姓）禅₂（～让）

ʐ̩　[213]□（～了：喋喋不休，闲聊，一直胡说）　[423]染冉碾₁（～面）然燃　[55]碾₂（推～）

k　[33]泔（～水）柑甘肝竿干₁（～湿；天～地支）□（～□[tɕiou³³]：唯有只有）　[423]改感敢橄杆秆擀赶　[55]干₂（～部）

kʰ　[33]堪看₁（～守）刊　[213]勘　[423]凯楷□（扔，投，掷）

砍坎　[55]看₂（～见）

ŋ　[33]庵₁埯（坑）安鞍　[55]暗岸按案

x　[33]憨酣罕颔（～水□[pʰiɐʔ⁴²³]儿：涎布）　[213]含函寒
（～碜：指环境不干净）韩还₁（～有）　[423]海喊　[55]撼憾
鼾汉旱汗焊翰

∅　[33]庵₂　[55]暗

uæ

t　[33]端₂（～正）□（动～：下地劳动）　[423]短　[55]断
（决～；～绝）锻缎段□（追）

tʰ　[423]团

l　[213]鸾栾孪滦卵恋　[55]乱□（□[tsʰɒ³³]圪～：正月二十七做
的，送神用的圆形的谷子、豆子、玉米等做的粮山）

ts　[33]钻₁（动词）专砖　[423]转₂（～眼）　[55]赚纂钻₂
（电～）撰转₁（～圆圈）篆传₁（～记）

tsʰ　[33]汆川穿搌（～掇：帮忙）　[213]传₂（～达）椽船　[423]
喘　[55]窜篡串□（□[tsʰɐʔ³]～：蚯蚓）

s　[33]酸拴　[55]算（可～是）蒜涮

ʐ　[423]软阮

k　[33]官棺观₁（参～）冠₁（衣～）鳏关（门～：门闩）　[423]
拐馆管□（□[xuəŋ²¹³]～：可能）　[55]冠₂（～军）观₂
（道～）灌罐贯惯

kʰ　[33]宽　[423]款□（～～：轻轻地）

x　[33]欢（要）貛　[213]桓还₂（～原）环□（～眼儿：斜眼）

[423]缓幻　[55]唤焕换患

ei

p　[33]杯卑碑婢悲编鞭边蝙（读字）匾　[423]贬扁₂（～食）
　　[55]贝辈背（～脊；～书）倍焙变辨辩便₂（方～）汴遍
　　（一～；～地）辫褙（打～：褡褙）

pʰ　[33]坏胚丕篇偏　[213]培陪赔裴便₁（～宜）　[55]配佩骗
　　（欺～；～马）片沛

m　[33]□（～都：我们）　[213]埋媒煤枚梅玫楣霉媚绵棉眠
　　[423]每美免勉娩缅冕　[55]昧妹寐面（～粉；～孔）

f　[33]飞非妃啡　[213]肥　[423]废匪　[55]肺费翡□（孩子淘气）

v　[33]偎微威薇□（～个：那个；～地：那么，那样）　[213]
　　为₁（作～）维唯惟围　[423]桅危伪萎委尾₂（末～）违苇伟纬
　　[55]卫喂为₂（～什么）位未味魏畏慰胃谓蝟尉

t　[33]掂颠滇巅癫□（提）　[423]点典踮　[55]店电殿奠佃垫惦

tʰ　[33]添天填₂（～表）　[213]田甜填₁（～坑）　[423]舔

l　[33]□（□[tɐʔ⁴²³]～：匆忙地提）　[213]廉镰帘敛连联₁
　　（～系）怜莲　[423]脸　[55]联₂（苏～）练链□（一得～葡
　　萄：一串葡萄）

s　[213]谁₁（～都：谁们）

kʰ　[55]□（～□[iɤ⁵⁵]：特别非常）

iei

tɕ　[33]秸监尖兼艰间₁（中～）奸涧煎□（小气）肩坚　[213]笺

[423]减碱检俭捡简裥拣柬谏铜₁（车～）剪茧　[55]铜₂（杀手～）舰渐剑间₂（～苗儿）箭溅贱践饯件建键健荐见□（圪□[tsɤʔ³]～：腋下）

tɕʰ　[33]锨歼签谦迁遣千纤牵铅　[213]钱（～褡）钳乾（～坤）前　[423]潜浅　[55]嵌欠歉吣

n̠ȵ　[213]鲶年　[423]撵捻（～圪瘩儿：猫耳朵）　[55]拈念

ɕ　[33]掀先仙　[213]咸衔（文读）嫌闲贤　[423]险显　[55]陷馅限羡宪献腺现县线

Ø　[33]淹焉烟咽₁（～喉炎）蔫（圪～：蔫了）　[213]岩盐阎檐严颜涎延筵言研沿蜒（蚰～）　[423]掩眼演　[55]验厌炎艳焰酽雁晏谚堰砚燕（～子；～京）宴咽₂（～下去）垣（墙～）

uei

t　[33]堆　[423]□（扔，投，掷）　[55]对队兑

tʰ　[33]推　[423]腿　[55]退蜕

n　[55]内

l　[213]雷擂₁（～鼓）　[423]馁儡累₁（积～）垒　[55]累₂（连～）擂₂（～台）类泪□（圪～：房子前后圈起来的地方）

ts　[33]锥追贼（做～）　[423]嘴　[55]罪最缀醉坠

tsʰ　[33]崔催摧吹炊　[213]垂槌锤　[55]脆悴粹翠

s　[33]荽（芫～）　[213]髓随绥遂隧谁₂　[423]赘（累～）虽水　[55]婿碎祟岁税睡穗

ʐ̩　[55]芮锐瑞蕊

k　[33]□（～刀）鳜圭闺规龟轨归　[423]诡癸鬼　[55]桂跪柜瑰贵

kʰ　[33]盔魁亏奎　[213]葵逵　[423]傀□（～对：凑合）　[55]溃愧

x　[33]恢灰挥辉徽　[213]回茴蛔（读字）　[423]悔□（～孩：哄
　　孩子）晦毁　[55]贿汇会₁（开～；～不会）卉绘惠慧讳

yei

tɕ　[33]捐　[423]卷₁（～起）　[55]眷卷₂（考～）圈₁（猪～）倦

tɕʰ　[33]圈₂（圆～）　[213]全泉权拳颧旋₁（头发～儿）　[55]劝犬
　　□（打哈～：打哈欠）

ɕ　[33]鲜（新～；朝～）　[213]宣轩弦旋₃（～转）喧悬（闹～：
　　危险，冒险）玄眩　[423]癣选　[55]旋₂（～吃～做）镟楦

Ø　[33]冤鸳渊　[213]员圆缘元原源袁园辕猿　[423]远　[55]院愿
　　怨援

ɔu

p　[33]抱包胞刨　[55]报暴豹爆鲍铇

pʰ　[33]泡₁（灯～）抛剖□（哄骗）　[213]袍　[55]炮泡₂（～茶）

m　[213]毛茅猫锚矛　[55]冒帽貌茂贸

t　[33]刀叨　[55]到倒₁（～水）稻道（煤□[tɕʰiəŋ³³]圪～：炉灰
　　坑）导盗

tʰ　[33]掏　[213]滔桃逃淘陶萄涛　[55]套（～袄儿：棉衣）

n　[33]孬　[213]铙挠　[55]闹（～悬：危险，冒险）

l　[213]劳捞唠牢　[55]涝落₁（上党～子）□（～窝鸡：抱窝
　　鸡）‖[0]□（吃饭□[tuŋ⁵⁵]～：吃饭的时候）

ts　[33]遭糟朝₁（今～）召昭招（～呼：帮忙；小心）沼诏　[55]

躁灶皂造罩笊赵兆照□（焯）

ts^h [33]操（体～；～虑：张罗负责，主事安排）抄超□（勺子）□（粪～：垃圾）□（～饭：舀饭）　[213]曹槽巢朝₂（～代）潮□（不干净）□（～人：因生吃大蒜、白萝卜等引起胃不舒服）　[55]糙□（～蛋：淘气）

s [33]骚臊₁（～气）搔稍捎烧　[213]韶　[55]臊₂（～子）扫₂（～帚）潲（～雨）少₂（～年）绍邵

ẓ [213]饶　[55]绕₂（～线）

k [33]镐（洋～）高膏₁（牙～）羔糕篙□（～□[tɕiɤ³³]：厕所）[55]告膏₂（～油）

k^h [55]靠犒铐

ŋ [213]熬　[55]懊（～恼；～悔）奥

x [33]蒿薅　[213]豪毫号₁（呼～）壕□（圪～：平地上挖的小水沟）　[55]好₂（爱～）耗（老～：老鼠）浩号₂（～码）

ø [55]傲坳鳌

iɔu

p [33]膘标彪

p^h [33]飘　[213]嫖瓢　[55]漂（～白；～亮）票

m [213]描苗瞄　[55]庙妙

t [33]刁貂碉雕（秃～：夜莺）　[55]吊（八～：指蚊子的幼虫）钓掉调₂（～动；音～）悼

t^h [33]挑　[213]条调₁（～解）笤　[55]跳粜

l [213]燎₂（～原）疗聊撩遼嘹廖（姓）　[55]料（圪～圪～：涮

涮）㤘镣撂（～了：丢了）

tɕ　[33]交郊胶教₁（～书）焦（煤～圪凉：煤烧完后的块状物）蕉椒憔骄娇浇□（不～：辫子）茭₁（玉～：玉米）□（□[kæ³³]～：唯有，只有）　[55]教₂（～育）酵窖校₂（～对）觉₂（睡～）噍轿叫

tɕʰ　[33]敲悄跷劁（～猪）　[213]樵瞧乔侨荞桥　[55]俏翘鞘橇撬窍

n̠　[55]尿

ɕ　[33]消宵霄硝销嚣枵萧箫　[55]孝效校₁（学～；上～）笑

Ø　[33]妖邀腰要₁（～求）幺（～二三）吆约（称）　[213]肴淆摇谣窑姚瑶尧　[55]要₂（重～）耀鹞靿

ou

t　[33]都（～是；□[miɤ³³]～：我们）兜　[423]斗₂（一～；撮灰～）抖陡　[55]斗₁（～争）豆逗

tʰ　[33]偷　[213]头（圪懂～：脑子糊涂不讲理的人）投（～降）[55]透

l　[33]□（～～：叔叔，非亲属）　[213]庐耧楼搂₂（～取）炉（～面）　[423]篓（筷～）搂₁（抱）蝼　[55]露鹭路赂漏陋□（灯～）□（野圪～：游医）□（奔～：指人的突出的前额）

ts　[33]周舟州洲粥　[423]走肘　[55]住（记～）奏揍昼纣宙皱骤咒邹诌（圪～经：胡说）

tsʰ　[33]抽□（推）　[213]绸稠筹畴愁仇（报～）酬　[423]丑瞅[55]凑臭

s　[33]馊搜飕收　[423]叟手首守　[55]嗽瘦艘兽受寿授售

ʐ̩　[213]柔揉

k　[33]勾（～结；～当）钩沟　[423]狗（牙～：公狗）苟　[55]
垢够（往上～；足～）构购

kʰ　[33]抠眍　[423]口　[55]叩（读字）扣寇

ŋ　[423]□（烧焦了）

x　[213]侯喉猴　[423]吼　[55]厚后候□（老□[ma³³]～：狼）

ø　[33]欧鸥瓯呕殴沤　[423]藕偶（配～；～然）　[55]怄

iou

t　[33]丢

l　[33]□（□[tɤʔ³]～：提；耷拉）溜₁（圪～：弯了，折了）
[213]留榴刘流琉瘤馏硫□（～藜□[kɑʔ³]□[pɤr⁵⁵]树：荆棘）
[423]柳　[55]溜₂六遛（圪～：散步）□（布圪～：小布条）

tɕ　[33]揪鸠阄纠（～缠；～正）蹴荥₂（～子：高粱）　[423]酒久
九韭灸　[55]就究救舅旧柩

tɕʰ　[33]秋（～天；～千）丘蚯鳅　[213]囚泅求球仇（姓）

ȵ　[423]纽扭　[55]谬

ɕ　[33]修休羞　[423]朽　[55]锈绣秀袖嗅（文读）

ø　[33]忧优邮游悠犹幽　[213]牛油尤莜由蚰（～蜒）　[423]有友
酉　[55]又右祐诱釉柚幼

əŋ

p　[33]□（缲边）奔锛迸崩绷　[423]本　[55]笨泵迸蹦蚌

pʰ　[33]喷（～水；～香）烹　[213]盆朋彭膨棚篷蓬　[423]捧

m　[213]门口（大～：万一）　　[423]猛萌盟蒙懵蠓　[55]闷孟梦

f　[33]分（～开）芬纷坟焚风枫疯丰封峰蜂锋口（打嚏～：打喷嚏）　　[213]冯逢缝$_1$（～衣服）　　[423]粉讽　[55]粪奋忿愤份风奉俸缝$_2$（门～）

v　[33]温瘟翁　[213]文蚊纹闻吻　[423]稳　[55]问瓮

t　[33]登灯镫　[423]等盹戥　[55]扽凳$_1$邓澄橙瞪口（～架：说谎）

tʰ　[33]吞藤腾熥　[213]疼誊　[423]口（～子：傻子）　　[55]褪

n　[33]口（打～～：教婴儿学站）　[213]能（日～：逞能）农脓浓　[55]嫩

l　[33]扔$_1$　[213]棱$_1$（～角）　[423]冷　[55]棱$_2$（侧～：歪了；蛮横莽撞）楞（扑～：盆）

ts　[33]针（圪～：植物上的刺儿）斟珍臻真诊疹增憎曾$_1$（姓）赠征（～求；长～）蒸拯争筝睁贞侦正$_1$（～月）口（口[xuɒ^{213}]～：后脑勺突出）　　[213]岑$_1$（姓）　　[423]整口（这么：～粗$_{过量}$）　　[55]枕（名词、动词）镇阵振震证症郑正$_2$（～直）政

tsʰ　[33]深抻称$_1$（～呼）撑（～人：吃得太饱；胃寒不舒服）铛（铁～）碜（寒～：指环境不干净）　　[213]沉陈尘娠晨辰臣唇曾$_2$（～经）层惩承丞逞呈程城诚成乘　[55]趁衬蹭称$_2$（相～；一杆～）撑

s　[33]森参$_2$（人～）身申伸呻僧升生牲笙甥声糁（圪～：小颗粒状的东西）　　[213]神绳　[423]沈审省$_1$（～长；节～）婶[55]渗甚肾慎剩胜（～任；～败）圣盛（兴～；～满了）

ʐ　[33]扔$_2$　[213]壬任$_1$（姓）人仁　[423]忍刃仍　[55]任$_2$

（责～）纫认韧

k　[33]跟根更₂（～换；五～）耕₁　[423]粳庚哽梗（～塞；～子）
　　埂（田～）耿　[55]更₁（～加）□（～火：野外烧火）

kʰ　[33]坑　[423]垦啃₁（指狗啃）肯

x　[33]亨　[213]痕恒衡　[423]□（拿）很狠□（～人□[ɕiŋ²¹³]：
　　使人讨厌）　[55]恨

ø　[33]恩

iəŋ

p　[33]彬宾（～馆）槟殡鬓冰兵　[423]禀丙秉柄饼　[55]病□
　　（～去：不用去）并

pʰ　[33]拼姘　[213]贫频凭平坪评瓶屏（～风）萍　[423]品　[55]聘

m　[213]民明（～火虫儿：萤火虫）鸣名铭　[423]闽抿敏皿　[55]命

t　[33]丁钉₁（名词）靪疔汀□（～人：使人感觉非常冰冷　[423]
　　顶（囟～）鼎　[55]钉₂（动词）订锭定□（圪～盖：膝盖）

tʰ　[33]听（～见；～任）厅　[213]廷停亭庭蜓莛（圪～：蔬菜植
　　物的短茎）　[423]□（～人：训人）挺艇

l　[33]□（圪～：松鼠）　[213]林淋临翎邻鳞燐磷□（圪～：田
　　梗）凌菱陵灵零铃伶棱₃（不～：条状的伤痕）　[423]檩领岭
　　[55]赁令另

tɕ　[33]今金襟津斤巾筋耕₂（～地）茎京荆惊鲸精晶睛颈经（圪
　　诌～：胡说；～纬）径菁（蔓～蛋：山药）　[423]锦尽₂
　　（～可能）紧仅谨境景警井　[55]浸禁（～不住；～止）妗
　　进晋尽₁（穷～）劲（有～；～敌）近竟镜敬擎竞靖静净□

（□[sɐʔ⁴²³]～：万一）

tɕʰ　[33]钦亲₁（～人）清卿轻（～重；年～）青蜻圊□（煤～圪
　　　道：炉灰坑）　　[213]岑₂（黄～）琴禽（啄树～：啄木鸟）擒
　　　秦勤芹情晴　[423]寝请倾顷　[55]侵亲₂（～家）庆

n̪　　[213]凝宁₁（安～）　　[55]宁₂（～可）

ɕ　　[33]心辛新薪欣兴₁（～旺）星（圪～：小毛雨）腥馨鑫□
　　　（□[tsʰuaʔ³]～□[tɕʰi⁵⁵]：不耐烦）　　[213]寻行（～为；品～）
　　　刑型形　[423]省₂（反～）醒擤　[55]信讯衅兴₂（高～）幸姓
　　　杏性芯囟（～顶）

Ø　　[33]音阴荫（～人：使人感到阴冷）淫因姻洇殷允尹鹰孕莺鹦樱
　　　英婴缨　[213]银寅蝇迎盈赢营茔萤　[423]吟饮₁（～酒）引隐影
　　　颖应₁（答～）　　[55]饮₂（～马）应₂（～该；～对）印硬映

uəŋ

t　　　[33]敦墩蹲东冬凳₂（杌圪～：小板凳）　　[423]懂董　[55]顿钝
　　　囤沌盾钝遁栋冻动洞□（吃饭～□[louº]：吃饭的时候）

tʰ　　[33]通　[213]屯豚臀同铜桐童瞳　[423]捅桶筒统　[55]痛□
　　　（不～：扑通）

n　　　[55]弄

l　　　[213]仑囵伦沦轮笼聋拢隆龙　[423]陇垄　[55]论（～语；
　　　议～）

ts　　[33]尊遵肫棕鬃宗中₁（～间）忠终踪钟（～表；姓）盅　[423]
　　　准总综种₂（～类）肿　[55]粽中₂（～奖）仲众纵（～横；
　　　放～）重₁（轻～）种₁（～树）

tsʰ [33]村皱椿春蠢聪匆葱囱充冲 [213]存纯莼醇丛虫崇从
（～前；～容）重₂（～复） [423]宠 [55]寸铳

s [33]孙狲嵩松（～树；放～） [55]顺逊舜送宋诵颂讼

ẓ [213]戎绒茸 [55]闰润

k [33]公蚣工功攻恭弓躬宫供₂（～给） [423]拱巩滚汞 [55]供₁
（～养；上～）棍贡恭共（满～：一共）

kʰ [33]空₁（天～） [423]啃₂（指人啃）恐昆（～虫；～仑）坤
捆孔 [55]困控空₂（～缺）

x [33]昏婚荤烘轰 [213]弘宏□（～□[kuæ⁴²³]：可能）魂馄浑
红洪鸿虹（霓～灯） [423]哄₁（～骗） [55]哄₂（起～）横
（～直；蛮～）混（～人：热情）

yəŋ

tɕ [33]均钧君军郡 [423]菌窘 [55]俊骏浚峻□（面条、饺子煮
熟后结成块了）

tɕʰ [213]群裙琼穷

ɕ [33]熏勋₁（～章）薰兄雄胸凶 [213]荀循旬巡勋₂（功～）熊
[423]损笋榫殉 [55]迅训驯

ø [33]晕雍臃拥 [213]匀耘云荣融容镕蓉庸 [423]永泳咏甬勇涌
□（圪～：蠕动） [55]熨韵运用

ɑʔ

p [3]八钵拨剥驳膊□（～□[la³³]：碍事） [423]拔钹勃博薄₂
（厚～）帛□（下～□[ku³³]：下巴）脖

pʰ	[3]泼泊（梁山～）魄₁（体～）扑（～椤：盆）
m	[3]末抹₂（～布）沫没莫摸陌（读字）木目穆拇₁（大～指头）
	□（□[tsʰuŋ⁵⁵]～：泼辣大方）　[423]木（～鸽：鸽子）
f	[3]法（文读）发（头～；～财）　[423]乏伐筏罚
v	[3]握沃袜
t	[3]答搭（～架：邀约）瘩褡（钱～）　[423]达□（～瞒：唠
	叨）□（～石：磴石）
tʰ	[3]踏特榻塔塌溻□（～人：地面上使人感到冰凉）
n	[3]纳捺
l	[3]蜡辣肋勒腊垃（圪～：大土块）
ts	[3]札辙折咂扎蚱（蚂～）　[423]杂眨闸轧铡着（～衣；
	睡～）宅炸栅
tsʰ	[3]插彻撤侧₁（文读）测策擦厕□（不～：走在水地上的响
	声）□（～床：礤床）
s	[3]摄（新读）杀设
ʐ	[3]热弱
k	[3]合₁（十合一升）割葛各搁阁格（～劲儿：使劲儿）革隔鸽
kʰ	[3]磕（～头）渴壳刻（时～；用刀～）克客（圪料～：不按
	规则出牌的人）咳
ŋ	[3]恶扼额
x	[3]喝（～酒；～彩）郝黑赫吓₂（恐～）　[423]合₂（～作）盒鹤

iaʔ

p	[3]鳖百柏伯掰　[423]别（区～；离～）白□（夜～虎：蝙蝠）

p^h　[3]撇迫拍魄₂（～力；气～）僻辟劈□（聊天说话）拍（～人：使人感到阴冷）

m　[3]灭脉麦

t　[3]跌滴　[423]叠牒碟蝶谍狄笛敌嫡

t^h　[3]贴铁帖

l　[3]猎列裂烈劣掠略

tɕ　[3]接揭节（一圪～：一小段）结洁脚觉₁（感～）角₁夹（～袄）甲（指～）戒₂（猪八～）羯（～羊：阉过的公羊）□（牛～：牛轭）□（～□[tsæ⁵⁵]：厉害）□（□[sɐʔ⁴²³]～：蛮横）□（～这里起：从这里起）饺　[423]捷杰截劫□（二～瓜：傻子）□（～猪：配种用的公猪）

tɕ^h　[3]掐怯切却确雀鹊（鸦～：喜鹊）□（抱孩子）□（～孩：接生，生孩子）　[423]恰洽

n̠ɕ　[3]聂蹑捏孽逆摄（旧读）镊

ɕ　[3]狭峡瞎薛歇蝎血恤　[423]辖学匣

ø　[3]鸭叶（树～；姓）业噎虐约药钥乐₁（音～）押魇□（□[m²¹³]～：估计，大约）　[423]鸦₁（～鹊：喜鹊）

uɑʔ

t　[3]掇（搀～：帮忙；拾～：收拾）　[423]夺

t^h　[3]脱讬托秃（～雕：夜莺）庹（一～：两臂张开的距离）

n　[3]诺

l　[3]落₂（降～）洛骆络酪烙乐₂（快～）鹿禄录□（不～：柳条编的圆盘形筐）□（～□[kɤ³³]：连枷）□（火～：锅台）

ts　[3]桌拙作（～坊；工～）酌涿浊捉祝粥（糊～）昨卒　[423]
　　镯卓凿琢啄（～树禽：啄木鸟）族轴

tsʰ　[3]戳触₁（抵～）□（～□[ɕiəŋ³³]□[tɕʰi⁵⁵]：不耐烦）出
　　（～卯：大方，大胆）

s　[3]刷说索朔缩（圪～：缩水；婴儿吸奶）淑束速叔嗽

k　[3]刮郭

kʰ　[3]括阔扩廓酷

x　[3]霍藿劐豁（～～：兔唇）　　[423]活滑（文读）猾获□
　　（红～：热闹）

yɑʔ

tɕ　[3]决诀镢足□（～圪瘩：面片）噘（日～：骂人）　　[423]绝
　　蹶（尥～）

tɕʰ　[3]缺

ɕ　[3]雪戌

ø　[3]悦阅月岳狱域欲越曰粤

ɐʔ

p　[3]不　[423]北₁（～瓜）垺（～垱土：路上的灰土）

pʰ　[3]朴（厚～；～素）卜瀑扑（～灯蛾儿：灯蛾）

f　[3]福幅蝠腹覆复拂（鸡翎～）辐（车～）缚　[423]佛
　　（仿～；拜～）服伏（埋～）袱

v　[3]兀（～个）物勿屋　[423]杌

t　[3]得₁（一～□[lei⁵⁵]葡萄）　　[423]□（～脑：头）□

（～□[liou³³]：提；耷拉）

ts　[3]蛰汁执哲折₁（～断；存～）浙秩质则值₁（～日）侧
　　（～楞：歪了；蛮横莽撞）织职窄摘只（一～；～有）蔗指₁
　　（～头）滓□（圪～□[tɕiei⁵⁵]：腋下）　[423]侄直殖植择泽责
　　值₂（价～）者指₂（～甲）这₂（～个）妯（～娌）

tsʰ　[3]拆赤斥尺吃册

s　[3]涩湿失塞（动词，名词）色识式饰适释涉赦食₁（扁～：
　　饺子）石（～头）虱（□[piɤʔ³]～：臭虫）瑟　[423]十什
　　拾舌实室食蚀石食₂（化～丹）□（～□[tɕiəŋ⁵⁵]：万一）□
　　（～□[tɕiɑʔ³]：蛮横）□（～跟：相跟）拾（～掇）

ẓ　[3]日（～能）

k　[3]囫蛤核（～桃）圪（～遢）角₂（～儿）　　[423]胳窟□
　　（～漏锅：补锅）给₂（～你）

kʰ　[3]可（～算是）

ieʔ

p　[3]笔毕必北₂（河～；～京）逼碧壁璧臂□（～虱：臭虫）
　　[423]鼻

pʰ　[423]□（颏水～儿：涎布）

m　[3]密蜜墨默觅秘₂（白读）

t　[3]德得₂的（目～）

tʰ　[3]踢剔

l　[3]立笠粒栗力历（日～；经～）□（圪～：呵痒）

tɕ　[3]缉集辑急级给₁（供～）及疾吉即鲫极戟积迹脊籍₁（书～）

绩寂击激稷（社~）结（~巴）□（土坯）

tɕʰ [3]妾七漆膝（读字）讫乞（读字）戚□（小孩可爱）

ɕ [3]袭吸息熄媳昔惜夕锡析些悉（都）□（~人：地面使人感到冰凉） [423]习席

Ø [3]一乙益□（~来：昨天）液腋 [423]亦

uɐʔ

t [3]涂$_2$（~上去） [423]独读督毒涂$_3$（糊~）突$_2$（烟~）

tʰ [3]突$_1$（~然）秃凸

l [3]律率（效~）六$_1$（白读）陆啰裸辘（~~）

ts [3]掘$_1$（~地）竹筑逐烛嘱触$_1$（接~）做□（~地：刨地）

tsʰ [3]出畜$_1$（~牲）撮促□（~□[tsʰuæ⁵⁵]：蚯蚓）处$_3$（地方）□（圪~：蔬果等萎了蔫了；平面起皱了）

s [423]熟赎术（白~；技~）述秫属

z̩ [3]入辱 [423]褥

k [3]骨国谷□（~□[ly²¹³⁻⁵⁵]：山羊统称）□（~~~□[miər⁵⁵]：猫头鹰）

kʰ [3]哭

x [3]豁$_1$（~然）忽或惑糊$_2$（面~涂了：面条熟后结成块）[423]糊$_1$（~涂）

yɐʔ

l [3]捋绿掠（圪~：滚动）

tɕ [3]掘$_2$（挖~）局倔 [423]爵菊橘

tɕʰ　[3]屈曲（～折；歌～）取（～灯：火柴）

ɕ　[3]削肃宿（住～；星～）畜₂（～牧）蓄□（粘连）　　[423]穴胁俗续协戌

ø　[423]哕

$$\underset{|}{l}$$

[213]尔儿（～猫儿：公猫）而　[423]耳饵　[55]二

$$\underset{|}{m}$$

[213]模（～型；～范）谋　[423]某拇₂母亩□（～□[iaʔ³]：估计，大约）　[55]暮墓慕募牡牧

$$\underset{|}{n}$$

[423]尔（你）女₂（闺～）

第六节　蟹摄开口一二等和效摄字韵母的异调分韵

目前在北京官话、中原官话、晋语、吴语、徽语、湘语、乡话、闽语、粤语、平话中都存在着声调使韵母音值产生分化的现象，许多研究者根据方言特点和自身研究视角，对此种现象有不同的命名：闭克朝（1991）称为"韵随调转"，刘勋宁（1993）称为"分调交替"，曹志耘（2009）、侯兴泉（2012）称为"调值分韵"，瞿建慧（2009）称为"异调变韵"，陈泽平（2012）称为"变韵"，支建刚（2013）、徐国莉、庄初升（2017）称为"异

调分韵"。本文把声调使韵母音值产生分化的现象称为"异调分韵",原因有二:一是今调值的高低、长短是否是产生此类现象的决定性因素,目前尚无定论;二是使用"变韵"这一名称,更易让人联想到儿化、轻声等变韵,故采用"异调分韵"这一名称。

金有景(1985)曾报道过襄垣方言蟹摄和效摄的异调分韵现象,但分韵前后韵母的音值与我们观察到的完全不同。古韩镇方言蟹摄开口一二等_{二等见系除外}、合口二等部分见系字,今逢阴平[33]、阳平[213]、去声[55]今韵母读作[ɛ uɛ];逢上声[423]今韵母读作[æ uæ],与咸山摄舒声韵今洪音韵母混同。详见表2-16。

表2-16　蟹摄异调分韵例字表

		阴平[33]	阳平[213]	去声[55]	上声[423]
蟹摄开口				拜败pɛ^{55}|贝pei^{55}|罢pa^{55}	摆pæ^{423}
			排牌pʰɛ^{213}	派pʰɛ^{55}	
			埋mei^{213}	卖mɛ^{55}	买mæ^{423}
		呆tɛ^{33}		戴带贷代袋大~ᵤ待怠tɛ^{55}	
		胎tʰɛ^{33}	抬苔抬台tʰɛ^{213}	态太泰tʰɛ^{55}	
				耐奈nɛ^{55}	奶乃næ^{423}
			来lɛ^{213}	赖癞lɛ^{55}	
		灾栽斋tsɛ^{33}		再债寨载满~在tsɛ^{55}	宰tsæ^{423}
		钗差出~tsʰɛ^{33}	才材财裁豺柴tsʰɛ^{213}	菜蔡tsʰɛ^{55}	采彩tsʰæ^{423}
		腮鳃筛sɛ^{33}		赛晒sɛ^{55}	洒sa^{423}
		该kɛ^{33}		概溉盖丐kɛ^{55}	改kæ^{423}
		开kʰɛ^{33}			凯楷kʰæ^{423}
			孩xɛ^{213}	害亥骇xɛ^{55}	海xæ^{423}
		挨~住ŋɛ^{33}		爱艾ŋɛ^{55}	矮碍ŋɛ^{423}
		哀埃ɛ^{33}	挨~打ɛ^{213}		隘蔼ɛ^{423}
合口		乖kuɛ^{33}		怪kuɛ^{55}	拐kuæ^{423}

由上表可知，蟹摄异调分韵的韵母对比格局为"高元音—低元音"型，即蟹摄开口一二等_二等见系除外、合口二等部分见系字今阴平[33]、阳平[213]、去声[55]的韵母主元音[ɛ]要高于上声[423]的韵母主元音[æ]。

蟹摄开口一等"载_记~[tsɛ⁴²³]""慨[kʰɛ⁴²³]"虽然今调值是[423]，但是韵母没有发生变化，仍然读[ɛ]。蟹摄开口二等见系只有"楷"一字读[kʰæ⁴²³]，其余二等见系字韵母读[ɤ iɤ]，如："皆阶街"读[tɕiɤ³³]、"芥界介届械"读[tɕiɤ⁵⁵]、"谐鞋"读[ɕiɤ²¹³]、"懈蟹"读[ɕiɤ⁵⁵]、"解_讲~"读[tɕiɤ⁴²³]。开口二等影组字韵母读[ɛ]，如："挨~住[ŋɛ³³]""矮[ŋɛ⁴²³]""隘[ɛ⁴²³]"，韵母没有依据调值的不同发生变化。洒[sa⁴²³]今调值也是[423]，韵母没有发生相应变化。

古韩镇方言咸山摄舒声韵今韵母洪音读[æ uæ]，细音读[iei yei]。蟹摄开口一二等_二等见系除外、合口二等部分见系字，逢上声[423]今韵母读作[æ uæ]的字与咸山摄舒声韵今洪音韵母混同。如：摆＝板[pæ⁴²³]、买＝满[mæ⁴²³]、宰＝斩＝展＝攒[tsæ⁴²³]、采＝产[tsʰæ⁴²³]、改＝感＝赶[kæ⁴²³]、楷＝砍[kʰæ⁴²³]、海＝喊[xæ⁴²³]、拐＝管[kuæ⁴²³]。

效摄字今逢阴平[33]、阳平[213]、去声[55]今韵母读作[ɔu iɔu]；逢上声[423]今韵母读[ɒ iɒ]，与宕摄开口一三等、江摄开口二等_知系字除外今韵母合流。详见表2-17、2-18、2-19、2-20。

表2-17　效攝开口一等异调分韵例字表

	阴平[33]	阳平[213]	去声[55]	上声[423]
效摄开口一等	抱pɔu³³		报暴pɔu⁵⁵｜葰~小鸡pu⁵⁵	褒保堡~垒宝pɒ⁴²³｜堡段家~pu⁴²³
		袍pʰɔu²¹³		
		毛mɔu²¹³	冒帽mɔu⁵⁵	
	刀叨tɔu³³		到倒~水道稻盗导tɔu⁵⁵	祷岛倒打~tɒ⁴²³
	掏tʰɔu³³	滔桃逃淘陶萄涛tʰɔu²¹³	套tʰɔu⁵⁵	讨tʰɒ⁴²³
				脑恼nɒ⁴²³
		劳捞牢唠lɔu²¹³	涝lɔu⁵⁵	老lɒ⁴²³
	遭糟tsɔu³³		躁灶皂造tsɔu⁵⁵	早澡枣蚤tsɒ⁴²³
	操tsʰɔu³³	曹槽tsʰɔu²¹³	糙tsʰɔu⁵⁵	草tsʰɒ⁴²³
	骚臊~气sɔu³³		扫~帚sɔu⁵⁵	扫~地嫂sɒ⁴²³
	高膏篙糕羔kɔu³³		告膏~油kɔu⁵⁵	稿kɒ⁴²³
			靠犒kʰɔu⁵⁵	考烤kʰɒ⁴²³
	蒿薅xɔu³³	豪壕毫号呼~xɔu²¹³	浩好喜~耗号~数xɔu⁵⁵	好~坏xɒ⁴²³
			奥懊ŋɔu⁵⁵	袄ŋɒ⁴²³
	熬ɔu²¹³		傲鳌ɔu⁵⁵	

表2-18　效摄开口二等异调分韵例字表

	阴平[33]	阳平[213]	去声[55]	上声[423]
效摄开口二等	包胞刨（~地）pɔu^{33}		豹爆铇鲍pɔu^{55}	饱pɒ^{423}
	抛泡（灯~）pʰɔu^{33}		炮泡（~在水里）pʰɔu^{55}	跑pʰɒ^{423}
		茅锚猫mɔu^{213}	貌mɔu^{55}	卯mɒ^{423}
		铙挠nɔu^{213}	闹nɔu^{55}	
	抓tsua^{33}		罩笊tsɔu^{55}	找爪（~牙）tsɒ^{423}
	抄tsʰɔu^{33}	巢tsʰɔu^{213}		吵炒钞tsʰɒ^{423}
	稍梢捎sɔu^{33}		潲sɔu^{55}	
				搞kɒ^{423}
	交郊胶教（~书）tɕiɔu^{33}		觉窖酵教（~育）校（~对）tɕiɔu^{55}	绞狡铰搅较tɕiɒ^{423}
	敲tɕʰiɔu			巧tɕʰiɒ^{423}
			孝效校（学~）ɕiɔu^{55}	
		肴淆iɔu^{213}	坳ɔu^{55}∣靿iɔu^{213}	咬iɒ^{423}

表2-19　效摄开口三等异调分韵例字表

	阴平[33]	阳平[213]	去声[55]	上声[423]
效摄开口三等	标膘piɔu^{33}			表piɒ^{423}
	飘pʰiɔu^{33}	嫖瓢pʰiɔu^{213}	漂（~亮、~白）pʰiɔu^{55}	
		描苗miɔu^{213}	妙庙miɔu^{55}	藐渺秒miɒ^{423}
		燎（~原）liɔu^{213}		燎（火~眉毛）liɒ^{423}
	朝（今~）召昭招沼诏tsɔu^{33}		赵兆照tsɔu^{55}	
	超tsʰɔu^{33}	朝（~代）潮tsʰɔu^{213}		
	烧sɔu^{33}	韶sɔu^{213}	少（~年）绍邵sɔu^{55}	少（多~）sɒ^{423}
		饶zɔu^{213}		扰绕（~圈）zɒ^{423}
	骄娇焦蕉椒tɕiɔu^{33}		轿噍tɕiɔu^{55}	剿tɕiɒ^{423}
	悄tɕʰiɔu^{33}	乔桥荞侨樵瞧tɕʰiɔu^{213}	俏鞘tɕʰiɔu^{55}	
	嚣枵消宵霄硝销ɕiɔu^{33}		笑ɕiɔu^{55}	小ɕiɒ^{423}
	邀腰要（~求）妖iɔu^{33}	摇谣窑姚iɔu^{213}	要（重~）耀鹞iɔu^{55}	舀iɒ^{423}

表2-20　效摄开口四等异调分韵例字表

	阴平[33]	阳平[213]	去声[55]	上声[423]
效摄开口四等				杳miɒ⁴²³
	刁貂雕tiɔu³³		吊钓掉调~动、音~tiɔu⁵⁵	
	挑tʰiɔu³³	条调~解tʰiɔu²¹³	跳耀tʰiɔu⁵⁵	
			尿n̩iɔu⁵⁵	鸟n̩iɒ⁴²³
		聊撩廖瞭遼liɔu²¹³	料liɔu⁵⁵	了~结liɒ⁴²³
	浇tɕiɔu³³		叫tɕiɔu⁵⁵	侥tɕiɒ⁴²³
			窍tɕʰiɔu⁵⁵	
	萧箫蓿ɕiɔu³³			晓ɕiɒ⁴²³
	吆iɔu³³	尧iɔu²¹³		

由表2-17、2-18、2-19、2-20可知，效摄异调分韵的韵母对比格局为"复元音—单元音"型，即效摄字逢阴平[33]、阳平[213]、去声[55]时为复元音韵母[ɔu]，逢上声[423]时为单元音韵母[ɒ]。效摄开口一等"襃[pɒ⁴²³]"、开口二等"钞[tsʰɒ⁴²³]"来源于古平声，今调值为[423]，也发生了异调分韵。

古韩镇方言宕江摄舒声韵今韵母洪音读[ɒ uɒ]，细音读[iɒ]。效摄字今逢阴平[33]、阳平[213]、去声[55]今韵母读作[ɔu iɔu]；逢上声[423]今韵母读作[ɒ iɒ]，与宕摄开口一三等、江摄开口二等知系字除外今韵母合流。详见表2-21。

表2-21 效摄与宕江摄舒声韵合流例字表

效摄	保	讨	嫂	找	扰	稿	燎	铰	小	昌
宕开一	榜	躺	嗓							
宕开三				赏	掌	嚷		两	奖	响	仰
江开二	绑					港		讲		
古韩镇	pɒ⁴²³	tʰɒ⁴²³	sɒ⁴²³	tsɒ⁴²³	zɒ⁴²³	kɒ⁴²³	liɒ⁴²³	tɕiɒ⁴²³	ɕiɒ⁴²³	iɒ⁴²³

值得注意的是，效摄逢上声[423]读[ɒ iɒ]的范围比宕江摄要大，宕江摄没有帮组声母拼[ɒi]韵母的字，而效摄今上声字有帮组声母拼[iɒ]韵母的字，例如：效摄开口三等"表[piɒ⁴²³]"。

四 襄垣古韩镇方言蟹摄和效摄异调分韵的条件和原因分析

（一）异调分韵的条件

襄垣县古韩镇方言蟹摄和效摄都是在今上声调值为[423]的情况下发生异调分韵，上声[423]在古韩镇方言六个声调中是最长的。我们以每调20个样本统计时长，得到的各调时长为：阴平[33]为0.432675秒，阳平[213]为0.453234秒，上声[423]为0.492283秒，去声[55]为0.401324秒，阴入[3]为0.120672秒，阳入[423]为0.305612秒。我们推测，今调值的长短是襄垣古韩镇方言蟹摄一二等和效摄产生异调分韵现象的重要条件，而与古调类没有直接关系。原因如下。古韩镇方言舒声韵有阴平、阳平、上声和去声四个调类，其中古全浊上归去声，也就是说，今古韩镇方言的上声来源于古清上和次浊上，古清上和次浊上字的调值均为[423]，例外是"悄"，来源于古清上，今读[tɕʰuɔ³³]，"瞭"来源于古次浊上，今读[liɔu²¹³]，没有发生分韵。从另一方面来说，不是古清上和次浊上来源的字今调值为[423]的，发生分韵。例如："较"来源于古去声，今读[tɕiɒ⁴²³]；"襃""钞"来源于古平声，今读[pɒ⁴²³][tsʰɒ⁴²³]，都发生了分韵。因此我们推测，古韩镇方言蟹摄一二等和效摄产生的异调分韵与古调类没有直接关系，而音长较长、动程较大的[423]调，也就是今调音值是产生异调分韵的重要条件。此外，有一些字今调值为[423]却没有发生异调分韵，基本是书面语用字，例如："载记~"读[tsɛ⁴²³]、"慨"读[kʰɛ⁴²³]、"矮碍"读[ŋɛ⁴²³]、"隘蔼"读[ɛ⁴²³]等。上述字虽然今调值是[423]，但是韵母没有依据调值的不同发生变化，仍然读[ɛ]。

为进一步探讨古韩镇方言蟹摄一二等和效摄的异调分韵的条件和原因，我们观察了周边方言的情况。古韩镇周边的沁县、武乡、长治、长子等地上声均来源于古清上和次浊上，上声的调型均为曲折调，且在本方言中调长比较长、动程比较大。例如：沁县方言和武乡方言上声调值为[213]、长治方言上声调值为[535]、长子方言上声调值为[324]，但是都没有发生和古韩镇方言类似的异调分韵现象（沁县、武乡、长治、长子的材料来自侯精一、温端政《山西方言调查研究报告》）。

李欢（2019）认为，古韩镇东边的黎城方言蟹摄一二等和效摄有与古韩镇方言类似的异调分韵现象。黎城方言蟹摄开口一二等二等见系除外、合口二等部分见系字，今逢阴平[33]、阴去[512]、阳平去[53]今韵母读作[ɛ uɛ]，逢上声[314]今韵母读[æi uæi]，与咸山摄今韵母混同。效摄字今逢阴平[33]、阴去[512]、阳平去[53]今韵母读作[o io]，逢上声[314]今韵母读作[ɔ iɔ]，分别自成韵类。详见表2-22。

表2-22 黎城方言蟹摄一二等和效摄异调分韵例字表

韵摄	韵母对比	阴平33	阳平去53	阴去512	上声314
蟹摄	ɛ—æi	差出~tsʰɛ³³	才tsʰɛ⁵³	菜tsʰɛ⁵¹²	彩tsʰæi³¹⁴
	uɛ—uæi	乖kuɛ³³	怀xuɛ⁵³	怪kuɛ⁵¹²	拐kuæi³¹⁴
效摄	o—ɔ	掏tʰo³³	桃tʰo⁵³	套tʰo⁵¹²	讨tʰo³¹⁴
	io—iɔ	交cio³³	条tʰio⁵³	叫cio⁵¹²	巧tɕʰiɔ³¹⁴

说明：表中例字读音引自李欢（2019）论文。

黎城方言蟹摄一二等异调分韵所呈现出的韵母对比格局为"单元音—复元音"型，效摄所呈现出的为"高元音—低元音"型。李欢（2019）认为，黎城方言中上声[314]的时长是最长的，蟹摄和效摄发生异调分韵与声调的时长是有一定关系的。黎城方言蟹摄和效摄异调分韵与古韩镇方言蟹摄和效摄异调分韵在这一点上是有相似性的。

支建刚（2013）认为，豫北晋语的获嘉及其周边和济源西部也存在丰富的异调分韵现象。涉及的韵摄不局限在蟹摄和效摄，除了果摄、假摄、遇摄外，其他十三摄都存在此类现象，涉及的调类有阳平、去声，涉及的调型有曲折调、降调和升调。其中新乡小冀的异调分韵在豫北晋语中最为丰富。蟹摄开口一二等二等见系除外、蟹摄合口一二等部分见系字在阴平[34]、上声[54]时的韵母读[ai uai]，在阳平[41]、去声[212]时的韵母读[æ uæ]。效摄字在阴平[34]、上声[54]时的韵母读[ɑu iɑu]，在阳平[41]、去声[212]时的韵母读[ɔ iɔ]。咸山摄和宕江摄也存在异调分韵现象。详见表2-23。

表2-23　　新乡小冀异调分韵例字表

韵摄	韵母对比	阴平34	上声54	阳平41	去声212
蟹摄	ai—æ	猜tsʰai³⁴	采tsʰai⁵⁴	才tsʰæ⁴¹	菜tsʰæ²¹²
	uai—uæ	乖kuai³⁴	拐kuai⁵⁴	怀xuæ⁴¹	怪kuæ²¹²
效摄	ɑu—ɔ	掏tʰɑu³⁴	讨tʰɑu⁵⁴	淘tʰɔ⁴¹	套tʰɔ²¹²
	iɑu—iɔ	敲tɕʰiɑu³⁴	巧tɕʰiɑu⁵⁴	桥tɕʰiɔ⁴¹	翘tɕʰiɔ²¹²
咸山摄	ɛn—æ̃	滩tʰɛn³⁴	毯tʰɛn⁵⁴	谈tʰæ̃⁴¹	炭tʰæ̃²¹²
	uɛn—uæ̃	弯uɛn³⁴	晚uɛn⁵⁴	丸uæ̃⁴¹	万uæ̃²¹²
	iɛn—iæ̃	烟iɛn³⁴	演iɛn⁵⁴	盐iæ̃⁴¹	咽iæ̃²¹²
	yɛn—yæ̃	圈tɕʰyɛn³⁴	犬tɕʰyɛn⁵⁴	全tɕʰyæ̃⁴¹	劝tɕʰyæ̃²¹²
宕江摄	ɑŋ—ẽŋ	汤tʰɑŋ³⁴	躺tʰɑŋ⁵⁴	唐tʰẽŋ⁴¹	烫tʰẽŋ²¹²
	iɑŋ—iẽŋ	香ɕiɑŋ³⁴	想ɕiɑŋ⁵⁴	祥ɕiẽŋ⁴¹	象ɕiẽŋ²¹²
	uɑŋ—uẽŋ	窗tʂʰuɑŋ³⁴	闯tʂʰuɑŋ⁵⁴	床tʂʰuẽŋ⁴¹	创tʂʰuẽŋ²¹²

说明：上表引自支建刚（2013）论文，内容有删减。

新乡小冀蟹摄一二等和效摄异调分韵所呈现出的韵母对比格局为"复元音—单元音"型。与古韩镇方言异调分韵不同的是，除了果摄、假摄、遇摄外，豫北晋语其他韵摄也发生了异调分韵，产生的分韵都是自成韵类的。值得注意的是，豫北晋语有异调分韵现象的7个点，从发生异调分韵的韵摄来看，6个点蟹摄一二等有异调分韵，4个点蟹摄一二等和效摄都有异调分韵。从调型来看，有4个点发生异调分韵的是曲折调。黎城和豫北晋语的异调分韵提示我们，襄垣古韩镇方言蟹摄和效摄发生异调分韵，除了音长较长、动程较大的[423]调是产生异调分韵的重要条件之外，蟹摄一二等和效摄的韵母特点也是重要条件之一。根据王力先生的拟音，中古的蟹摄和效摄都是复合韵母，蟹摄收[i]尾，效摄收[u]尾，[i]和[u]都是高元音。从发音的生理机制上看，由前低元音[a]瞬间向上滑动到前高元音[i]或后高元音[u]，都是比较费时费力的。蟹摄和效摄的这种韵母特点再加上音长较长、动程较大的[423]调，是非常有可能发生音变的。

（二）异调分韵的原因

对于异调分韵产生的机制和原因，曹志耘（2009）认为，异调分韵现象的产生，是由于声调的长短、高低等因素使韵母产生的分化，并把汉语方言中的调值分韵现象归纳为长调与短调分韵、高调与低调分韵。长调导致韵母元音复化、韵尾增生，低调导致韵母元音低化、复化。方言中异调分韵的"高元音—低元音"型和"单元音—复元音"型大体可以从调值的长短、高低上得到解释，即长调对应长、复元音，短调对应短、单元音；高调对应高、单元音，低调对应低、复元音。例如：黎城方言蟹摄一二等异调分韵的"单元音—复元音"型，就是在时长最长的上声[314]的声调条件下，蟹摄一二等的韵母由[ɛ uɛ]变为[æi uæi]，发生了元音的低化和复化。但是对于古韩镇方言而言，调值为[423]的蟹摄和效摄韵母并没有发生复化、韵尾增生的现象，即蟹摄一二等逢阴平[33]、阳平[213]、去声[55]时为单元音韵母[ɛ]，逢上声[423]时变成了单元音韵母[æ]；效摄逢阴平[33]、阳平[213]、去声[55]时为复元音韵母[ɔu]，逢上声[423]时变成了单元音韵母[ɒ]。这似乎无法根据曹志耘（2009）的观点得到圆满解释。同样的，豫北晋语异调分韵中的"复元音—单元音"型、"鼻尾韵—鼻化韵"型、"低元音—高元音"型，如新乡小冀蟹摄、效摄逢阴平[34]、上声[54]时为复元音韵母[ai][ɑu]，逢阳平[41]、去声[212]时变成了单元音韵母[æ][ɔ]；咸山摄逢阴平[34]、上声[54]时为鼻尾韵[ɛn]，逢阳平[41]、去声[212]时鼻尾消失，主元音鼻化且低化变成[æ̃]；宕江摄逢阴平[34]、上声[54]时韵母主元音为后低元音[ɑ]，逢阳平[41]、去声[212]时主元音高化、前化，同时鼻尾弱化，变成[ɐ̃]。这样的异调分韵类型似乎也难以从调值的长短、高低上找到周全的解释。

侯兴泉（2012）从调值和元音结构两方面分析西部粤语遇、蟹、止或流摄三四等韵普遍存在的去声、阳上调分韵现象，认为早期西部粤语去声和阳上的升调特征与韵母结构的共同作用促成了该类现象的产生。他认为升调特征会导致韵母主元音变高，甚至进一步裂化。这个结论与曹志耘（2009）提出的低调易促成韵母强化的观点相反。

陈泽平（2012）认为，分韵现象的产生与构成特定调值的某个成素有关。支建刚（2013）则进一步指出，陈文提到的"某个成素"可能是边缘调素、调位的动态段等声调的非核心成分。这些成分或许可以成为探寻异调分韵成因的一个方向。

支建刚（2013）系统梳理了豫北晋语中异调分韵的类型，归纳出其声调特点、韵母特点和语流特点，并指出豫北晋语的异调分韵属于语音系统内部的音值调节，分韵的实质是不同声调条件下韵母变体的互补分布。

曹志耘（2009）指出，从理论上只要一个方言系统内部声调的调值长短、高低存在足够的差异，就有可能发生异调分韵，当然是否发生另当别论。古韩镇方言除蟹摄效摄外，其他韵摄并没有异调分韵现象，古韩镇周边方言除黎城以外也没有异调分韵现象。究竟还有什么原因使古韩镇方言蟹摄一二等和效摄的异调分韵由可能发生变为已然发生，还需要进一步的研究和分析。但我们可以得出几点新的认识：

（1）声调调值的长短、高低和韵母的结构等因素可能会使韵母产生分化，古韩镇方言蟹摄和效摄的韵母特点再加上音长较长、动程较大的[423]调，是产生异调分韵的重要条件。

（2）结合蟹摄一二等和效摄逢上声调值[423]时的韵母分别与咸山摄、宕江摄舒声韵合流的情况，语音系统的制约性似乎也是异调分韵产生的因素。

（3）古韩镇方言蟹摄和效摄异调分韵现象的产生不是单独的、偶然的。如黎城方言与襄垣古韩镇方言同属于晋语上党片，豫北晋语获嘉周围和济源西部异调分韵的声调条件和韵母条件与古韩镇方言有一定的一致性。

（4）晋语、湘语辰溆片、西部粤语、闽东片粤语等方言中声调使韵母音值产生分化的现象涉及的调值和调型多种多样，所以从今调音值很难确定到底哪种调型更易使韵母发生分化，侯兴泉（2012）从古音构拟、韵母结构来探求异调分韵的机制，也许是我们今后努力的一个方向。

第七节 中古阳声韵在襄垣方言中的演变

阳声韵是指咸山深臻宕江曾梗通九摄的舒声字，根据《切韵》系统，中古咸深摄收[-m]尾，山臻摄收[-n]尾，宕江曾梗通摄收[-ŋ]尾。今襄垣方言鼻韵尾只有一个[-ŋ]，鼻韵母只有[əŋ iəŋ uəŋ yəŋ]四个。下面对襄垣方言阳声韵的情况进行细致描写，通过襄垣方言音系内部的对比，分析阳声韵与襄垣方言整个音系的关系。通过与周边方言的对比，试图讨论中古阳声韵在襄垣方言中演变的特点和原因。

一 襄垣方言中古阳声韵今读的总体情况

襄垣方言四个鼻韵母 [əŋ iəŋ uəŋ yəŋ]的中古来源见表2-24（表中例字为代表字，"／"表示此摄无此韵母）。

表2-24 [əŋ iəŋ uəŋ yəŋ]的中古来源表

		əŋ	iəŋ	uəŋ	yəŋ
深摄	开三侵	针	妳	/	/
臻摄	开一痕	吞	/	/	/
	开三真	肾	贫	/	/
	开三殷	/	近	/	/
	合一魂	闷	/	婚	损
	合三谆	/	尹	润	俊
	合三文	文	/	荤	训
曾摄	开一登	疼	/	/	/
	开三蒸	扔	冰	/	/
	合一登	/	/	弘	/
梗摄	开二庚	烹	硬	/	/
	开二耕	棚	幸	/	/
	开三庚	盟	敬	/	/
	开三清	整	令	/	/
	开四青	/	定	/	/
	合二庚	/	/	横_{蛮~}	/
	合二耕	/	/	宏	/
	合三庚	/	/	/	荣
	合三清	/	倾	/	/
	合四青	/	萤	/	/
通摄	合一东	蒙	/	动	/
	合一冬	农	/	统	/
	合三东	冯	/	虫	熊
	合三锺	捧	/	肿	用

中古九个阳声韵摄在今襄垣方言中有五个摄有鼻韵尾，这五个摄是深摄、臻摄、曾摄、梗摄和通摄，而咸摄、山摄（山摄只有"拼[pʰiəŋ³³]"有鼻韵尾）、宕摄和江摄的鼻韵尾已经完全脱落。襄垣方言鼻韵母[əŋ]在这五个摄中都有分布，来自深开三、臻开一、臻开三真韵、臻合一、臻合三文韵、曾开一、曾开三、梗开二、梗开三、通合一和通合三；[iəŋ]韵母分布在深摄、臻摄、曾摄和梗摄四个摄中，来自深开三、臻开三、臻合三谆韵（只有"尹"）、曾开三、梗开二、梗开三、梗开四、梗合三清韵、梗合四（只有"萤"）；[uəŋ]韵母分布在臻摄、曾摄、梗摄和通摄四个摄，来自臻合一、臻合三谆韵（文韵只有"荤"的韵母是[uəŋ]）、曾合一、梗合二、通合一、通合三；[yəŋ]韵母分布在臻摄、梗摄和通摄三个摄，来自臻合一、臻合三、梗合三庚韵和通合三。也就是说，这四个韵母的分布不太平衡。

襄垣方言的阳声韵格局已经与《切韵》很不相同，襄垣方言的阳声韵中，咸、山（除"拼"外）、宕、江摄的鼻韵尾已经完全脱落，深臻曾梗摄基本读[ŋ]韵尾，通摄全部读[ŋ]韵尾。从今韵母的主要元音来看，咸摄为[æ uæ ei iei]，山摄为[æ uæ ei iei yei]；宕江摄的韵母为[ɒ iɒ uɒ]；深摄的韵母为[əŋ iəŋ]，臻摄的韵母为[əŋ iəŋ uəŋ yəŋ]，曾摄的韵母为[əŋ iəŋ uŋ]，梗摄的韵母为[əŋ iəŋ uəŋ yəŋ]，通摄的韵母为[əŋ uəŋ yəŋ]。咸山摄韵母相近，宕江摄韵母相近，深臻曾梗通韵母相近，下面分咸山、宕江、深臻曾梗通三组进行分析。

（一）咸山摄

咸山摄的舒声字鼻韵尾脱落，韵母为纯元音。

1. 咸摄开口一等全部读[æ]，例如：谭[tʰæ²¹³]、滥[læ⁵⁵]、砍[kʰæ⁴²³]、庵[æ³³]；山摄开口一等读[æ]，例如：滩[tʰæ³³]、难_{患~}[næ⁵⁵]、伞[sæ⁴²³]、寒[xæ²¹³]；山摄合口一等除帮组影组读[æ]外其余基本都读[uæ]，例如：满[mæ⁴²³]、蒜[suæ⁵⁵]、宽[kʰuæ³³]。

2. 咸摄开口二等知组庄组读[æ]，见晓组读[iei]，例如：斩[tsæ⁴²³]、搀[tsʰæ³³]、馅[ɕiei⁵⁵]、监_{~视}[tɕiei³³]；山摄开口二等帮组知照组读[æ]，见系读[iei]，例如：板[pæ⁴²³]、删[sæ³³]、奸[tɕiei³³]、晏[iei⁵⁵]；山摄合口二等除"顽_{~固}[væ²¹³]、弯湾[væ³³]、还_{~有}[xæ²¹³]"外都读[uæ]，例如：幻[xuæ⁵⁵]、惯[kuæ⁵⁵]。

3. 咸摄开口三等除知系读[æ]外，其余都读[iei]，例如：粘[tsæ³³]、闪[sæ⁴²³]、钳[tɕʰiei²¹³]、验[iei⁵⁵]；山摄开口三等除知系读[æ]、帮组读[ei]外其余都读[iei]，例如：缠[tsʰæ²¹³]、面[mei⁵⁵]、剪[tɕiei⁴²³]、件[tɕiei⁵⁵]；山摄合口三等除知系读[uæ]、帮组读[æ]外其余基本读[yei]，例如：船[tsʰuæ²¹³]、串[tsʰuæ⁵⁵]、饭[fæ⁵⁵]、圈_{猪~}[tɕyei⁵⁵]、冤[yei³³]。

4. 咸摄开口四等端组泥组读[ei]，其余读[iei]，例如：点[tei⁴²³]、歉[tɕʰiei⁵⁵]；山摄开口四等帮组端组泥组读[ei]，其余读[iei]，例如：边[pei³³]、田[tʰei²¹³]、练[lei⁵⁵]、贤[ɕiei²¹³]；山摄合口四等基本读[yei]，例如：犬[tɕʰyei⁵⁵]。

5. 咸摄合口三等读[æ]，例如：帆[fæ²¹³]。

可以看出，咸山摄在脱落鼻韵尾后，主要元音基本相同。咸山两摄在中古主要元音相同，区别在于韵尾不同，襄垣方言咸山摄鼻韵尾脱落以后，主要元音基本一致，咸山摄趋于合流。

（二）宕江摄

宕江摄的舒声字鼻韵尾也已经脱落，韵母为纯元音，具体情况如下：

1. 宕摄开口一等全读[ɒ]，例如：糖[tʰɒ²¹³]、糠[kʰɒ³³]、葬[tsɒ⁵⁵]。

2. 宕摄开口三等除知系外都读[iɒ]，例如：枪[tɕʰiɒ³³]、匠[tɕiɒ⁵⁵]、仰[iɒ⁴²³]。知系除庄组外基本都读[ɒ]，庄组读[uɒ]，例如：张[tsɒ³³]、畅[tsʰɒ⁵⁵]、瓢瓜~[zɒ²¹³]、床[tsʰuɒ²¹³]、爽[suɒ⁴²³]。

3. 宕摄合口一等基本读[uɒ]，例如：光[kuɒ³³]、黄[xuɒ²¹³]，例外是：汪[vɒ⁵⁵]。宕摄合口三等非组影组读[ɒ]，例如：房[fɒ²¹³]、网[vɒ⁴²³]、放[fɒ⁵⁵]、王[vɒ²¹³]；见晓组读[uɒ]，例如：逛[kuɒ⁵⁵]、狂[kʰuɒ²¹³]。

4. 江摄开口二等帮组泥组读[ɒ]，例如：胖[pʰɒ⁵⁵]、攮用刀子~[nɒ⁴²³]；知庄组读[uɒ]，例如：撞[tsuɒ⁵⁵]、窗[tsʰuɒ³³]；见系除夯[xɒ³³]外，基本都读[iɒ]，例如：虹天上的~[tɕiɒ⁵⁵]、腔[tɕʰiɒ³³]、讲[tɕiɒ⁴²³]。

今襄垣方言宕江摄韵母主要元音相同。宕江摄在中古时鼻韵尾是相同的，都是[ŋ]，主要元音不同。在襄垣方言中宕江摄主要元音相同，在宕江摄合流过程中有两种可能：一种是主要元音先趋同，然后鼻韵尾才脱落；另一种是鼻韵尾先脱落，然后主要元音再趋同。我们认为前者的可能性更大，因为如果鼻韵尾先脱落的话，影响元音变化的因素非常多，宕江摄的主要元音趋同是比较难进行的。

（三）深臻曾梗通摄

首先是深臻摄的情况，深摄除个别字（簪[tsæ³³]、吣猫~[tɕʰiei⁵⁵]）外都有鼻韵尾[ŋ]，臻摄也都有鼻韵尾[ŋ]。具体如下：

1. 深摄开口三等知系（除岑黄~[tɕʰiəŋ²¹³]外）读[əŋ]，例如：沉[tsʰəŋ²¹³]、深[tsʰəŋ³³]、沈[səŋ⁴²³]、任责~[zəŋ⁵⁵]；非知系读[iəŋ]，

例如：寻[ɕiəŋ²¹³]、钦[tɕʰiəŋ³³]、赁租~[liəŋ⁵⁵]、饮~酒[iəŋ⁴²³]。臻摄开口三等知系读[əŋ]，例如：真[tsəŋ³³]、神[səŋ²¹³]、忍[zəŋ⁴²³]、慎[səŋ⁵⁵]；臻摄开口三等非知系读[iəŋ]，例如：民[miəŋ²¹³]、信[ɕiəŋ⁵⁵]、秦[tɕʰiəŋ²¹³]、因[iəŋ³³]、紧[tɕiəŋ⁴²³]、近[tɕiəŋ⁵⁵]。

2. 臻摄开口一等读[əŋ]，例如：跟[kəŋ³³]、很[xəŋ⁴²³]。臻摄合口一等除帮组影组读[əŋ]外基本都读[uəŋ]，例如：笨[pəŋ⁵⁵]、稳[vəŋ⁴²³]、存[tsʰuəŋ²¹³]、墩[tuəŋ³³]、论议~[luəŋ⁵⁵]、困[kʰuəŋ⁵⁵]、昏[xuəŋ³³]，例外是：扽[təŋ⁵⁵]、褪[tʰəŋ⁵⁵]、损[ɕyəŋ⁴²³]、嫩[nəŋ⁵⁵]。

3. 臻摄合口三等非组读[əŋ]，例如：愤[fəŋ⁵⁵]、吻[vəŋ²¹³]、问[vəŋ⁵⁵]；泥组读[uəŋ]，精组读[uəŋ]或[yəŋ]，例如：轮[luəŋ²¹³]、遵[tsuəŋ³³]、皴[tsʰuəŋ³³]、俊[tɕyəŋ⁵⁵]、桦[ɕyəŋ⁴²³]；知系读[uəŋ]，例如：准[tsuəŋ⁴²³]、顺[suəŋ⁵⁵]、醇[tsʰuəŋ²¹³]、润[ʐuəŋ⁵⁵]，例外是唇[tsʰəŋ²¹³]；见系读[yəŋ]，例如：均[tɕyəŋ³³]、裙[tɕʰyəŋ²¹³]、训[ɕyəŋ⁵⁵]、云[yəŋ²¹³]，例外是尹[iəŋ³³]。

深臻摄除个别字外基本都有鼻韵尾，中古深摄是[-m]尾，臻摄是[n]尾，在今襄垣方言中都为[ŋ]尾。深摄有[əŋ][iəŋ]两个鼻韵尾韵母，臻摄有[əŋ][iəŋ][uəŋ][yəŋ]四个鼻韵尾韵母。

再看曾梗摄的情况，曾梗摄除个别字（盲[mɒ²¹³]、虻[mɒ²¹³]、打[ta⁴²³]、矿[kʰuɒ⁵⁵]、行银~[xɒ²¹³]、浜[pɒ⁵⁵]）外也基本有鼻韵尾，具体情况如下：

1. 曾摄开口一等读[əŋ]，例如：朋[pʰəŋ²¹³]、澄水浑,~一~[təŋ⁵⁵]、蹭[tsʰəŋ⁵⁵]、肯[kʰəŋ⁴²³]、僧[səŋ³³]。曾摄合口一等只有弘[xuŋ²¹³]一个字。

2. 曾摄开口三等知系读[əŋ]，例如：瞪[təŋ⁵⁵]、蒸[tsəŋ³³]、乘[tsʰəŋ²¹³]、仍[zəŋ⁴²³]；非知系读[iəŋ]，例如：凭[pʰiəŋ²¹³]、陵

[liəŋ²¹³]、兴_高~[ɕiəŋ⁵⁵]、孕[iəŋ³³]。

3. 梗摄开口二等基本读[əŋ]，只有见系部分字读[iəŋ]，例如：猛[məŋ⁴²³]、冷[ləŋ⁴²³]、撑[tsʰəŋ³³]、粳_~米[kəŋ⁴²³]、更_~加[kəŋ⁵⁵]、杏[ɕiəŋ⁵⁵]、鹦[iəŋ³³]。

4. 梗摄开口三等知系读[əŋ]，例如：贞[tsəŋ³³]、逞[tsʰəŋ²¹³]、成[tsʰəŋ²¹³]、正[tsəŋ⁵⁵]；非知系读[iəŋ]，例如：命[miəŋ⁵⁵]、轻[tɕʰiəŋ³³]、晴[tɕʰiəŋ²¹³]、影[iəŋ⁴²³]。

5. 梗摄开口四等读[iəŋ]，例如：钉_~住[tiəŋ⁵⁵]、铃[liəŋ²¹³]、醒[ɕiəŋ⁴²³]、蜻[tɕʰiəŋ³³]。

6. 梗摄合口字，除矿[kʰuɒ⁵⁵]以外都有鼻韵尾[ŋ]。

曾梗摄基本读鼻韵尾[ŋ]，曾梗摄在中古时的韵尾是[ŋ]，襄垣方言曾摄有[əŋ][iəŋ][uəŋ]三个鼻韵尾韵母，梗摄有[əŋ][iəŋ][uəŋ][yəŋ]四个鼻韵尾韵母。

最后看通摄的情况，通摄全部读鼻韵尾[ŋ]，具体情况如下：

1. 通摄合口一等帮组影组读[əŋ]，例如：蠓[məŋ⁴²³]、翁[vəŋ³³]；端系除煓[tʰəŋ³³]、农脓[nəŋ²¹³]以外都读[uəŋ]，例如：囱[tsʰuəŋ³³]、笼[luəŋ²¹³]、宋[suəŋ⁵⁵]、捅[tʰuəŋ⁴²³]；见系除影组外读[uəŋ]，例如：工[kuəŋ³³]、孔[kʰuəŋ⁴²³]、红[xuəŋ²¹³]、控[kʰuəŋ⁵⁵]。

2. 通摄合口三等非组读[əŋ]，例如：冯[fəŋ²¹³]、梦[məŋ⁵⁵]、捧[pʰəŋ⁴²³]；影组晓组读[yəŋ]，例如：胸[ɕyəŋ³³]、融[yəŋ²¹³]、勇[yəŋ⁴²³]、用[yəŋ⁵⁵]；其余基本读[uəŋ]，例如：众[tsuəŋ⁵⁵]、弓[kuəŋ³³]、龙[luəŋ²¹³]、茸[ʐuəŋ²¹³]、恐[kʰuəŋ⁴²³]，例外是：穷[tɕʰyəŋ²¹³]、浓[nəŋ²¹³]。

通摄全部读鼻韵尾[ŋ]，通摄在中古时的韵尾是[ŋ]，在襄垣方言中读[ən][uən][yən]。

以上就是襄垣方言阳声韵的基本情况，襄垣方言咸山宕江摄的鼻韵尾已经完全脱落，深臻曾梗摄基本读[ŋ]韵尾，通摄全部读[ŋ]韵尾。

二 襄垣方言阳声韵和阴声韵的关系

襄垣方言中咸山宕江四摄的鼻尾脱落之后，咸山摄和蟹摄开口一二等韵的字今音上声合流，如：喊＝海[xæ⁴²³]、彩＝惨[tsʰæ⁴²³]、楷＝砍[kʰæ⁴²³]、摆＝板[pæ⁴²³]等；宕江摄和效摄字今音上声合流，如：早＝涨[tsɒ⁴²³]、卯＝莽[mɒ⁴²³]、搞＝港[kɒ⁴²³]、考＝扛[kʰɒ⁴²³]；部分咸山摄帮组字和蟹摄合口一等、止摄字合流，如：编＝碑＝悲[pei³³]、棉＝埋＝霉[mei²¹³]。具体情况见表2-25。（表中"／"表示该韵母只见于阳声韵，不出现在阴声韵。端组声母和[ei]相拼合只见于咸山摄字。[uæ]韵母除了"枴[kuæ⁴²³]"属于蟹摄之外其余都属于咸山摄）

表2-25 襄垣方言阳声韵和阴声韵合流情况简表

阳声韵摄			韵母	阴声韵摄	
咸摄	开一		æ	开一二上声	蟹摄
	开二	知系	æ	开一二上声	蟹摄
		见系	iei	／	／
	开三	知系	æ	开一二上声	蟹摄
		非知系	iei	／	／
咸摄	开四	端组	ei	／	／
		非端组	iei	／	／
	合三		æ	开一二上声	蟹摄

（续表）

			阳声韵摄	韵母	阴声韵摄	
山摄		开一		æ	开一二上声	蟹摄
	开二	见系		iei	/	/
		非见系		æ	开一二上声	蟹摄
	开三	知系		æ	开一二上声	蟹摄
		帮组		ei	蟹合一止开三合三	蟹摄止摄
		端系见系		iei	/	/
	开四	帮组		ei	蟹合一止开三合三	蟹摄止摄
		端组		ei	/	/
		其他		iei	/	/
	合一	帮组		æ	开一二上声	蟹摄
		端系见系		uæ	/	/
	合二			uæ	/	/
	合三	非组		æ	开一二上声	蟹摄
		知系		uæ	/	/
		端系见系		yei	/	/
	合四			yei	/	/
宕摄		开一		ɒ	开一二上声	效摄
	开三	知系		ɒ（或uɒ）	开一二上声	效摄
		非知系		iɒ	开二三四上声	效摄
	合一			uɒ	/	/
	合三	非组		ɒ	开一二上声	效摄
		见系		uɒ	/	/
江摄	开二	帮组端系		ɒ	开一二上声	效摄
		知系		uɒ	/	/
		见系		iɒ	开二三四上声	效摄

由表2-25可知，襄垣方言咸山摄在失去鼻韵尾后，和蟹摄开口一二等字今音上声合流；宕江摄的鼻韵尾脱落之后，和效摄字今音上声合流；部分咸山摄帮组字和蟹摄合口一等、止摄字合流。韵母[iei][yei]和[uæ]都来自阳声韵摄，这三个韵母的产生是鼻韵尾脱落的结果。

咸山摄和宕江摄的鼻韵尾脱落之后，和蟹摄、止摄及效摄部分字合流，但是并没有发生明显的推链式音变，而是朝着同一方向发展。

深臻曾梗通摄读鼻韵尾[ŋ]，与阴声韵仍然保持对立。

三　襄垣方言阳声韵和周围方言的比较

现将襄垣方言阳声韵和周边方言的阳声韵做一比较，以观察阳声韵演变的规律。（下表中"-"表示今读开尾或元音尾，"～"表示今读鼻化韵，"[n]或[ŋ]"表示今读鼻韵尾）

表2-26　襄垣及其周边方言阳声韵韵尾简表

	山	咸	宕	江	梗	曾	臻	深	通
襄垣	-	-	-	-	ŋ	ŋ	ŋ	ŋ	ŋ
武乡	-	-	～	～	ŋ	ŋ	ŋ	ŋ	ŋ
沁县	n	n	～	～	ŋ	ŋ	ŋ	ŋ	ŋ
长治	ŋ	ŋ	ŋ	ŋ	ŋ	ŋ	ŋ	ŋ	ŋ
平顺	～	～	ŋ	ŋ	ŋ	ŋ	～	～	～
长子	～	～	ŋ	ŋ	ŋ	ŋ	n	n	ŋ
晋城	-	-	-; ～	～	ŋ; ～; -		～; -	～	ŋ
陵川	n; ～	n; ～	ŋ	ŋ	ŋ	ŋ	～ + n	～ + n	ŋ
阳城	～	～	～ + ŋ	～ + ŋ	～ + / ŋ; ～ + n	～ + n	～ + n	～ + n	～ + / ŋ; ～ + n
高平	-	-	-; ～	～	ŋ	ŋ	～		ŋ

说明：以上10个方言点都属于晋语东南区，其中武乡、沁县和襄垣同属沁县片，长治、平顺和长子属于长治片，晋城、陵川、阳

城和高平属晋城片。从地理分布上说，从北到南依次为沁县片、长治片和晋城片。（以上各点材料除武乡外均来自《山西方言调查研究报告》，武乡的材料来自《武乡方言志》）

上表显示：

（1）沁县片咸山宕江摄鼻音韵尾演变比较快，除沁县的咸山摄有鼻韵尾[n]外，其余各点鼻韵尾脱落或鼻化。深臻曾梗通摄读鼻韵尾[ŋ]。

（2）长治片各点咸山摄鼻音韵尾演变比较快，除长治读鼻韵尾[ŋ]外，其余两点的鼻韵尾今读鼻化韵；深臻摄的演变速度慢于咸山摄，在平顺和长子还读鼻韵尾[n]；最后是宕江曾梗通摄。

（3）晋城片的咸山摄同样也是演变最快的，鼻韵尾基本脱落或鼻化；其次是深臻摄和宕江摄；最后是曾梗通摄，其中通摄的鼻韵尾最为稳定。

以上十个方言点基本代表了晋语东南区的情况，阳声韵韵尾的演变分为两种类型。一种是读鼻韵尾[ŋ]，如襄垣、武乡、长治、晋城等，另一种是读鼻韵尾[n]和[ŋ]；可见[m]韵尾是消失最完全的，其次是鼻韵尾[n]，相对比较稳定的是鼻韵尾[ŋ]。

表2-27是沁县片阳声韵的例字。

表2-27　沁县片阳声韵例字表

	三_咸	满_山	烫_宕	邦_江	林_深	云_臻	绳_曾	争_梗	农_通
襄垣	sæ^{33}	mæ^{423}	tʰɒ^{55}	pɒ^{33}	liəŋ^{213}	yəŋ^{213}	səŋ^{213}	tsəŋ^{33}	nəŋ^{213}
武乡	sæ^{113}	mæ^{213}	tʰɔ̃^{55}	pɔ̃^{113}	liaŋ^{33}	yaŋ^{33}	saŋ^{33}	tsaŋ^{113}	naŋ^{33}
沁县	san^{213}	man^{213}	tʰɔ̃^{55}	pɔ̃^{213}	liŋ^{33}	yŋ^{33}	səŋ^{33}	tsəŋ^{213}	nəŋ^{213}

上表显示，在沁县片3个方言点中，和鼻韵尾[ŋ]相拼合的韵母

主元音是[i][ə][y][a]等，和鼻韵尾[n]相拼合的韵母主元音是[a]，襄垣、武乡只有鼻韵尾[ŋ]，沁县有鼻韵尾[ŋ]和[n]。襄垣阳声韵鼻韵尾的消变比武乡和沁县都快，武乡、沁县阳声韵宕江摄韵母为鼻化元音。由此我们可以推测，襄垣方言咸山摄韵尾的消失要早于宕江摄，《山西方言调查研究报告》《襄垣方言志》中记录宕江摄有鼻韵尾[ŋ]，《汉语方言地图集》记录宕江摄韵母为鼻化元音，也可以证实这一推测。沁县方言咸山摄读[n]韵尾，也使我们猜想襄垣方言咸摄鼻韵尾脱落之前应该也经历了鼻韵尾由[m]到[n]的演变。

四　襄垣方言阳声韵演变的特点和原因

（一）襄垣方言阳声韵演变的特点

襄垣方言阳声韵属于深臻＝曾梗通≠宕江≠咸山类型，阳声韵各摄鼻韵尾消变的顺序大致是咸山＞宕江＞深臻＞曾梗通。下表是襄垣方言阳声韵韵尾的情况。

表2-28　襄垣方言阳声韵韵尾简表

古韵摄	切韵韵尾	今韵尾	例字	例外
咸摄	m	-	暗[ŋæ⁵⁵]	
深摄	m	ŋ	心[ɕiəŋ³³]	呹[tɕʰiei⁵⁵]簪[tsæ³³]
山摄	n	-	眼[iei⁴²³]	
臻摄	n	ŋ	恨[xəŋ⁵⁵]	
宕摄	ŋ	-	想[ɕiɒ⁴²³]	
江摄	ŋ	-	窗[tsʰuɒ³³]	
曾摄	ŋ	ŋ	疼[tʰəŋ²¹³]	
梗摄	ŋ	ŋ	坑[kʰəŋ³³]	盲[mɒ²¹³]打[ta⁴²³]浜[pɒ³³]行银~[xɒ²¹³]
通摄	ŋ	ŋ	润[zuŋ⁵⁵]	

（二）襄垣方言阳声韵演变的原因

汉语的音节是由声母、韵母和声调构成的，声母、韵母和声调之间会相互影响相互制约。单就语音层面来说，襄垣方言阳声韵演变的原因可以从以下几个方面来分析。

（1）鼻韵尾的发音部位

鼻韵尾[m]是双唇鼻音，[n]是舌尖中鼻音，[ŋ]是舌根鼻音，三者按照发音部位从前到后依次为[m][n][ŋ]。

陈渊泉（1975）指出，三个鼻音韵尾消变的最终趋势是[ŋ]。徐通锵在《历史语言学》中也指出，在汉语带有鼻韵尾的音节中，[m]最易消失，[n]次之，而[ŋ]较为稳固。张吉生（2007）认为，现代汉语各方言不同的韵尾辅音多数是中古汉语韵尾辅音由于历时磨损而引起的非口腔化的结果，处于韵尾位置的塞音和鼻音都是如此。[m]的辅音性大于[ŋ]，相反，[ŋ]的元音性大于[m]。因而在声母的位置[m]是有标记的，[ŋ]是无标记的；在韵尾的位置则[ŋ]是有标记的，[m]是无标记的。因而[m]出现在声母的位置更自然更普遍，[ŋ]出现在韵尾的位置更自然更普遍。

中古咸深摄收[-m]尾，山臻摄收[-n]尾，宕江曾梗通摄收[-ŋ]尾，今襄垣方言阳声韵只有鼻韵尾[ŋ]，可以证实前贤们对阳声韵韵尾消变趋势的规律性总结。但是宕江摄在中古时期韵尾为[ŋ]，在今襄垣方言中变为纯元音韵母，深臻摄的消变速度慢于宕江摄，可见影响阳声韵韵尾变化的原因除了鼻韵尾自身的情况以外，还要考虑元音对鼻韵尾的影响。

（2）元音舌位的高低

陈渊泉（1975）提出，元音发音部位的高低前后也是影响阳声韵鼻韵尾演变的因素。他还指出，鼻音在向口元音发展的过程中，元音会逐渐高化。他认为，汉语方言中鼻化作用发生在低元音后边比较普遍。

张琨（1983）认为，汉语方言中低元音后的鼻尾较高元音后的鼻尾易消变，最保守的一组韵母是后高（圆唇）元音附舌根鼻音韵尾[ong]，其次是前高（不圆唇）元音后附舌根鼻音韵尾[eng]，最先变的一组韵母是低元音后附舌头鼻音韵母[an][ɑn]。

潘悟云（1986）也指出，鼻韵尾的失落与否跟元音的舌位很有关系，前低元音容易使软腭下降，引起元音的变化，于是鼻韵尾也更容易失落。

就襄垣方言而言，咸山宕江摄在切韵系统中的主元音是低元音，最易引起鼻韵尾的消变，今襄垣方言咸山宕江摄变为纯元音，鼻韵尾消失。曾梗摄是前高（不圆唇）元音后附舌根鼻音韵尾，因此在今襄垣方言中鼻韵尾也得以保存。通摄是后高（圆唇）元音附舌根鼻音韵尾，在今襄垣方言中读鼻韵尾[ŋ]，而且最为稳定。深臻摄读鼻韵尾[ŋ]也是跟其主元音舌位较高有关。

综上，影响襄垣方言鼻韵尾演变的因素包括鼻韵尾的发音部位和主元音舌位的高低。

第三章　词汇

第一节　词缀

襄垣方言中常见的词缀有"圪、不、日"等，也有一些意义正在虚化但还没有完全虚化的准后缀词"鬼""货"等。本节主要讨论和分析词缀"圪""不""日""忽"和"货"。下面分别从构成形式、表义特征和语法功能等方面进行论述。

一　词缀"圪"[keʔ³]

"圪"作为词缀的构词能力较强，能构成名词、动词、形容词、量词、象声词等，有时可改变原词词性或是增加口语色彩，有时表示动作持续时间短或程度浅，含有细小、微小、轻微的意义，有时只起表音衬字的作用。"圪"的位置不总是位于词头做前缀，还可以做中缀，例如：直圪榄、脸圪腮、明圪晃晃等。

王临惠（2002）指出，圪字结构在晋语中以其全区性的分布范围、较高的使用频率、独特的结构类型、惊人的内部一致性成为晋方言语法方面的标识之一。"圪"在书面上有多种写法，如："矻、屹、纥、仡、肐、挖、疙、胳、骨"等。长期以来，学者们对"圪"字的来源、用字、分布、性质等都进行了探讨，关于"圪"的性质，大体上有以下两种不同的意见。第一种认为"圪"

是词缀，持此观点的人如乔全生（2000）、王临惠（2002）、温端政（1997）等。第二种认为"圪"字并非词头，它是一群音近词的一个共同的语音形式，持此观点的人如白平（2002）等。

我们认为，"圪"具有词缀的特点，在襄垣方言中，"圪"具有三方面的作用。第一种，"圪"本身没有字面意义或语法意义，但可以起到改变词干意义的作用，例如："针"指缝衣服的针，"圪针"指植物上的刺。第二种是"圪"没有字面意义或语法意义，也不改变词干意义，只起表音衬字的作用，例如：圪挤＝挤。第三种是"圪"没有字面意义，但表示一定的语法意义，如表示动作持续时间短，或程度浅，或含有细小、微小、轻微的意义，例如："圪糁"表示小颗粒。

此外，我们还需将以"圪"打头的分音词和以"圪"作为词缀的派生词区别开来，例如：圪榄_粗棍子、粗秆子_、圪垃_大土块_、圪□[lɒ^{55}]_胡同_、圪□[lɒ^{423}]_搅拌_、圪□[luæ^{213}]_蟻_等是以"圪"打头的分音词，不属于本节的研究范围。

在襄垣方言中，"圪"的意义虽然已经虚化，但其构词能力比较强。"圪"与其他语素结合可以构成名词、动词、形容词、量词、象声词等。本节将从它的语法功能、语义特点以及"圪"在使用过程中是否可以省略这三方面来系统阐释襄垣方言中的词缀"圪"。下面分别讨论。

（一）名词

名词的构成形式主要有"圪A式、圪AA式、B圪A式、圪AB式"等。在"圪A"式中，A可以分成两种形式。一是A可以单独使用。如："圪渣"，指渣子，其中"渣"可以单说。二是A不能单说，必须配合"圪"才能构成完整的意义。如："圪须"，指小布片，"须"不能单说。

1. 圪A式

第一类：A可以单说，A与"圪A"的含义有时不同，有时相同，"圪A"一般不重叠。例如：

圪针[kɐʔ³⁻⁴²³tsəŋ³³]：植物上的刺（针：缝衣针）

圪梁[kɐʔ³⁻⁴²³liŋ²¹³]：小山梁（梁：房梁）

圪嘴[kɐʔ³⁻⁴²³tsuei⁴²³]：小山头（嘴：嘴巴）

圪□[kɐʔ³⁻⁴²³tsʰəŋ⁴²³]：小灰尘渣子（□[tsʰəŋ⁴²³]：灰尘渣子）

圪疤[kɐʔ³pa³³]：疤痕（疤：疤痕）

第二类：A不可以单说，必须加"圪"才能成词，"圪A"一般不重叠。例如：

圪丁⁼[kɐʔ³⁻⁴²³tiəŋ³³]老茧	圪都⁼[kɐʔ³⁻⁴²³tu³³]拳头或圆球状的东西
圪道[kɐʔ³⁻⁴²³tɔu⁵⁵]炉灰坑；地上的土坑	圪□[kɐʔ³⁻⁴²³luei⁵⁵]四周有围墙，用来存放东西或饲养家畜的院子
圪□[kɐʔ³⁻⁴²³liŋ²¹³]煤炭燃烧完后剩下的块状物	圪□[kɐʔ³⁻⁴²³luei⁴²³]用玉米面、杂合面拌上野菜蒸制的食物
圪□[kɐʔ³⁻⁴²³liəŋ³³]松鼠	圪蚤[kɐʔ³tsɒ⁴²³]跳蚤
圪蚪[kɐʔ³⁻⁴²³tou⁴²³]蝌蚪	圪蟆[kɐʔ³⁻⁴²³ma²¹³]蛤蟆
圪莛[kɐʔ³⁻⁴²³tʰiəŋ²¹³]蔬菜植物的短茎	圪肘[kɐʔ³tsou⁴²³]胳膊肘
圪须[kɐʔ³⁻⁴²³ɕy³³]小布片	圪渣[kɐʔ³tsa³³]渣子
圪糁[kɐʔ³⁻⁴²³səŋ³³]小颗粒	圪台[kɐʔ³tʰɛ²¹³]台阶
圪枝[kɐʔ³tsʅ³³]树枝	圪沿[kɐʔ³iei²¹³]边沿
圪痂[kɐʔ³tɕia³³]受伤后结的痂	圪斗[kɐʔ³tou⁴²³]装东西用的斗子，如车圪斗
圪佬[kɐʔ³lou⁴²³]手胳纹	圪□[kɐʔ³luæ⁵⁵]角落
圪囷[kɐʔ³tuəŋ⁵⁵]木板或水泥板搭成的储藏粮食的长方形的一米多高的小棚子	

2. B圪A式

"圪A"式名词可以前加一个名词或谓词，成为"B圪A"式名词。例如：

土圪堆[tʰu⁴²³kɐʔ³tuei³³]土堆	窗圪台[tsʰuɒ³³kɐʔ³tʰE²¹³]窗台
□圪虫儿[mi⁵⁵kɐʔ³tsʰuər²¹³]蠹虫	直圪榄[tsɐʔ⁴²³kɐʔ³læ⁴²³]直性子
山圪尖[sæ³³kɐʔ³tɕiei³³]山顶	水圪道[suei⁴²³kɐʔ³tɔu⁵⁵]小水渠
脸圪腮[lei⁴²³⁻⁴²kɐʔ³SE³³]脸蛋	眼圪圈[iei⁴²³⁻⁴²kɐʔ³tɕʰyei²¹³]眼眶
捻圪瘩儿[ɳiei⁴²³⁻⁴²kɐʔ³tɐr³³]一种形似猫耳朵的面食	擦圪蚪[tsʰɑʔ³kɐʔ³tou⁴²³]用擦子做的面食
抿圪蚪[miɐŋ⁴²³⁻⁴²kɐʔ³tou⁵⁵]用抿床做的一种面食	机圪凳[vɐʔ⁴²³kɐʔ³tuəŋ⁵⁵]板凳
尿圪□[ɳiou⁵⁵kɐʔ³luæ³³]尿床后在床上留下的印记	门圪垃[məŋ²¹³kɐ³⁻⁴²³lɑʔ³]门框
煤□圪道[mei²¹³tɕʰiəŋ³³kɐ³⁻⁴²³tɔu⁵⁵]炉灰坑	天地圪窑[tʰei³³ti⁵⁵kɐʔ³⁻⁴²³iou²¹³]墙里挖出的神龛

在这种形式中，"圪"前面的部分与后面的部分是修饰与被修饰的关系。例如："土圪堆"表示是土堆，而不是柴堆。"擦圪蚪"表示的是用擦子做的面食，而不是用抿床做的面食"抿圪蚪"。

3. 圪AB式

圪肩窝[kɐʔ³tɕiei³³uɤ³³]腋下	圪□□[kɐʔ³tsɐʔ³tɕiei⁵⁵]腋下
圪□盖[kɐʔ³tiəŋ⁵⁵kE⁵⁵]膝盖	圪脐眼[kɐʔ³tɕʰi²¹³iei⁴²³]肚脐眼
圪懂头[kɐʔ³tuəŋ⁴²³tʰou²¹³]脑子糊涂不讲理的人	圪料＝客[kɐʔ³⁻⁴²³liou⁵⁵kʰɑʔ³]不按规则出牌的人

"圪"缀名词的语法功能主要表现在构词和构形两方面。

在构词上，"圪"缀名词大都是"圪"字与名词性词根语素组合而成的，这种组合有不同的两种类型，如下：

第一，在"圪"缀名词中，词根语素意义明确，但不能单说，前面必须加"圪"字。例如："圪糁"就是"小颗粒"的意思，但"糁"不能单说。"圪蚤"就是"跳蚤"，但"蚤"却不单说，同时"跳蚤"也不常用。

第二，在"圪"缀名词中，词根语素意义明确，也可以单说。在这种情况下，有两种不同的类型。

（1）词根语素可以单说，但是作为单纯词的时候，与构成的"圪"缀名词的表意上有所不同，此时"圪"缀就具有区别意义的作用。例如："圪梁"指小山梁，而词根语素"梁"一般指房梁，在此，"圪"缀就有区别意义的作用。

（2）词根语素可以单说，与其构成的"圪"缀名词在表意上基本一致，但"圪"缀有表小的作用。例如："圪洞"指较小的洞，"洞"指一般意义的洞。

在构形上，名词性"圪"缀词一般不能重叠词根，晋语中心区的"圪"缀名词一般可重叠，变成圪AA式。

"圪"缀名词的语义特征。

构成名词的词缀"圪"的语义特征主要有以下两种情况：

第一，有时"圪"缀构成的名词表示细小、轻微的事物，并且这些事物表面大多有突出、琐碎、尖锐等的特性，有很强的口语色彩，通常用于非正式场合。例如：圪针（植物上的刺）、圪堆（表示堆积起来的东西）、圪丁＝（指手上的茧）、圪蛋（指较小的圆状物）等。

第二，有时"圪"缀不表示任何语义特征，只起构成词的作用。如：圪都＝、圪蚤等。

（二）动词

在襄垣方言中，前缀"圪"构成的动词大多数词根可以单用，能产性较高，主要有以下几种类型。

第一类：可以单说；可以重叠为"圪A圪A"式，重叠后意义与"圪A"基本相同，表示动作的短暂和重复。例如：

圪转[kɐʔ³tsuæ³³]：转悠（＝圪转圪转）

圪丑[kɐʔ³⁻⁴²³tuɐʔ³]：轻戳（＝圪丑圪丑）

圪晃[kɐʔ³xuɒ⁵⁵]：晃悠（＝圪晃圪晃）

圪摇[kɐʔ³iɔu²¹³]：摇（＝圪摇圪摇）

圪缠[kɐʔ³tsʰæ²¹³]：缠（＝圪缠圪缠）

圪搅[kɐʔ³tɕiɒ⁴²³]：搅拌（＝圪搅圪搅）

圪翻[kɐʔ³fæ³³]：翻一翻（＝圪翻圪翻）

圪拖[kɐʔ³tʰuɤ³³]：拖（＝圪拖圪拖）

圪擦[kɐʔ³tsʰɑʔ³]：擦（＝圪擦圪擦）

圪遛[kɐʔ³liou⁵⁵]：遛（＝圪遛圪遛）

第二类：可以单说；可以重叠为"圪A圪A"式，重叠后意义与"圪A"不同。例如：

圪挤[kɐʔ³tɕi⁴²³]：挤；闭住（眼睛）（圪挤圪挤：挤一挤）

圪扎[kɐʔ³⁻⁴²³tsɑʔ³]：下小雨（圪扎圪扎：扎一扎）

圪歪[kɐʔ³væ⁴²³]：倒在人或物上（圪歪圪歪：一瘸一拐地走路）

第三类：不能单说，必须加"圪"才能成词；可以重叠为"圪A圪A"式，重叠后意义与"圪A"基本相同，表示动作的短暂和重复。例如：

圪眊[kɐʔ³mɔu²¹³]：看（＝圪眊圪眊）

圪吭[kɐʔ³kʰəŋ³³]：吭吭（＝圪吭圪吭）

圪□[kɐʔ³⁻⁴²³liɐʔ³]：挠人胳肢窝使人发笑（＝圪□圪□）

圪□[kɐʔ³⁻⁴²³yəŋ⁴²³]：蠕动（＝圪□圪□）

圪缩＝[keʔ³⁻⁴²³suɑʔ³³]：吮吸（＝圪□圪□）

圪蹴[keʔ³tɕiou³³]：蹲（＝圪蹴圪蹴）

第四类：可以单说，不能重叠。例如：

圪□[keʔ³⁻⁴²³tɕyɤ³³]：滚动 （□[tɕyɤ³³]：滚动）

圪□[keʔ³⁻⁴²³lyɐʔ³]：滚动 （□[lyɐʔ³]：滚动）

圪诌[keʔ³⁻⁴²³tsou³³]：胡扯瞎说 （诌：胡说）

"圪A式"做谓语时后面一般要有宾语、补语，或者重叠为"圪A圪A"式，例如："圪眊上一眼""你圪眊圪眊"等。"圪A圪A"式做谓语时后面一般不能有别的句法成分，例如：不能说"圪遛圪遛一圪霎＝"，只能说"圪遛圪遛"。

"圪"缀动词的语法功能。

"圪"缀动词除了可以做谓语外，还具有如下主要特点：

第一，大多数"圪"缀动词可以重叠，构成"圪A圪A"式，表示动作时间短或幅度小，有尝试的意思。例如：

圪转圪转：指短时间的溜达。例句：我去外头圪转圪转，一会就回来啦。

圪挪圪挪：指稍微挪动、走动。例句：你将圪挪圪挪，我就能过去啦。

圪搅圪搅：指小幅度地搅动。例句：圪搅圪搅就中（熟）啦。

圪擞圪擞：指小幅度地抖、擞。例句：你圪擞圪擞身上的灰。

圪扫圪扫：指稍微地清扫。例句：脚地（屋中的地面）圪扫圪扫就行。

圪敲圪敲：指轻轻地敲。例句：你圪敲圪敲玻璃，估计他是不在家。

第二，"圪A"式动词不能直接带宾语，需带补语后方能带宾语。常常可以在后面加助词"了"，再加补语，补语一定是表示短暂之义。例如：

圪眯了一会：指小睡了一会。例句：我圪眯了一会，起来吃饭。

圪瞅了一眼：指快速地看。例句：我偷偷圪瞅了她一眼，就怕她瞧着我。

（三）形容词

形容词的构成形式主要有"圪A式、圪AA式、圪ABC式、圪地＝圪A式或圪里＝圪A、圪圪AA式"等。

1. 圪A式

圪溜[kɐʔ$^{3-423}$ liou^{33}]$_{弯的}$　　　圪□[kɐʔ^3 tsʰuɐʔ^3]$_{皱的}$　　　圪囵[kɐʔ$^{3-423}$ luəŋ^{213}]$_{完整的，即囫囵}$　　圪料＝[kɐʔ^3 liɔu^{55}]$_{弯的}$　　圪意＝[kɐʔ$^{3-423}$ i^{55}]$_{恶心的}$　　圪瘆[kɐʔ$^{3-423}$ səŋ^{55}]$_{感觉害怕的}$

一般来说，"圪A式"中的"A"都不能单说，"圪"在此类结构中有成词的作用。

2. 圪AA式

圪弯弯[kɐʔ^3 væ^{33} væ^{33}]

圪皱皱[kɐʔ^3 tsou^{55} tsou^{55}]

圪绵绵[kɐʔ^3 mei^{213} mei^{213}]：形容东西绵软或人性格脾气好

圪腻腻[kɐʔ^3 n̠i^{55} n̠i^{55}]

圪津＝津＝[kɐʔ^3 tɕiəŋ^{33} tɕiəŋ^{33}]：形容食物很有嚼劲

圪堆堆[kɐʔ^3 tuei^{33} tuei^{33}]：形容东西装得很满

圪AA式的形容词有时表示性状程度的加深，如：圪堆堆，形容东西装得非常多、非常满；有时表示轻微的程度或细小的性状，如：圪皱皱，表示略微有些皱；有时表示性状或程度的适中，如：圪绵绵、圪津＝津＝等。

3. 圪ABC式

圪料＝扁＝拐[kɐʔ³⁻⁴²³ liɔu⁵⁵ pei⁴²³ kuæ⁴²³]：弯曲不直

圪丁＝哇＝块＝[kɐʔ³⁻⁴²³ tiəŋ³³ va³³ kʰuᴇ⁵⁵]：不平整

4. 圪地＝圪A式或圪里＝圪A式

此种形式一般表示一种厌恶的感情色彩。

圪地＝圪拐[kɐʔ³⁻⁴²³ ti⁵⁵ kɐʔ³⁻⁴²³ kuᴇ⁴²³]：弯曲不直

圪地＝圪凹[kɐʔ³⁻⁴²³ ti⁵⁵ kɐʔ³⁻⁴²³ va³³]：凹凸不平

圪地＝圪摇[kɐʔ³⁻⁴²³ ti⁵⁵ kɐʔ³⁻⁴²³ iɔu²¹³]：摇摇晃晃

圪里＝圪拐[kɐʔ³⁻⁴²³ li⁴²³ kɐʔ³⁻⁴²³³ kuᴇ⁴²³]：弯曲不直

圪里＝圪瘩[kɐʔ³⁻⁴²³ li⁴²³ kɐʔ³⁻⁴²³ tɐʔ³]：坑坑洼洼

5. 圪圪AA式

圪圪拐拐[kɐʔ³⁻⁴²³ kɐʔ³ kuᴇ⁴²³⁻⁴² kuᴇ⁴²³]：弯曲不直（这条路～）

圪圪凹凹[kɐʔ³⁻⁴²³ kɐʔ³ va³³ va³³]：凹凸不平（这块地～）

圪圪弯弯[kɐʔ³⁻⁴²³ kɐʔ³ væ³³ væ³³]：弯曲不直（这棵树～）

圪圪曲曲[kɐʔ³⁻⁴²³ kɐʔ³ tɕʰyɐʔ³ tɕʰyɐʔ³]：弯曲不直（这萝卜～）

6. A圪BB式

一圪几＝几[iɐʔ³ kɐʔ³⁻⁴²³ tɕi³³ tɕi³³]：一点点

黑圪洞洞[xɑʔ³ kɐʔ³⁻⁴²³ tuəŋ⁵⁵ tuəŋ⁵⁵]：非常黑

新圪崭崭[ɕiəŋ³³ kɐʔ³⁻⁴²³ tsæ⁴²³⁻⁴² tsæ⁴²³]：非常新

冷圪丁丁[ləŋ⁴²³⁻⁴² kɐʔ³⁻⁴²³ tiəŋ³³ tiəŋ³³]：形容特别凉、冷

脆圪生生[tsʰuei⁵⁵ kɐʔ³⁻⁴²³ səŋ³³ səŋ³³]：形容食物吃起来特别脆

硬圪梆梆[iəŋ⁵⁵ kɐʔ³⁻⁴²³ pɒ³³ pɒ³³]：形容物品很坚硬

慢圪悠悠[mæ³³ kɐʔ³⁻⁴²³ iou³³ iou³³]：形容行动很慢

明圪晃晃[miəŋ²¹³ kɐʔ³⁻⁴²³ xuɒ⁴²³⁻⁴² xuɒ⁴²³]：形容非常明亮

胖圪墩墩[pʰɒ⁵⁵ kɐʔ³⁻⁴²³ tuəŋ³³ tuəŋ³³]：形容胖得很可爱

白圪生生[piɑʔ³ kɐʔ³⁻⁴²³ səŋ³³ səŋ⁴²³]：形容很白

蓝圪盈盈[læ²¹³ kɐʔ³⁻⁴²³ iəŋ²¹³ iəŋ²¹³]：形容天空很蓝

乱圪糟糟[luæ³³ kɐʔ³⁻⁴²³ tsɔu³³ tsɔu³³]：形容很乱

笑圪嘻嘻[ɕiou³³ kɐʔ³⁻⁴²³ ɕi³³ ɕi³³]：形容人笑嘻嘻的样子

以上"A圪BB"式中的"圪"都可以省略，例如："黑洞洞""白生生""脆生生""慢悠悠"等，"圪"主要起表音衬字的作用。

"圪"缀形容词的语法功能：

①在构词上：

第一，"圪"缀形容词"圪A"式中，有些词根语素意义不明确，且不能单说，甚至本字不明。如："圪料"，其中"料"本字不明，"料"也不能单用。

第二，有些词根语素意义明确，可以单说。其词性有些与"圪"缀词一致，如"蔫"是形容词，"圪蔫"也是形容词；而有些则与"圪"缀词不同，如"绞"是动词，"圪绞"则为形容词，意为肚子难受。

②在构形上：

"圪"缀形容词的格式多样，"圪A"式形容词多由"圪"加谓词性语素构成，数量不多，且多是性质形容词，指事物的性质。"圪AA"式形容词多是由"圪A"式形容词重叠而来，但其表现程度比"圪A"式深，所以"圪A"式形容词可受程度副词修饰，而"圪AA"式形容词则不可以。"A圪BB"式形容词是由单音节形容词性语素后加叠音后缀构成。这三类圪缀形容词有褒义也有贬义。"圪地＝圪A"式或"圪里＝圪A"式则一般含有厌恶的感情色彩。

③语法上：

第一，形容词性"圪"缀词可以做谓语，但不能单独做谓语。或者在"圪A""A圪BB"式前面有相应的修饰成分，或者后面有相应的补语，或者后面加"了"。如：可以说"这个衣裳圪□[tsʰuɐʔ³]（皱）了"，但不可以说"这个衣裳圪□[tsʰuɐʔ³]（皱）"。可以说"蒸的这个馍白圪生生了"，但并不可以说"蒸的这个馍白圪生生"。

第二，形容词性"圪"缀词不可以做定语。

第三，"圪A"式和"A圪BB"式形容词都不能重叠。

第四，"圪A"式形容词可以与表示程度的词连用，常用的情况是前面可以加"真、可"等词，后面也可以受"死"等程度补语的修饰。如："真圪瘆"和"圪瘆死啦"都表示感觉害怕、恐怖。

（四）量词

由"圪"构成的量词，基本形式是"圪A"式。通常情况下都不能重叠为"圪AA"式。

圪挛＝[keʔ³⁻⁴²³ luæ²¹³]：一～毛线

圪堆[keʔ³⁻⁴²³ tuei³³]：一～土

圪节[keʔ³⁻⁴²³ tɕiɑʔ³]：一～木头

圪抓[keʔ³⁻⁴²³ tsua³³]：一～米

圪沓[keʔ³⁻⁴²³ tʰɑʔ³]：一～纸

圪绺[keʔ³⁻⁴²³ liou⁴²³]：一～头发

"圪A"式量词的语法特点和语义特征：

第一，"圪A"式量词可以重叠，同时常常前附加数词"一"，构成"一圪AA"式，表示更小或更少的量。如"一圪几几"表示非常少的量。

第二，"圪A"式量词可以加后缀"儿"，表示儿化，增加口语色彩，如"一圪沓儿""一圪堆儿"等。

（五）象声词

由"圪"构成的象声词，基本形式是"圪A"式和"圪A圪A"式。

1. 圪A式

圪咕：形容类似鸽子的叫声

圪咚/圪噜：类似喝水时的声音

圪叽：形容发出细小尖锐的声音

圪嘟：冒出水泡时的声音

圪嘣：模拟吃豆子时发出的声音，形容声音脆

圪嗝：形容打嗝的声音

圪哼：形容哼曲或是抽泣的声音

2. 圪A圪A式

圪吱圪吱　圪咚圪咚　圪嘣圪嘣　圪噜圪噜　圪咕圪咕　圪嘟圪嘟

圪缀象声词的语法特点和语义特征：

第一，"圪A"式构成的象声词常常可以重叠，构成"圪A圪

A"式，表示声音的持续性，增强了形象感。

第二，在象声词"圪A"式中，可以后加"儿"，如"圪嘣儿""圪嘚儿""圪咕儿"等。在使用过程中，会显得象声词更具声感，使描述的事件更为形象生动。

二　词缀"不"[peʔ³]

在襄垣方言中，"不"也具有很强的构词能力，可以构成名词、动词、形容词和量词。

（一）名词

"不"作为前缀构成的名词，以两字组为主，也有少数三字组词。一般来说，"不"后的成分不能单说。例如：

不篮[peʔ³ læ²¹³]：放针线之类小物品的竹编圆盘

不笭[peʔ³ luɤ²¹³]：放粮食和食品的竹编大圆盘筐子

不交＝[peʔ³⁻⁴²³tɕiɔu³³]：辫子

不棱[peʔ³⁻⁴²³liəŋ²¹³]：条状伤痕

不扎＝[peʔ³⁻⁴²³tsɑʔ³]：巴掌

不齐＝[peʔ³⁻⁴²³tɕʰi²¹³]：缠在纺锭上的棉线团，两头尖中间粗

不穗[peʔ³⁻⁴²³suər⁵⁵]：穗子

不□[peʔ³⁻⁴²³tsʰər⁵⁵]：小土坑

左不□[tsuɤ⁴²³peʔ³lei⁰]：左撇子

打不朗＝[ta⁴²³peʔ³⁻⁴²³lɒ⁴²³]：翻跟头

（二）动词

不咂[peʔ³⁻⁴²³tsɑʔ³]：品尝

不挲[peʔ³⁻⁴²³suɤ³³]：抚摸

不挤[pɐʔ³⁻⁴²³tɕi³¹²]：挤出

不□[pɐʔ³⁻⁴²³luɤ⁴²³]：抚摸

"不"作为前缀构成的动词一般可以重叠，如"不啊"可以重叠为"不啊不啊"，表示动作的短暂或少量。

（三）形容词

在"不"构成的形容词中，主要以"A不BB"式为主。如：

凉不几＝几＝[liɒ²¹³pɐʔ³⁻⁴²³tɕi³³tɕi³³]：很凉

瓷不丁＝丁＝[tsʰɿ²¹³pɐʔ³⁻⁴²³tiəŋ³³tiəŋ³³]：形容压得很紧

光不溜＝溜＝[kuɒ³³pɐʔ³⁻⁴²³liou³³liou³³]：形容很光

血不淋淋[ɕiɑʔ³pɐʔ³⁻⁴²³liəŋ²¹³liəŋ²¹³]：形容血流得到处都是

咸不丁＝丁＝[ɕiei²¹³pɐʔ³⁻⁴²³tiəŋ³³tiəŋ³³]：形容非常咸

光不秃秃[kuɒ³³pɐʔ³⁻⁴²³tʰuɐʔ³tʰuɐʔ³]：形容土地很平整

烂不乎乎[læ⁵⁵pɐʔ³⁻⁴²³xu³³xu³³]：形容肉、菜等炖得很烂

灰＝不溜＝溜＝[xuei³³pɐʔ³⁻⁴²³liəo³³liəo³³]：形容很寂寞

（四）量词

一些用前缀"不"构成的名词，可以做量词，基本形式是"一不A"式。例如：

一不篮[iɐʔ³pɐʔ³⁻⁴²³læ²¹³]：一藤筐（～苹果）

一不箩[iɐʔ³pɐʔ³⁻⁴²³luɤ²¹³]：一竹筐（～玉茭）

一不溜＝[iɐʔ³pɐʔ³⁻⁴²³liou³³]：一排（～人）

一不摊[iɐʔ³pɐʔ³⁻⁴²³tʰæ³³]：一摊（～事）

"一不A"式的量词可以重叠为"一不A一不A"式，做定语表示数量很多，做状语表示按照次序进行。例如：

一不池＝一不池＝[iɐʔ³pɐʔ³⁻⁴²³tsʰɿ²¹³iɐʔ³pɐʔ³⁻⁴²³tsʰɿ²¹³]：一簇一

簇（做定语，如：山上长着～的马莲。做状语，如：～地割马莲）

一不□一不□[iɐʔ³peʔ³⁻⁴²³lei⁵⁵iɐʔ³peʔ³⁻⁴²³lei⁵⁵]：一串一串（做定语，如：墙昂挂着～的蒜。做状语，如：～地挂蒜）

三　词缀"日"[zɐʔ³]

襄垣方言中"日"可以做为前缀，构成动词和形容词。

（一）动词

日能[zɐʔ³ nəŋ²¹³]：逞能

日叨[zɐʔ³ tɔu³³]：骗人

日嘛[zɐʔ³tɕyɑʔⁿ]：训斥

（二）形容词

日怪[zɐʔ³ kuɐ⁵⁵]：奇怪（贬义）

日攘⁼[zɐʔ³ nɒ³³]：办事不利索

日脏[zɐʔ³tsɒ³³]：脏

"日"缀词多为贬义，不能重叠。

四　词缀"忽"[xuɐʔ³]

（一）构词形式

1."忽"+动词性语素

①"忽+A"式

"忽"做前缀和动词性语素结合构成动词，其后的动词性语素本身所表示的动作具有反复性，加"忽"后这种动作的反复性进一步加强，"忽+A"式在表义方面常表示动作幅度小或者数量少，

121

有小称义，且表示动作具有突然性、随意性、不庄重性。例如：

忽摇[xuɐʔ³⁻⁴²³ iəu²¹³]：指摇，摇摇晃晃（你不要～，摇得我心烦人了）

忽闪[xuɐʔ³⁻⁴²³ sæ⁴²³]：指不停地闪烁（灯一直～，估计是电不稳）

忽扇[xuɐʔ³⁻⁴²³ sæ³³]：指小幅度的、反复地扇（你用扇子～一下，火就大啦）

忽撒[xuɐʔ³⁻⁴²³ sa⁴²³]：东西撒出来（把口袋绑好，招呼～出来喽）

②"忽A忽A"式

"忽A忽A"式是"忽A"式的重叠，强调动作的持续性和反复性。例如：

忽闪忽闪：不停地闪烁（灯一直～的）

忽摇忽摇：不停地摇摆（你～这个树，苹果就跌下来了）

忽搅忽搅：不停地、多次地搅动（你～饭，凉动快）

忽眨忽眨：反复地眨（她～眼，我就知道甚意思啦）

忽扇忽扇：反复地扇（快～火，快谢啊）

忽擞忽擞：反复地抖擞（你～衣裳，全是土）

③"忽忽AA"式

"忽忽AA"式是在"忽A"式上重叠发展来的，跟"忽A"式比较，强调动作程度的加深。例如：

忽忽摇摇：指摇摆，站不定（孩还小了，～了，招呼跌倒喽啊）

忽忽闪闪：指灯光时明时暗（电不稳，～，把灯泡吹啦）

2. "忽" + 拟声语素

这里的拟声字没有确定意义，只表示产生某种动作时发出的声音，且没有固定的汉字形式，只是用发音相似的字代替。例如：

忽溜[xuɐʔ³⁻⁴²³liou³³]：指东西滑过的声音（她～一声坐着溜索倒过去啦）

忽处[xuɐʔ³⁻⁴²³tsʰu⁵⁵]：形容滑倒的样子（她～一声，处═倒啦）

忽啦［xuɐʔ³⁻⁴²³la³³]：形容鞋太大，脚在鞋里晃荡的样子（你～那个鞋，得劲？）

忽隆[xuɐʔ³⁻⁴²³luəŋ²¹³]：打雷的声音（将头～一声，吓唠═我一跳）

忽塌[xuɐʔ³⁻⁴²³tʰaʔ³]：指反复的机器声响（那个机器～～一直响，估计是发动机坏啦）

忽通[xuɐʔ³⁻⁴²³tʰuəŋ⁵⁵]：指重物掉在地上发出的声响（～一声，卫═个房倒啦）

"忽"＋拟声语素中"忽"没有实在的意义，只起辅助成音节的作用，和其后的词根一起构成象声词，用来描摹事物发出动作时产生的声音。

五　词缀"货"[xuɤ⁵⁵]

"货"做后缀可以与词根构成罾词，由"货"做词尾构成的词一般都是指人的名词，并且带有很强的贬义色彩。例如：

害货：指阻碍事情顺利进行的人

贱货：指行为不检点的女人

骚货：指不正经的女人

卖尻货：指与其他男人有不正当关系的女人

懒货：指懒惰的人

烧货：指目中无人、自高自大的人

第二节　重叠

襄垣方言的重叠式并不丰富，可以从四个方面考察。第一，从构成成分上看，有非词重叠（即音节重叠），如："猩猩、款款、可可_{正好}"；有语素重叠，如："垫垫、尖尖"；有词的重叠，如："闻闻、掂量掂量"。第二，从音节数量上看，有单音节重叠和双音节重叠。第三，从重叠形式上看，有完全重叠，如："看看"；有不完全重叠，如："黄生生"；有衬音重叠，如："白圪□[tsʰa⁴²³⁻⁴²]□[tsʰa⁻⁵⁵]"。第四，从词类上看，有名词、形容词、数词和副词等重叠。本节中，A、B表示实语素，X、Y表示词缀、词尾或衬音成分。

一　名词重叠

襄垣方言名词重叠式很不丰富，名词重叠后使事物带有"小称"或"爱称"的意味，一般用于对儿童说话，如"猫猫、碗碗、袜袜"等。构成形式如下：

AA式：杯杯　环环

ABB式：笑窝窝

AAB式：格格纸　金金纸　花花菜　茴茴菜　碰碰车

AABB式：婆婆妈妈

二　副词重叠

襄垣方言副词重叠的构成形式主要是"AA"式，可分为以下两种情况：

1. 基式是单音节形容词，叠式是副词"AA"式。如"好、快、慢、远、早、细、满、深、活、白"等，本来是形容词，重叠后成为副词。

2. 基式是单音节副词，叠式是副词"AA"式。如"将将、偏偏、常常"等。

三　量词重叠

（一）构成形式

1. AA式：家家　件件　个个　条条　顿顿

2. 一A一A式：一条一条　一趟一趟　一件一件　一回一回

3. 一AB一AB式：一圪堆一圪堆　一圪绺一圪绺　一圪截一圪截

（二）语法功能

1. AA式

① 做状语。如：一步赶不上，步步赶不上。

② 做主语。如：顿顿吃不饱。

2. 一A一A式

① 做主语。如：你瞧瞧你都，一个一个都是甚样？（表示"每一"）

② 做状语。如：做事要一步一步来。（表示逐步）

③ 做谓语。如：他说起话来，一套一套的。（表示接连不断）

3. 一AB一AB式

① 组成"的"字短语做主语。如：窗台上卫＝个一圪绺一圪绺的是甚？

② 做补语。如：瞧你把葱弄得一圪截一圪截的。

③ 做状语。如：你一圪堆一圪堆地剥。

双音节名词作为临时量词也可以构成"一AB一AB"，如"一汽车一汽车地拉、一簸箕一簸箕地端"，语法功能较单一，只限于做状语。

四　形容词重叠

（一）构成形式

1. AA地

大大地　慢慢地　美美地

2. AABB式

红红火火　周周正正　展展挂挂　大大方方　扭扭捏捏

张＝张＝接＝接＝_{慌慌张张}

3. AXYY式

一般表示贬义，"X"是"圪、不、里"等词缀，"YY"是表音成分。例如：

酸不几几　灰不叉叉　胖圪墩墩　干圪嘣嘣　黑不出出　傻不几几

4. AXX式

慢悠悠　展拍拍　红扑扑　酸丝丝　明晃晃　黑洞洞　病怏怏白光光　宣腾腾

（二）语法功能

① AA地

常做状语，如：美美地吃他一顿。

② AXX式

可以做谓语，如：你的背展拍拍的；也可以做定语，如：黑不出出的衣裳；还可以做补语，如：这个馍吃着酸丝丝的。

③ 所有的重叠形式不论做什么句法成分，都不能受程度副词和否定副词"不"的修饰。

（三）表义特征

形容词重叠式都是状态形容词，不管充当何种句子成分都有描述性的作用，重叠得越多，描述性越强，描述性越强，程度越深，有时达到极点。例如：黑→黑洞洞→黑圪洞洞

大多数重叠形容词带有感情色彩或形象色彩，或褒或贬，或好或恶。"AA地"式的褒贬色彩多数情况下是根据词义本身或具体的语言环境而定的。

一般来讲，"AABB"式带有赞赏、美好等积极的感情色彩，"AXYY"式带有厌恶、不满等消极感情色彩。这些感情色彩或褒或贬，与基式的意义无关，完全是附加成分后产生的。

"AXX"式所带的感情色彩与基式有关，基式是亲热、爱抚的积极意义或是厌恶、不满的消极色彩，重叠后只是加深程度，感情色彩是由基式决定的。如"凉丝丝、冷飕飕"与"干嘣嘣、臭烘烘"中的感情色彩是由基式"凉、冷"和"干、臭"决定的，叠音成分只是起增强程度、加深性状的作用。叠音成分的意义，有的比较明确，有的不明确。其中不知道本字的，只能拿同音字代替，如"出出、几几"等。无论是消极意义还是积极意义的形容词的基式，"A"与"XX"有固定的搭配关系，但不全是一对一的，有一对多的，也有多对一的。如"黑"对"洞洞、乎乎"表贬义，

"凉、酸、甜"等都可以与"丝丝"搭配。

五　动词重叠

（一）构成形式

1. AA

走走　试试　说说

2. A一A

走一走　试一试　摸一摸

3. ABAB

洗涮洗涮　拾掇拾掇　叮嘱叮嘱

4. XAXA

X是"圪、不"等词缀。例如：

不拉不拉　圪捞圪捞　圪碰圪碰　圪催圪催

5. A了A

表示动作已经完成。例如：

看了看　想了想

（二）语法功能

1. 所有的动词重叠式都可以在句中做谓语，但与其他成分的关系要受到许多限制。如单音节动词可以前加否定副词"不"，例如可以说"不看、不坐"；动词的重叠形式则不可以前加否定副词"不"，例如不能说"不洗涮洗涮、不圪碰圪碰"；有的重叠式动词的否定式只出现在反问句里，如："你不瞧瞧他去？"

2. 有的"圪A"式可以带宾语，例如可以说"圪捞住钥匙了"。而"圪A圪A"后不带宾语，如不能说"*[1]圪捞圪捞着钥匙了"。

3. 动词重叠式后不能带任何动态助词。如不能说"*你看看了""*你圪捞圪捞了"。

（三）表义特征

1. 几乎所有的动词重叠式都有表示动作延续时间的短暂和表示动作次数的减少的意义，这与普通话相同。

2. 襄垣方言的重叠式表示动作短暂比普通话多一个级差。而且，襄垣方言中的"圪A圪A"除了表示动作的短暂外，还增加了随便、非正式、不注意等感情色彩。

	基式 (一般)	重叠式 (短暂)	重叠式 (更短暂)
普通话	转	转转	——
襄垣话	转	转转	圪转圪转

第三节　分音词

所谓分音词，是指用两个音节来记录一个单音单纯词，它是单音词双音化的一种手段。因这类词第二个音节多以[l]为声母，故分音词也称为"嵌L词"。赵秉璇（1998）等认为，这是上古汉语复辅音的遗迹。王洪君（1999）认为，"嵌L词"是一种双音单纯词。

从地域来看，分音词现象主要分布在山西、陕西及临近山西的豫北和内蒙古中、西部黄河以东地区的汉语方言中。王洪君

1　加"*"号表示本句不合语法规范。

（1999）指出，"嵌 L 词"的整体韵律特点可用"前冠衍接式"（即全词形成前暗后亮、前轻后重的强烈响度对比）来概括，并认为"嵌 L 词定型的时间在尖团合流之前和见系二等字细音化以前"。

一　分音词的结构类型

1. p-l-

不烂：拌，搅拌（倒面里些水～～）

不来：摆（不要～手，习惯不好）

不捞：用手乱刨（一直～个甚，弄得哪都是）

不浪：躺着打滚（驴在地下～了）

不拉：拨（你往我的碗里～些饭）

不溜：排、行、串（一～珠珠）

2. t-l-

的溜：一串；手提（一～葡萄；他～个书包倒里来啦）

的料：吊（你瞧你～个腿）

的拉：滴（衣裳的水～了一脚地）

的连：掂（～～有多重）

3. t^h-l-

跶拉：指鞋跟没有提起来穿（你～个鞋就不怕跌倒啊）

4. k-l-

圪栏：杆（这个～真重啊）

圪落：角（钥匙掉哪个～里了？）

圪浪：巷（顺这个～往后走就到了）

圪篓：壳（鸡蛋～）

圪略：滚（车轮～过来啦）

圪栾：卷（你把衣服～起来）

圪捞：搅（把汤～～）

5. k^h-l-

窟窿：孔（墙昂有个～，和些泥糊住）

6. x-l-

胡落：活动（门牙～啦）

二　分音词的构造规则

分音词由两个音节构成，每个音节都没有任何实际意义，也没有具体的汉字来表示，书写时只能用同音字来代替。襄垣方言中的分音词虽然多为人们日常交际中使用的口语词，没有固定的记录方式，但是在构造结构上呈现出一定的规律。

1. 前音节的声母基本是本字的声母，通常是塞音[p][t][k][t^h][k^h]。少数分音词的前音节字和后音节字相拼出来的读音和本字的读音不同，但这并不影响分音词语音上的对应规律；因为语音在发展过程中发生了历史演变，可能用古音就能适应此规律。如："圪[kɐʔ³]落[luɐr⁻⁵³]"是"角[tɕiɑʔ³]"的分音词，"角"和"圪"声母不同，是因为"角"的声母发生了腭化。

2. 前音节的韵母是入声韵母[ɐʔ][iɐʔ]。

3. 后音节的声母是[l]。

4. 分音词的前音节字大多数为入声，并且发音短、轻，后音节字声调调值接近[33]，且发音相对较短，前后音节连接非常紧凑，

131

具有很强的方言色彩。

关于分音词的来源和性质问题,学界尚无统一的认识。有代表性的观点主要有以下几种:

赵秉璇(1998)等认为,这是上古汉语复辅音的遗迹。

张崇(1993)认为,分音词来源于单音词的缓读分裂。王洪君(1999)认为,分音词形成的第一阶段形成似断非断、似连非连、中间出现[ə][ɣ][ʔ][ʀ]等过渡音的长音段;第二阶段长音段正式断为两音节,在这一阶段既保持前弱后强、前暗后亮,两音峰间的音谷跌宕不大的特点,又能够使前字出现声调,后字出现统一的声母。声母中响度最大且能够跟所有介音相配的边音[l]无疑是满足上述所有要求的最佳选择。我们赞同分音词来源于缓读分音的观点。

第四节　分类词表

凡例

本表所列词(有些是词组)及其分类是在中国社会科学院语言研究所所编的《汉语方言词语调查条目表》(《方言》2003年第一期)的基础上增删而成。

说明:

1. 词表中,大号黑体字为词条,小号宋体字为襄垣方言的说法,词条与方言词汇间用"|"隔开,如方言中有一种以上说法,以换行表示;

2. 各词条先记词汇,后标读音。有音无字,或不明本字的尽量用方言同音字来代替,同音字在字后加等号"="(上标),例如

"扎 ＝"。无同音字的用"□"表示，可有可无的字用"（）"表示；

3. 一字两读的在读音中标出，中间以"/"隔开；

4. 一个词条有几个不同义项的，常用义项列于前；

5. 调值采用五度标记法的数值表示，变调与本调间用"-"连接，轻声直接标"0"（上标）；

6. 例子里用"～"代替本条目，无论本条目有几个字，都用一个替代号。

7. 有些词没有普通话的相应说法，如"拨吊 ＝[paʔ³tiɔu⁵⁵]"，此种词列在本类词的最后。"四字格列举"中的词，亦属此种情况，在每个词后对该词进行了描写。

壹　天文

太阳｜日头儿爷[zɐʔ³tʰər²¹³iɤ²¹³]

　　　老爷儿[lɒ⁴²³iər²¹³]

　　　红日[xuəŋ²¹³zɐʔ³]

月亮｜月儿[yər⁵⁵]

　　　月明爷[yɑʔ³miəŋ²¹³iɤ²¹³]

　　　天灯[tʰei³³təŋ³³]

星星｜星星[ɕiəŋ³³ɕiəŋ³³⁻⁵⁵]

流星｜贼星[tsuei²¹³ɕiəŋ³³]

彗星｜扫帚星[sɔu⁵⁵tsu³³ɕiəŋ³³]

刮风｜刮风[kuɑʔ³fəŋ³³]

顶风｜顶风tiəŋ⁴²³fəŋ³³]

大风│黄风[xuɒ²¹³fəŋ³³]

云│云[yəŋ²¹³]

雷│雷[luei²¹³]

打雷│响雷[ɕiɒ⁴²³luei²¹³]

　　　响圪雷[ɕiɒ⁴²³kɐʔ³⁻⁴²³luei²¹³]

闪电│打闪[ta⁴²³⁻⁴²sæ⁴²³]

　　　闪电[sæ⁴²³tei⁵⁵]

露│露[lou⁵⁵]

霜│霜[suɒ³³]

下雾│起雾[tɕʰi⁴²³vu⁵⁵]

早霞│早烧[tsɒ⁴²³⁻⁴²sou³³]

晚霞│晚烧[væ⁴²³⁻⁴²sou³³]

天气│天[tʰei³³]

晴天│晴天[tɕʰiəŋ²¹³tʰei³³]

　　　天好[tʰei³³xɒ²¹³]

由阴转晴│晴了[tɕʰiəŋ²¹³la⁰]

由晴转阴│天阴了[tʰei³³iəŋ³³la⁰]

阴天│阴天[iəŋ³³tʰei³³]

　　　阴的了[iəŋ³³tɐʔ³lɐʔ⁻⁵]

日食│日蚀[zɐʔ³sɐʔ⁴²³]

月食│月蚀[yɑʔ³sɐʔ⁴²³]

天旱│天旱[tʰei³³xæ⁵⁵]

雨涝│涝[lou⁵⁵]

（天气）热│热[zɑʔ³]

下雨 | 下雨[ɕia⁵⁵y⁴²³]

下小雨 | 圪星[kɐʔ³⁻⁴²³ɕiəŋ³³]

　　　　圪扎[kɐʔ³⁻⁴²³tsɑʔ³]

小雨 | 闷星雨[məŋ³³ɕiəŋ³³y⁴²³]

阵雨 | 阵雨[tsəŋ⁵⁵y⁴²³]

雷阵雨 | 雷阵雨[luei²¹³tsəŋ⁵⁵y⁴²³]

淋雨 | 淋雨[liəŋ²¹³y⁴²³]

虹 | 虹[tɕiŋ⁵⁵]

冰 | 冰[piəŋ³³]

结冰 | 结冰[tɕiɑʔ³piəŋ³³]

　　　冻冰[tuŋ⁵⁵piəŋ³³]

冰雹 | 冷蛋[ləŋ⁴²³tæ⁵⁵]

冰凌 | 冰凌[piəŋ³³liəŋ²¹³]

　　　冰凌穗儿[piəŋ³³liəŋ²¹³suər⁵⁵]

下雪 | 下雪[ɕia⁵⁵ɕyɑʔ³]

雪化了 | 雪消啦[ɕyɑʔ³ɕiɒu³³la³³]

　　　　雪化啦[ɕyɑʔ³xua⁵⁵la³³]

（天气）冷 | 冷[ləŋ⁴²³]

　　　　　冻[tuəŋ⁵⁵]

贰　地理

地 | 地[ti⁵⁵]

水地 | 水地[suei⁴²³ti⁵⁵]

荒地 | 荒地[xuŋ³³ti⁵⁵]

野地|野地_{无主的地}[iɤ⁴²³ti⁵⁵]

小山头|圪嘴儿[kɐʔ³⁻⁴²³tsuər⁴²³]

小山梁|圪梁[kɐʔ³⁻⁴²³liŋ²¹³]

土|土[tʰu⁴²³]

土坯|积⁼[tɕiɐʔ³]

路上的灰土|埠挡土[pɐʔ³tɒ³³tʰu⁴²³]

河|河[xɤ²¹³]

湖|湖[xu²¹³]

小水渠|水圪道[suei⁴²³kɐʔ³tɔu⁵⁵]

坝|坝[pa⁵⁵]

水|水[suei⁴²³]

洪水|洪水[xuŋ²¹³suei⁴²³]

凉水|凉水[liŋ²¹³suei⁴²³]
　　　冷水[ləŋ⁴²³⁻⁴²suei⁴²³]

温水|温水[vəŋ³³suei⁴²³]

热水|热水[zɑʔ³suei⁴²³]

开水|滚水[kuŋ⁴²³⁻⁴²suei⁴²³]

凉开水|皮⁼水[pʰi²¹³suei⁴²³]

石头|石头[sɐʔ⁴²³tʰou²¹³⁻²²]

石磴|达⁼石[tɑʔ⁴²³sɐʔ³]

灰|灰[xuei³³]

石灰|石灰[sɐʔ³⁻⁴²³xuei³³]

炉灰坑|煤□圪道[mei²¹³tɕʰiəŋ³³kɐʔ³⁻⁴²³tɔu⁵⁵]

砖|砖[tsuæ³³]

砖头[tsuæ³³tʰou⁵⁵]

小土块|土疙瘩[tʰu⁴²³kɐʔ³tɐr⁵⁵]

瓦|瓦[va⁴²³]

垃圾|粪□[fəŋ⁵⁵tsʰɔu³³]

泥土|泥[mi²¹³]

圪垃_{大土块}[kɐʔ³⁻⁴²³lɑʔ³]

圪垃儿_{小土块}[kɐʔ³⁻⁴²³lɐr⁵⁵]

不□_{小土坑}[pɐʔ³⁻⁴²³tsʰər⁵⁵]

圪道_{大土坑}[kɐʔ³⁻⁴²³tɔu⁵⁵]

炭|炭[tʰæ⁵⁵]

金子|金[tɕiəŋ³³]

银子|银[iəŋ²¹³]

铜|铜[tʰuŋ²¹³]

铁|铁[tʰiaʔ³]

白铁[piaʔ⁴²³tʰiaʔ³]

轻铁[tɕʰiəŋ³³tʰiaʔ³]

铁锈|铁锈[tʰiaʔ³ɕiou⁵⁵]

煤|煤[mei²¹³]

煤焦圪凉⁼_{煤烧完后的块状物}[mei²¹³tɕiou³³kɐʔ³⁻⁴²³liɒ²¹³]

煤油|煤油[mei²¹³iou²¹³]

洋油[iɒ²¹³iou²¹³]

磁石|吸铁石[ɕiɐʔ³tʰiaʔ³sɐʔ⁴²³]

吸铁[ɕiɐʔ³tʰiaʔ³]

胡同|圪廊[kɐʔ³lɒ²¹³]

街道｜街[tɕiɤ³³]

路｜路[lou⁵⁵]

山崖｜崖[ŋæ²¹³]

集市｜集[tɕiɐʔ³]

赶集｜赶会[kæ⁴²³xuei⁵⁵]

地方｜去处[tɕʰy⁵⁵tsʰuɐʔ³]

　　　　地张[ti⁵⁵tsɒ³³]

　　　　圪□[kɐʔ³luæ³³]

叁　时令时间

春天｜春气[tsʰuŋ³³tɕʰi⁵⁵]

夏天｜夏天[ɕia⁵⁵tʰei³³]

秋天｜秋天[tɕʰiou³³tʰei³³]

冬天｜冬天[tuŋ³³tʰei³³]

元旦｜阳历年[iɒ²¹³liɐʔ³n̠iei²¹³]

正月初一｜正月初一[tsəŋ³³yɑʔ³tsʰuɤ³³iɐʔ³]

　　　　　大年初一[ta⁵⁵n̠iei²¹³tsʰuɤ³³iɐʔ³]

除夕｜大年三十[ta⁵⁵n̠iei²¹³sæ³³sɐʔ⁴²³]

端午｜端午[tæ³³u⁴²³]

　　　五月端午[u⁴²³yɑʔ³tæ³³u⁴²³]

中秋｜八月十五[pɑʔ³yɑʔ³sɐʔ⁴²³vu⁴²³]

节日｜节[tɕiaʔ³]

数九天｜数九（寒）天[suɤ⁴²³⁻⁴²tɕiou⁴²³（xæ²¹³）tʰei³³]

数伏｜数伏天[suɤ⁴²³fɐʔ⁴²³⁻³tʰei³³]

入伏 | 入伏[ʐuɐʔ³fɐʔ⁴²³]

初伏 | 初伏[tsʰuɤ³³fɐʔ⁴²³]

中伏 | 中伏[tsuəŋ³³fɐʔ⁴²³]

末伏 | 末伏[mɑʔ³fɐʔ⁴²³]

今年 | 今年[tɕiəŋ³³n̠iei²¹³]

明年 | 明年[miəŋ²¹³n̠iei²¹³]

后年 | 后年[xou⁵⁵n̠iei²¹³]

去年 | 年时[n̠iei²¹³sʐ²¹³]

前年 | 前年[tɕʰiei²¹³n̠iei²¹³]

大前年 | 大前年[ta⁵⁵tɕʰiei²¹³n̠iei²¹³]

大后年 | 大后年[ta⁵⁵xou⁵⁵n̠iei²¹³]

腊月 | 腊月[lɑʔ³yɑʔ³]

今天 | 今日[tɕiəŋ³³zɐʔ³]

明天 | 明日[miəŋ²¹³zɐʔ³]

后天 | 后日[xou⁵⁵zɐʔ³]

大后天 | 大后日[ta⁵⁵xou⁵⁵zɐʔ³]

那天 | 卫ᵈ天[vei⁵⁵tʰei³³]

昨天 | 夜来[iɤ⁵⁵læ²¹³]

前天 | 前日[tɕʰiei²¹³zɐʔ³]

大前天 | 大前日[ta⁵⁵tɕʰiei²¹³zɐʔ³]

星期天 | 礼拜天[li⁴²³pæ⁵⁵tʰei³³]

星期天[ɕiəŋ³³tɕʰi³³tʰei³³]

早晨 | 早起[tsɔu²¹tɕʰi⁴²³]

凌晨 | 天将明[tʰei³³tɕiɑ³³miəŋ²¹³]

整天｜成天（家）[tsən²¹³ tʰei³³（tɕia⁰）]

上午｜前晌[tɕʰiei²¹³sɒ⁴²³]

中午｜晌午[sɒ⁴²³⁻⁴²vu⁴²³]

下午｜晚起[væ⁴²³⁻⁴²tɕʰi⁴²³]

白天｜白日[piɑʔ⁴²³zʅʔ³]

夜里｜黑来[xɑʔ³læ²¹³]

昨天晚上｜夜来黑来[iɤ⁵⁵læ²¹³xɑʔ³læ²¹³]

天黑了｜黑啦[xɑʔ³la⁰]

每天｜天天[tʰei³³tʰei³³]

这时候｜这趟[tsɐʔ⁴²³tʰɒ⁵⁵]

那时候｜卫⁼趟[vei³³tʰɒ⁵⁵]

以前｜卫⁼几年[vei³³tɕi⁴²³ȵiei²¹³]

刚才｜将[tɕiɒ³³]

才[tsʰæ²¹³]

什么时候｜甚会儿[sən⁵⁵xuər⁴²³]

肆　方位

上面｜浮头[fu²¹³tʰou²¹³]

脑头[nɒ⁴²³tʰou²¹³]

下面｜下头[ɕia⁵⁵tʰou²¹³]

底下[ti⁴²³a⁰]

山上｜山上[sæ³³sɒ⁵⁵]

里面｜里头[li⁴²³tʰou²¹³⁻³³]

外面｜外头[vɛ⁵⁵tʰou²¹³]

手里 | 手里[sou^{423-42}li^{423}]

野外 | 野外[iɤ^{423}væ^{55}]

前边 | 前头[tɕʰiei^{213}tʰou^{213}]

后边 | 后头[xou^{55}tʰou^{213}]

后底[xou^{55}ti^{423}]

背后 | 脊背后[tɕiɐʔ^{3}pei^{55}xou^{55}]

东边 | 东面[tuŋ^{33}mei^{55}]

西边 | 西面[ɕi^{33}mei^{55}]

南边 | 南面[næ^{213}mei^{55}]

尽南面_{最南边}[tɕiəŋ^{423}næ^{213}mei^{55}]

北边 | 北面[piɐʔ^{3}mei^{55}]

当间儿 | 当中[tɒ^{33}tsuŋ^{33}]

面前 | 跟前[kəŋ^{33}tɕʰiei^{213}]

附近 | 跟前[kəŋ^{33}tɕʰiei^{213}]

左边 | 左面[tsuɤ^{423}mei^{55}]

右边 | 右面[iou^{55}mei^{55}]

半路 | 半路[pæ^{55}lou^{55}]

这边 | 这面儿[tsɐʔ^{3}mər^{55}]

那边 | 卫⁼面儿[vei^{55-33}mər^{55}]

什么地方 | 哪趟⁼儿[na^{423}tʰɐr^{55}]

伍　农业

春耕 | 耕地[tɕiəŋ^{33}ti^{55}]

春耕[tsʰuŋ^{33}kəŋ^{33}]

秋收｜收秋[sou³³tɕʰiou³³]

夏收｜挽夏[væ⁴²³ɕia⁵⁵]

锄地｜锄地[tsʰu²¹³ti⁵⁵]

割麦｜挽麦[væ⁴²³miaʔ³⁻⁵]

打场｜碾场[ȵiei⁴²³⁻⁴²tsʰɒ⁴²³]

施肥｜上粪[sɒ⁵⁵fən⁵⁵]

浇水｜浇地[tɕiɔu³³ti⁵⁵]

　　　浇水[tɕiɔu³³suei⁴²³]

水井｜井[tɕiəŋ⁴²³]

　　　水井[suei⁴²³⁻⁴²tɕiəŋ⁴²³]

辘轳｜辘轳[luɐʔ³luɐʔ³⁻⁵]

　　　圪栳_{井上提水用的竹篓}[kɐʔ³lɒ⁴²³]

犁｜犁[li²¹³]

磨｜磨[muɤ⁵⁵]

碾子｜碾[ȵiei⁴²³]

筛子｜筛[sᴇ³³]

箩｜箩[luɤ²¹³]

连枷｜□□_{打豆子用的，红柳做成的}[luɑ²¹³⁻⁵kɤ³³]

镐｜镢[tɕyɑʔ³]

　　　洋镢[iɒ²¹³tɕyɑʔ³]

锄｜锄[tsʰu²¹³]

铡刀｜铡刀[tsɑʔ⁴²³tɔu³³]

牛轭｜牛角[iou²¹³tɕia ʔ³]

车辐｜车辐[tsʰɤ³³fɐʔ³]

镰刀 | 镰[lei²¹³]

砍刀 | 砍刀[kʰæ⁴²³tɔu³³]

铁锹 | 锹[tɕʰiɔu³³]

铁锹[tʰiaʔ³tɕʰiɔu³³]

簸箕 | 簸箕[puɤ⁵⁵tɕʰi⁰]

笸箩 | 笸箩用竹编成的器具，可装粮食[pʰuɤ⁴²³luɤ²¹³]

笼 | 笼[luŋ²¹³]

扁担 | 扁担[pæ⁴²³tæ⁵⁵]

担仗[tæ³³tsɒ⁵⁵]

扫帚 | 扫帚[sɔu⁵⁵tsu³³]

笤帚 | 笤帚[tʰiɔu²¹³tsu⁴²³]

植物

麦子 | 麦[miaʔ³⁻⁵]

荞麦 | 荞麦[tɕʰiɔu²¹³miaʔ³⁻⁵]

谷子 | 谷[kuɐʔ³]

小米 | 小米[ɕiɒ⁴²³⁻⁴²mi⁴²³]

米[mi⁴²³]

玉米 | 玉茭[y⁵⁵tɕiɔu³³]

高粱 | 茭子[tɕiɔu³³tsʅ⁰]

黍子 | 软米[ʐuæ⁴²³⁻⁴²mi⁴²³]

稻子 | 稻[tɔu⁵⁵]

秕子 | 秕谷[pi⁴²³kuɐʔ³]

棉花 | 棉花[mei²¹³xua³³]

苘麻｜麻[ma²¹³]

蓖麻｜蓖麻[pi⁵⁵ma²¹³]

葵花｜葵花[kʰuei²¹³xua³³]

葵花籽｜葵花籽[kʰuei²¹³xua³³tsʅ⁴²³]

西瓜籽｜瓜子[kua³³tsʅ⁴²³]
　　　　　西瓜籽[ɕi³³kua³³tsʅ⁴²³]

洋芋｜山药[sæ³³iɑʔ³⁻⁵]

洋山药｜洋蔓菁[iɒ²¹³mæ²¹³tɕiəŋ³³]

白薯｜红薯[xuəŋ²¹³su⁴²³]

芋头｜芋头[y⁵⁵tʰou²¹³]

马铃薯｜蔓菁蛋[mæ²¹³tɕiəŋ³³tæ⁵⁵]

黄豆｜黄豆[xuɒ²¹³tou⁵⁵]

黑豆｜黑豆[xɑʔ³tou⁵⁵]

豇豆｜豇豆[tɕiɒ⁵⁵tou⁵⁵]

绿豆｜绿豆[lyɐʔ³⁻⁴²³tou⁵⁵]

豌豆｜豌豆[væ³³tou⁵⁵]

蚕豆｜蚕豆[tsʰæ²¹³tou⁵⁵]

蔬菜｜菜[tsʰE⁵⁵]

黄瓜｜黄瓜[xuɒ²¹³kua⁰]

茄子｜茄[tɕʰiɤ²¹³]

南瓜｜南瓜[næ²¹³kua⁰]

西葫芦｜北瓜[pɐʔ⁴²³kua³³]

葱｜葱[tsʰuŋ³³]

蒜｜蒜[suæ⁵⁵]

姜 | 姜[tɕiɒ³³]

洋葱 | 葱头[tsʰuŋ³³tʰou²¹³]

韭菜 | 韭菜[tɕiou⁴²³tsʰɛ⁵⁵]

西红柿 | 洋柿[iɒ²¹³sʅ⁵⁵]

辣椒 | 辣[laʔ³]

菠菜 | 青菜[tɕʰiən³³tsʰɛ⁵⁵]

白菜 | 白菜[piaʔ⁴²³tsʰɛ⁵⁵]

圆白菜 | 洋白菜[iɒ²¹³piaʔ⁴²³tsʰɛ⁵⁵]

芹菜 | 胡芹[xu²¹³tɕʰiən²¹³]

芫荽 | 芫荽[iei²¹³suei³³]

萝卜 | 萝卜[luɤ²¹³paʔ⁴²³]

豆角 | 豆角儿[tou⁵⁵tɕiɐr⁴²³]

树 | 树[su⁵⁵]

木头 | 木头[maʔ³tʰou²¹³⁻⁵⁵]

树林 | 树林[su⁵⁵liəŋ²¹³]

树苗 | 树苗[su⁵⁵miɔu²¹³]

树枝 | 树圪枝[su⁵⁵kɐʔ³tsʅ³³]

树冠 | 树头[su⁵⁵tʰou²¹³]

树梢 | 树梢[su⁵⁵sɔu³³]

杨树 | 杨树[iɒ²¹³su⁵⁵]

柳树 | 柳树[liou⁴²³su⁵⁵]

槐树 | 槐树[xuɛ²¹³su⁵⁵]

荆棘 | □藜□□树[liou²¹³li²¹³kaʔ³pɐr⁵⁵su⁵⁵]

桃 | 桃儿[tʰɐr²¹³]

杏│杏儿[ɕiər⁵⁵]

李子│李[li⁴²³]

苹果│苹果[pʰiəŋ²¹³kuɤ⁴²³]

酸枣│酸枣[suæ³³tsɔu⁴²³]

油枣│枣儿[tsɐr⁴²³]

沙棘│酸溜溜[suæ³³liou³³liou³³⁻⁵⁵]

梨│梨[li²¹³]

核桃│核桃[kɐʔ⁴²³tʰɔu²¹³]

花生│落花生[luɐʔ³xua³³səŋ³³]

西瓜│西瓜[ɕi³³kua³³⁻⁵⁵]

香瓜│香瓜[ɕiɒ³³kua³³⁻⁵⁵]

菊花│菊[tɕyɐʔ⁴²³]

牵牛花│喇叭花儿[la⁵⁵pa³³xuɐr³³]

艾│艾[ŋE⁵⁵]

花儿│花儿[xuɐr³³]

花蕾│花圪都[xua³³kɐʔ³tuər³³⁻⁵⁵]

     圪莛_{蔬菜植物的短茎}[kɐʔ³⁻⁴²³tʰiəŋ²¹³]

     圪针_{植物上的刺}[kɐʔ³⁻⁴²³tsəŋ³³]

陆　动物

牲口│牲灵_{野生}[səŋ³³liəŋ²¹³]

     牲口_{家养}[səŋ³³kʰou⁴²³]

公马（阉过的）│骟马[sæ⁵⁵ma⁴²³]

母马│骒马[kʰuɤ³³ma²¹³]

母马[m̩⁴²³⁻⁴²ma⁴²³]

种马|儿马[l̩²¹³ma⁴²³]

种牛|公牛[kuəŋ³³iou²¹³]

母牛|母牛[m̩⁴²³iou²¹³]

驴|驴[ly²¹³]

公驴|□驴[tɕiɒ⁴²³ly²¹³⁻⁵⁵]

母驴|草驴[tsʰɒ⁴²³ly²¹³⁻⁵⁵]

骡子|骡[luɤ²¹³]

母骡|骡骡 [kʰuɤ⁴²³luɤ²¹³]

山羊|□□[kuɛʔ³ly²¹³⁻⁵⁵]

绵羊|绵羊[mei²¹³iɒ²¹³]

公羊（未骟）|骚□[sɔu³³xu⁵⁵]

　　　　　　□羊_{配种用的公羊}[ti³³iɒ²¹³⁻⁵⁵]

公羊（已骟）|羯羊[tɕiɛʔ³iɒ²¹³⁻⁵⁵]

母羊|母羊[m̩⁴²³iɒ²¹³⁻⁵⁵]

母猪|母猪[m̩⁴²³tsu³³]

公猪|□猪[tɕiɛʔ⁴²³tsu³³]

　　　牙猪[ia²¹³tsu³³]

狗|狗[kou⁴²³]

公狗|牙狗[ia²¹³kou⁴²³]

母狗|母狗[m̩⁴²³kou⁴²³⁻³³]

猫|猫儿[mɐr²¹³]

公猫|儿猫儿[l̩²¹³mɐr²¹³]

母猫|咪⁼猫儿[mi⁴²³⁻⁴²mɐr²¹³⁻⁵⁵]

兔子｜兔儿[tʰuər⁵⁵]

鸡｜鸡儿[tɕiər³³⁻⁵⁵]

公鸡｜公鸡[kuəŋ³³tɕiər³³⁻⁵⁵]

母鸡｜草鸡[tsʰɒ⁴²³tɕiər³³⁻⁵⁵]

猴子｜猴儿[xər²¹³]

狼｜狼[lɒ²¹³]

　　　老□□_{用来吓唬小孩}[lɒ⁴²³⁻⁴²ma³³xou⁵⁵]

狐狸｜狐狸[xu²¹³li²¹³⁻⁵⁵]

黄鼠狼｜黄鼠狼[xuɒ²¹³su⁴²³lɒ²¹³]

老鼠｜老耗[lɒ⁴²³xou⁵⁵]

　　　邻家[liəŋ²¹³tɕia³³]

松鼠｜圪□[kɐʔ³⁻⁴²³liəŋ³³]

蛇｜蛇[sɤ²¹³]

　　　长虫[tsʰɒ²¹³tsʰuŋ²¹³]

壁虎｜蝎虎儿[ɕiaʔ⁵xuər⁴²³]

鸟儿｜鸟儿[n̠iər⁴²³]

乌鸦｜黑老鸹[xɑʔ³lɒ⁴²³va⁵⁵]

喜鹊｜鸦鹊[iaʔ⁴²³tɕʰiaʔ³]

麻雀｜小虫儿[ɕiɒ⁴²³tsʰuər²¹³⁻⁵⁵]

燕子｜小燕儿[ɕiɒ⁴²³iɐr⁵⁵]

雁｜雁[iei⁵⁵]

鸽子｜木鸽[maʔ⁴²³kɑʔ⁵]

啄木鸟｜啄树虫儿[tsuɑʔ⁴²³su⁵⁵tsʰuər²¹³]

　　　啄树禽[tsuɑʔ⁴²³su⁵⁵tɕʰiəŋ²¹³]

猫头鹰|□□□儿[kuɐʔ³kuɐʔ³miɐr⁵⁵]

蝙蝠|夜白⁼虎[iɤ⁵⁵piɑʔ⁴²³xu⁴²³]

蜘蛛|蜘蛛[tsʅ³³tsu³³⁻⁵⁵]

蚂蚁|蚂蚁[ma⁴²³⁻⁴²i³³]

蝎子|蝎[ɕiɑʔ³]

蚰蜒|蚰蜒[iou²¹³iei²¹³]

苍蝇|蝇[iəŋ²¹³]

蚊子|蚊[vəŋ²¹³]

虱子|虱[sɐʔ⁵]

虱卵|虮[tɕi⁴²³]

臭虫|壁虱[piɐʔ³sɐʔ⁵]

跳蚤|圪蚤[kɐʔ³tsɒ⁴²³]

蟋蟀|小黑□儿[ɕiɒ⁴²³xɑʔ³liɐr⁵⁵]

蜜蜂|蜜蜂[miɐʔ³fəŋ³³]

　　　　□儿[yər²¹³]

蝴蝶|蛾儿[ŋɐr²¹³]

蜻蜓|河⁼棒⁼虫儿[xɤ²¹³pɒ⁵⁵tsʰuɐr²¹³]

蚂蚱|蚂蚱[ma⁴²³tsɑʔ³]

屎壳郎|屎巴牛[sʅ⁴²³pa³³iou²¹³]

鲤鱼|鲤鱼[li⁴²³y²¹³]

瓢虫|花媳妇儿[xua³³ɕiɐʔ³fər⁵⁵]

青蛙|蛤蟆[kɐʔ³⁻⁴²³ma²¹³]

癞蛤蟆|疥蛤蟆[tɕiɤ⁵⁵kɐʔ³⁻⁴²³ma²¹³]

蝌蚪|圪蚪[kɐʔ³⁻⁴²³tou⁴²³]

蜗牛|伤ᵚ牛蛋[sɒ³³iou²¹³tæ⁵⁵]

蚕|蚕[tsʰæ²¹³]

貜|貜[xuæ³³]

斑鸠|斑鸠[pæ³³tɕiou³³⁻⁵⁵]

雕|秃雕[tʰuɑʔ⁴²³tiɔu³³]

蝉|秋风儿凉[tɕʰiou³³fər³³⁻⁵⁵liɒ²¹³]

　　晌午虫儿[sɒ⁴²³vu⁴²³⁻⁵⁵tsʰuər²¹³]

螳螂|刀口儿[tɔu³³xər⁵⁵]

蚌|蛤蚌儿[kɐʔ³pɐr⁵⁵]

灯蛾|扑灯蛾儿[pʰɐʔ³tən³³⁻⁵⁵ŋɐr²¹³]

蚯蚓|出ᵚ串ᵚ[tsʰuɐʔ³tsʰuæ⁵⁵]

蠹虫|口圪虫儿[mi⁵⁵kɐʔ³tsʰuər²¹³]

蝼蛄|蝼蛄[lou⁴²³ku³³]

孑孓|八吊[pɑʔ³tiɔu⁵⁵]

萤火虫|明火虫儿[miəŋ²¹³xuɤ⁴²³tsʰuər²¹³]

蝗虫|干蚂蚱[kæ³³ma⁴²³⁻³³tsɑʔ³]

蹄子|蹄[tʰi²¹³]

爪子|爪[tsua⁴²³]

尾巴|尾巴[i⁴²³pa³³⁻⁵⁵]

翅膀|翅膀[tsʰɿ⁵⁵pɒ⁴²³]

柒　房屋器具

家|家[tɕia³³]

房子（整座）|房[fɒ²¹³]

院子 | 院[yei⁵⁵]

　　　垱□_{四周有围墙，用来存放东西或饲养家畜的院子}[kɐʔ²³luei⁵⁵]

房间 | 家[tɕia³³]

　　　厢[ɕiɒ³³]

正房 | 正房[tsən⁵⁵fɒ²¹³]

北房 | 堂房[tʰɒ²¹³fɒ²¹³]

　　　北房[piɐʔ³fɒ²¹³]

东（西）房 | 东（西）房[tuŋ³³（ɕi³³）fɒ²¹³]

里屋 | 里间[li⁴²³tɕiei³³]

客厅 | 客厅[kʰɑʔ³tʰiəŋ³³]

窑洞 | 窑[iou²¹³]

地（家里的） | 脚地[tɕiɑʔ³ti⁵⁵]

房顶（内部） | 仰层[iɒ⁴²³tsʰən²¹³⁻⁵⁵]

　　　　　　顶棚[tiəŋ⁴²³pʰən²¹³]

墙（房子、窑洞的） | 墙[tɕʰiɒ²¹³]

房檐 | 房檐[fɒ²¹³iei²¹³]

大梁 | 梁[liɒ²¹³]

栈 | 栈[tsæ⁵⁵]

檩子 | 檩[liəŋ⁴²³]

椽子 | 椽[tsʰuæ²¹³]

台阶 | 垱台[kɐʔ³⁻⁴²³tʰæ²¹³]

斜坡 | 坡[pʰuɤ³³]

门槛儿 | 门前[mən²¹³tɕʰiei²¹³]

门闩 | 门关[mən²¹³kuæ³³]

炕 | 炕[kʰɒ⁵⁵]

锁 | 锁[suɤ⁴²³]

钥匙 | 钥匙[iɑʔ³sʅ²¹³]

窗户 | 窗[tsʰuɒ³³]

窗帘 | 窗帘[tsuɒ³³lei²¹³]

厨房 | 灶房[tsɔu⁵⁵fɒ²¹³]

　　　　厨里[tsʰu²¹³li⁴²³]

　　　　伙房_{集体、单位等地方的厨房}[xuɤ⁴²³fɒ²¹³]

灶 | 灶[tsɔu⁵⁵]

灶台 | 火□[xuɤ⁴²³luɤ³³]

厕所 | 高街[kɔu³³tɕiɤ³³]

茅坑 | 茅坑[mɔu²¹³kʰəŋ³³]

角落 | 圪□[kɐʔ³luæ⁵⁵]

　　　　角児[kɐʔ³⁻⁴²³la⁵⁵]

缝儿 | 角児_{宽的}[kɐʔ³⁻⁴²³la⁵⁵]

　　　　缝缝_{窄的}[fər⁵⁵fər⁵⁵⁻³³]

鸡窝 | 鸡窝[tɕi³³uɤ³³]

猪圈 | 猪圈[tsu³³tɕyei⁵⁵]

牛棚 | 牛圈[iou²¹³tɕyei⁵⁵]

地窖 | 地窖[ti⁵⁵tɕiɔu⁵⁵]

水窖 | 水窖[suei⁴²³⁻⁴²tɕiɔu⁵⁵]

石灰 | 石灰[sɐʔ⁴²³xuei³³]

水泥 | 洋灰[iɒ²¹³xuei³³]

家具 | 家具[tɕia³³tɕy⁵⁵]

家产｜家当[tɕia³³tɒ⁵⁵]

柜子｜柜[kuei⁵⁵]

箱子｜箱[ɕiɒ³³]

桌子｜桌[tsuɑʔ⁵]

书桌｜写字台[ɕiɤ⁴²³⁻⁴²tsɿ⁵⁵tʰæ²¹³]

　　　书桌[su³³tsuɑʔ³⁻⁵]

抽屉｜抽□[tsʰou³³tʰou³³]

椅子｜椅[i⁴²³]

板凳｜杌圪凳[vɐʔ⁴²³kɐʔ³tuəŋ⁵⁵]

　　　凳[təŋ⁵⁵]

　　　小床_{小凳子}[ɕiɒ⁴²³⁻⁴²tsʰuɒ²¹³]

毡子｜毡[tsæ³³]

毯子｜毯[tʰæ⁴²³]

被子｜被[pi⁵⁵]

被窝｜被窝[pi⁵⁵uɤ³³]

褥子｜褥[zuɑʔ³]

枕头｜豆ᵊ枕[tou⁵⁵⁻²⁴tsəŋ⁰]

行李｜行李[ɕiəŋ²¹³li⁴²³]

　　　铺盖[pʰu³³kɛ⁵⁵]

袼褙｜衬里[tsʰəŋ⁵⁵li⁴²³]

褡裢｜褡裢[tɑʔ³lei⁵⁵]

　　　打褙[ta⁴²³pei⁵⁵]

　　　钱褡[tɕʰei²¹³tɑʔ³⁻⁵]

穗子｜不穗[pɐʔ³suər⁵⁵]

镜子|镜[tɕiəŋ⁵⁵]

梳子|梳[suɤ³³]

夜壶|□盆[tɕiɐʔ³pʰəŋ²¹³]

　　　夜壶_{男用}[iɤ⁵⁵xu²¹³]

暖水瓶|暖壶[næ⁴²³⁻⁴²xu²¹³]

风箱|风匣[fəŋ³³ɕiaʔ⁴²³⁻⁵]

火柴|洋火[iɒ²¹³xuɤ⁴²³]

　　　取灯[tɕʰyɐʔ³təŋ³³]

柴|柴[tsʰɛ²¹³]

烟囱|烟□[iei³³tuɐʔ⁵]

铁炉|洋炉[iɒ²¹³lou²¹³]

火筷子|火筷[xuɤ⁴²³⁻⁴²kʰuɛ⁵⁵]

通条|火柱[xuɤ⁴²³⁻⁴²tsu⁵⁵]

炊餐具|碗筷[væ⁴²³⁻⁴²kʰuɛ⁵⁵]

锅|锅[kuɤ³³]

锅盖|锅盖[kuɤ³³kɛ⁵⁵]

锅铲|铁匙[tʰiaʔ³sʅ²¹³]

碗|碗[væ⁴²³]

大碗|大碗[ta⁵⁵væ⁴²³]

　　　海碗[xæ⁴²³⁻⁴²væ⁴²³]

碟子|碟[tiaʔ⁴²³]

盘子（大）|盘[pʰæ²¹³]

饭勺|□[tsʰɔu³³]

小勺儿|□□[tsʰɔu³³tsʰɔu³³⁻⁵⁵]

筷子|筷[kʰuE⁵⁵]

筷子笼|筷篓[kʰuE⁵⁵lou⁴²³]

酒杯|酒盅儿[tɕiou⁴²³tsuər³³⁻⁵⁵]

酒壶|酒壶[tɕiou⁴²³⁻⁴²xu²¹³]

坛子|坛[tʰæ²¹³]

罐子|罐[kuæ⁵⁵]

缸|缸[kɒ³³]

盆子|盆[pʰəŋ²¹³]

　　　扑椤_盆[pʰaʔ³ləŋ⁵⁵]

瓢|瓢[pʰiɔu²¹³]

　　　舀水瓢[iɒ⁴²³⁻⁴²suei⁴²³pʰiɔu²¹³]

笊篱|笊篱[tsɔu⁵⁵li²¹³]

礤床|□床[pʰɒ³³tsʰuɒ²¹³⁻⁵⁵]

　　　□床[tsʰaʔ³tsʰuɒ²¹³⁻⁵⁵]

菜刀|菜刀[tsʰE⁵⁵tɔu³³]

案板|案[ŋæ⁵⁵]

　　　案板[ŋæ⁵⁵pæ⁴²³]

蒸笼|蒸笼[tsəŋ³³luəŋ²¹³]

擀杖|擀杖[kæ⁴²³⁻⁴²tsɒ⁵⁵]

箅子|箅[pi⁵⁵]

篮子|针线不篮_{竹制放针线的篮子}[tsəŋ³³ɕiei⁵⁵pɐʔ³⁻⁴²³læ²¹³]

　　　针线不箩_{柳条制放针线的篮子}[tsəŋ³³ɕiei⁵⁵pɐʔ³⁻⁴²³luər²¹³⁻⁵⁵]

筐子|不录⁼_{柳条编的圆形筐}[pɐʔ³⁻⁴²³luɑʔ³]

泔水|泔水[kæ³³suei⁴²³]

155

脏衣服 | □衣裳[tsʰɔu²¹³ i³³ sɒ⁵⁵]

抹布 | 抹布[maʔ³pu⁵⁵]

擦碗布 | 擦碗布[tsʰɐʔ³væ⁴²³⁻⁴²pu⁵⁵]

擦脚布 | 擦脚布[tsʰɐʔ³tɕiɑʔ³pu⁵⁵]

斧子 | 斧[fu⁴²³]

尺子 | 尺[tsʰɐʔ³]

绳子 | 绳[sən²¹³]

剪子 | 剪[tɕiei⁴²³]

推子 | 推理发工具[tʰuei³³]

缝纫机 | 缝纫机[fən²¹³zən⁵⁵tɕi³³]

螺丝刀 | 改锥[kæ⁴²³tsuei³³]

熨斗 | 烙铁[luɑʔ³tʰiɑʔ³⁻⁵]

脸盆 | 盆[pʰən²¹³]

　　　脸盆[lei⁴²³⁻⁴²pʰən²¹³]

香皂 | 香皂[ɕiɒ³³tsɔu⁵⁵]

　　　胰统称香皂、肥皂[i²¹³]

肥皂 | 肥皂[fei²¹³tsɔu⁵⁵]

毛巾 | 手巾[sou⁴²³tɕiən³³]

鞋拔 | 鞋兜[ɕiɤ²¹³tou³³]

手绢儿 | 手绢儿[sou⁴²³⁻⁴²tɕyɐr⁵⁵]

蜡烛 | 蜡[lɑʔ³]

　　　洋蜡[iɒ²¹³lɑʔ³]

煤油灯 | 马灯有罩子[ma⁴²³⁻⁴²tən³³]

　　　　油灯无罩子[iou²¹³tən³³]

灯笼 | 灯篓[təŋ³³lou⁴²³]

图章 | 章[tsɒ³³]

糨糊（自己打的）| 糨糊[tɕiɒ⁵⁵xu²¹³]

顶针 | 顶针[tiəŋ⁴²³⁻⁴²tsəŋ³³]

锥子 | 锥[tsuei³³]

洗衣板儿 | 搓板[tsʰuɤ³³pæ⁴²³]

鸡毛掸子 | 鸡翎拂[tɕi³³liəŋ²¹³feʔ⁵]

扇子 | 扇[sæ⁵⁵]

拐杖 | 拐棍[kuæ⁴²³kuəŋ⁵⁵]

手纸 | 卫生纸[vei⁵⁵səŋ³³tsʅ⁴²³]

草纸 | 草纸[tsʰɔu⁴²³⁻⁴²tsʅ⁴²³]

黄裱纸 | 黄裱纸[xuɒ²¹³piɒ⁴²³⁻⁴²tsʅ⁴²³]

水桶（木制）| 潲[sɔu³³]

粪桶 | 圊潲_{木制}[tɕʰiəŋ³³sɔu³³⁻⁵⁵]

　　　　圊罐_{陶制}[tɕʰiəŋ³³kuæ⁵⁵]

拨吊[＝]_{捻麻绳用的木制工具}[pɑʔ³tiɔu⁵⁵]

圪懂头_{脑子糊涂不讲理的人}[kɤʔ³tuəŋ⁴²³⁻⁴²tʰou²¹³]

圪料[＝]客_{不按规则出牌的人}[kɤʔ³⁻⁴²³liɔu⁵⁵kʰɑʔ³]

捌　称谓

男人 | 汉们[xæ⁵⁵məŋ²¹³⁻⁵⁵]

女人 | 老婆们[lɒ⁴²³pʰuɤ²¹³⁻⁵⁵məŋ⁰]

已婚女人 | 老婆[lɒ⁴²³pʰuɤ²¹³⁻⁵⁵]

　　　　媳妇[ɕiɤʔ³fu⁵⁵]

婴儿│孩[xɛ²¹³]

小孩儿│孩[xɛ²¹³]

男孩儿│小[ɕiɒ⁴²³]

女孩儿│闺女[kuei³³n̠⁴²³⁻³³]

老头儿│老汉儿[lɒ⁴²³xɐr⁵⁵]

老太婆│老婆儿[lɒ⁴²³pʰɐr²¹³]

小伙子│半大小[pæ⁵⁵ta⁵⁵ɕiɒ⁴²³]

   后生[xou⁵⁵sən³³]

城里人│城里人[tsʰən²¹³li⁴²³z̠ən²¹³]

乡下人│山汉[sæ³³xæ⁵⁵]

外地人│外地人[vɛ⁵⁵ti⁵⁵z̠ən²¹³]

同乡│老乡[lɒ⁴²³ɕiɒ³³]

内行│内行[nei⁵⁵xɒ²¹³]

   把式[pa⁴²³sɐʔ³]

外行│外行[vɛ⁵⁵xɒ²¹³]

单身汉│光棍[kuɒ³³kuər⁵⁵]

老姑娘│老闺女[lɒ⁴²³kuei³³n̠⁴²³⁻³³]

童养媳│童养媳[tʰuŋ²¹³iɒ⁴²³ɕiɐʔ³]

二婚头│二婚_{兼指男女}[l̠⁵⁵xuəŋ³³]

寡妇│寡妇[kua⁴²³fu⁵⁵]

继子女│拖油瓶[tʰuɤ³³iou²¹³pʰiəŋ²¹³]

婊子│破货[pʰuɤ⁵⁵xuɤ⁵⁵]

遗腹子│墓生[m̠⁵⁵sən³³]

双胞胎│双生[suɒ³³sən³³]

老生子｜老生子[lɒ⁴²³⁻⁴²səŋ³³tsɿ⁴²³]

囚犯｜犯人[fæ⁵⁵z̩ə̣ŋ²¹³]

吝啬鬼｜铁公鸡[tʰiaʔ³kuəŋ³³tɕi³³]

　　　　抠货[kʰou³³xuɤ⁵⁵]

乞丐｜讨吃[tʰɒ⁴²³⁻⁴²tsʰɐʔ³⁻⁵]

骗子｜骗人精[pʰei⁵⁵z̩ə̣ŋ²¹³tɕiəŋ³³]

流氓｜流氓[liou²¹³mɒ²¹³]

土匪｜土匪[tʰu⁴²³⁻⁴²fei⁴²³]

小偷｜贼[tsuei²¹³]

冒失鬼｜冒失鬼[mɔu⁵⁵sɐʔ³kuei⁴²³]

白眼狼｜白眼狼[piaʔ⁴²³iei⁴²³⁻⁴²lɒ²¹³]

甩手掌柜｜甩手掌柜[suɛ⁴²³⁻⁴²sou⁴²³tsɒ⁴²³⁻⁴²kuei⁵⁵]

爱吹牛的人｜□客[pʰiaʔ³kʰɑʔ³]

傻瓜｜□子[təŋ⁴²³tɐʔ³]

　　　　二百五[l̩⁵⁵piaʔ³vu⁴²³]

　　　　二□瓜[l̩⁵⁵tɕiaʔ⁴²³kua³³]

坏蛋｜坏蛋[xuɛ⁵⁵tæ⁵⁵]

死心眼｜死心眼[sɿ⁴²³⁻⁴²ɕiəŋ³³iei⁴²³]

　　　　指一堆吃一堆[tsɿ⁴²³⁻⁴²iɐʔ³tuei³³tsʰɐʔ³iɐʔ³tuei³³]

半吊子｜半吊[pæ⁵⁵tiɔu⁵⁵]

工人｜工人[kuəŋ³³z̩ə̣ŋ²¹³]

农民｜农民[nəŋ²¹³miəŋ²¹³]

　　　　受苦人[sou⁵⁵kʰu⁴²³⁻⁴²z̩ə̣ŋ²¹³]

商人｜买卖人[mæ⁴²³⁻⁴²mɛ⁵⁵z̩ə̣ŋ²¹³]

小贩┃小贩[ɕiɒ⁴²³⁻⁴²fæ⁵⁵]

教员┃老师[lɒ⁴²³⁻⁴²sɹ³³]

　　　　教员[tɕiɔu⁵⁵yei²¹³]

学生┃学生[ɕiaʔ⁴²³səŋ³³]

兵┃当兵的[tɒ³³piəŋ³³tɐʔ³]

警察┃警察[tɕiəŋ⁴²³⁻⁴²tsʰa²¹³]

手艺人┃手艺人[sou⁴²³⁻⁴²i⁵⁵zɚŋ²¹³]

木匠┃木匠[mɑʔ³tɕiɒ⁵⁵]

瓦匠┃瓦匠[va⁴²³⁻⁴²tɕiɒ⁵⁵]

铜匠┃铜匠[tʰuəŋ²¹³tɕiɒ⁵⁵]

铁匠┃铁匠[tʰiɑʔ³tɕiɒ⁵⁵]

补锅的┃□漏锅[kɐʔ⁴²³lou⁵⁵kuɤ³³]

油漆匠┃油匠[iou²¹³tɕiɒ⁵⁵]

　　　　画匠[xua⁵⁵tɕiɒ⁵⁵]

裁缝┃裁缝[tsʰɛ²¹³fəŋ²¹³]

理发员┃剃头的[tʰi⁵⁵tʰou²¹³tɐʔ³]

屠户┃屠夫[tʰu²¹³fu³³]

厨师┃大师傅[ta⁵⁵sɹ³³fu⁵⁵]

饲养员┃饲养员[sɹ³³iɒ⁴²³⁻⁴²yei²¹³]

接生婆┃□孩的[tɕʰiɑʔ³xɛ²¹³tɐʔ³]

和尚┃和尚[xuɤ²¹³sɒ⁵⁵]

尼姑┃尼姑[ni²¹³ku³³]

售货员┃站柜台[tsæ⁵⁵kuei⁵⁵tʰɛ²¹³]

游医┃野圪□[iɤ⁴²³⁻⁴²kɐʔ³lou⁵⁵]

家伙 | □[xuɒ²¹³]

玖　亲属

祖父 | 爷爷[iɤ²¹³·iɤ²¹³⁻³³]/[iɤ²¹³]_{面称}[iɤ²¹³]_{背称}

祖母 | 奶奶[næ⁴²³næ⁴²³⁻³³]

外祖父 | 姥爷[lɒ⁴²³iɤ²¹³⁻⁵⁵]

外祖母 | 姥姥[lɒ⁴²³lɒ⁴²³⁻⁵⁵]

父亲 | 爹[tiɤ³³]

　　　　□□[ta³³ta³³⁻⁵⁵]

　　　爸爸[pa⁵⁵pa⁵⁵⁻²¹³]

母亲 | 妈[ma³³]

　　　娘[n̠iɒ²¹³]

岳父 | 丈人_{背称}[tsɒ⁵⁵zən²¹³]

岳母 | 丈母娘_{背称}[tsɒ⁵⁵m̠⁴²³⁻³³n̠iɒ²¹³]

公公 | 老公_{背称}[lɒ⁴²³⁻⁴²kuəŋ³³]

婆婆 | 婆_{背称}[pʰuɤ²¹³]

继父 | 后爹[xou⁵⁵tiɤ³³]

　　　继父[tɕi⁵⁵fu⁵⁵]

继母 | 后妈[xou⁵⁵ma³³]

　　　后娘[xou⁵⁵n̠iɒ²¹³]

　　　继母[tɕi⁵⁵m̠⁴²³]

伯父 | 排行＋爹[tiɤ³³]

伯母 | 排行＋妈[ma³³]

叔父 | 排行＋爹[tiɤ³³]

叔母 | 排行 + 妈[ma³³]

舅父 | 排行 + 舅[tɕiou⁵⁵]

　　　　舅舅[tɕiou⁵⁵tɕiou⁰]

舅母 | 排行 + 妗[tɕiəŋ⁵⁵]

姑母 | 姑姑[ku³³ku⁰]

姨母 | 排行 + 姨[i²¹³]

大姨 | 大姨[tuɤ³³i²¹³]

姑父 | 姑夫[ku³³fu³³⁻⁵⁵]

姨父 | 姨夫[i²¹³fu³³⁻⁵⁵]

夫妻 | 汉老婆[xæ⁵⁵lɒ⁴²³⁻⁴²pʰuɤ²¹³]

丈夫 | 老汉[lɒ⁴²³⁻⁴²xæ⁵⁵]

　　　　男人[næ²¹³zəŋ²¹³]

　　　　女婿[ȵy⁴²³⁻⁴²suei⁵⁵]

妻子 | 媳妇[ɕiɐʔ³fu⁵⁵]

　　　　老婆[lɒ⁴²³⁻⁴²pʰuɤ²¹³]

　　　　家里的[tɕia³³li⁴²³⁻⁴²tɐʔ³]

夫兄 | 大伯[ta⁵⁵piɑʔ³]

夫弟 | 小叔[ɕiɒ⁴²³suɐʔ³⁻⁵]

夫姐 | 大姑[ta⁵⁵ku³³⁻⁵⁵]

夫妹 | 小姑[ɕiɒ⁴²³⁻⁴²ku³³⁻⁵⁵]

妻兄 | 大兄哥_{背称}[ta⁵⁵ɕyəŋ³³kɤ⁴²³]

　　　　哥_{面称}[kɤ⁴²³]

妻弟 | 半生□儿_{背称}[pæ⁵⁵səŋ³³kuər⁵⁵]

妻姐 | 大姨子[ta⁵⁵i²¹³tɐʔ³]

妻妹│小姨子[ɕiɒ⁴²³⁻⁴²i²¹³tɐʔ³]

弟兄│弟兄[ti⁵⁵ɕyəŋ⁰]

姊妹（兄弟姐妹）│姊妹[tsʅ⁴²³⁻⁴²mei⁵⁵]

哥哥│哥[kɤ⁴²³]/[kɤ⁴²³⁻⁴²kɤ⁴²³]

　　　　老□背称[lɒ⁴²³⁻⁴²tsuɒ⁴²³]

嫂子│嫂[sɔu⁴²³]

弟弟│兄弟[ɕyəŋ³³ti⁵⁵]

弟媳│兄弟媳妇[ɕyəŋ³³ti⁵⁵ɕiɐʔ³fu⁵⁵]

姐姐│姐[tɕiɤ⁴²³]

　　　姐姐[tɕiɤ⁴²³⁻⁴²tɕiɤ⁴²³]

姐夫│姐夫[tɕiɤ⁴²³⁻⁴²fu³³]

妹妹│妹妹[mei⁵⁵mei⁵⁵⁻²¹³]

妹夫│妹夫[mei⁵⁵fu³³]

堂（兄弟姊妹）│叔伯[su³³piɑʔ³]

姑表│姑舅[ku³³tɕiou⁵⁵]

姨表│姨表[i²¹³piɒ⁴²³]

子女│孩[xɛ²¹³]

最小的孩子│垫□[tei⁵⁵vər³³]

养子│引的孩[iəŋ⁴²³⁻⁴²tɐʔ³xɛ²¹³]

儿媳妇│媳妇[ɕiɐʔ³fu⁵⁵]

女婿│女婿[ny⁴²³⁻⁴²suei⁵⁵]

孙子│孙[suəŋ³³]

孙女│孙闺女[suəŋ³³kuei³³n̠⁴²³⁻³³]

外孙│外甥[vɛ⁵⁵səŋ³³]

外甥 | 外甥[vɛ⁵⁵sən³³]

侄子 | 侄儿[tsɐʔ⁴²³l̩²¹³]

侄女 | 侄女[tsɐʔ⁴²³n̩y⁴²³]

妯娌 | 妯娌[tsɐʔ⁴²³li⁴²³]

连襟 | 连襟[lei²¹³tɕiən³³]

亲家 | 亲家_{夫妻双方父母互称}[tɕʰiən⁵⁵tɕia³³]

亲戚 | 亲戚[tɕʰiən³³tɕʰiɛʔ³]

先人（祖先）| 祖先[tsu⁴²³⁻⁴²ɕiei³³]

叔叔 | □□[lɔu³³lɔu³³]

阿姨 | 婶婶[sən⁴²³⁻⁴²sən⁴²³]

远方伯伯 | 老伯[lɒ⁴²³⁻⁴²piɑʔ³⁻⁵]

远方伯母 | □娘[tuɤ³³n̩iɒ²¹³]

拾　身体

身材 | 身架[sən³³tɕia⁵⁵]

相貌 | 长相[tsɒ⁴²³⁻⁴²ɕiɒ⁵⁵]

头 | 头[tʰou²¹³]

　　□脑[tɛʔ⁴²³nɒ⁴²³]

头顶 | 头顶[tʰou²¹³tiən⁴²³]

后脑勺儿 | 黄꞊蒸꞊[xuɒ²¹³tsən³³]

　　　　后脑窪[xou⁵⁵nɒ⁴²³⁻⁴²va³³]

脖颈 | 脖[pɛʔ⁴²³]

头发 | 头发[tʰou²¹³faʔ³]

刘海 | 马鬃[ma⁴²³tsuər⁵⁵]

额｜奔颅[pəŋ³³lou⁵⁵]

　　眉凌⁼骨[mi²¹³liəŋ²¹³kuɐʔ³]

囟门｜囟顶[ɕiəŋ⁵⁵tiəŋ⁴²³]

鬓角｜鬓角[piəŋ⁵⁵tɕiɑʔ³]

辫子｜辫[pei⁵⁵]

　　　不交⁼[pɐʔ³⁻⁴²³tɕiou³³]

脸｜脸[lei⁴²³]

颧骨｜颧骨[tɕʰyei²¹³kuɐʔ³]

酒窝｜酒窝[tɕiou⁴²³uɤ³³]

腮帮子｜圪腮[kɐʔ³³sE³³]

眼｜眼[iei⁴²³]

眼珠｜眼睛蛋[iei⁴²³⁻⁴²tɕiəŋ³³tæ⁵⁵]

眼泪｜眼泪[iei⁴²³⁻⁴²luei⁵⁵]

眼眵｜眵骂⁼糊[tsʰʅ³³ma⁵⁵xu²¹³]

眉毛｜眉[mi²¹³]

鼻子｜鼻[piɐʔ⁴²³]

鼻涕｜鼻[piɐʔ⁴²³]

鼻孔｜鼻窟窿眼[piɐʔ⁴²³kɐʔ³⁻⁵luəŋ⁰iei⁴²³]

嘴｜嘴[tsuei⁴²³]

嘴唇｜嘴片[tsuei⁴²³⁻⁴²pʰei⁵⁵]

口水｜涎水[xæ³³suei⁴²³]

双眼皮｜重眼壳儿[tsʰuəŋ²¹³iei⁴²³⁻⁴²kʰɐr²¹³⁻⁵⁵]

舌头｜舌头[sɑʔ⁴²³tʰou²¹³]

牙｜牙[ia²¹³]

耳朵｜耳朵[l̩$^{423\text{-}42}$tuɤ^{423}]

耳屎｜耳□[l̩$^{423\text{-}42}$sɐʔ^3]

下巴｜下□□[ɕia^{55}pɑʔ^{423}ku^{33}]

喉咙｜圪咙[kɐʔ$^{3\text{-}423}$luŋ^{213}]

胡子｜胡[xu^{213}]

肩膀｜肩膀[tɕiei^{33}pɒ^{423}]

胳膊｜胳膊[kɐʔ^{3}pɑʔ^3]

胳膊肘儿｜圪肘[kɐʔ^{3}tsou^{423}]

腋下｜圪□□[kɐʔ^{3}tsɐʔ^{3}tɕiei^{55}]

     圪肩窝[kɐʔ^{3}tɕiei^{33}uɤ^{33}]

手腕子｜手腕[sou$^{423\text{-}42}$væ^{55}]

手｜手[sou^{423}]

左手｜左手[tsuɤ$^{423\text{-}42}$sou^{423}]

右手｜右手[iou^{55}sou^{423}]

     正手[tsəŋ^{55}sou^{423}]

手指｜指头[tsɐʔ^{3}t^{h}ou$^{213\text{-}55}$]

大拇指｜大拇指头[ta^{55}mɑʔ^{3}tsɐʔ^{3}t^{h}ou$^{213\text{-}55}$]

小拇指｜小拇指头[ɕiɒ$^{423\text{-}42}$mɑʔ^{3}tsɐʔ^{3}t^{h}ou$^{213\text{-}55}$]

指甲｜指甲[tsɐʔ^{3}tɕiɑʔ^3]

拳头｜圪都$^=$[kɐʔ^{3}tu^{33}]

手掌｜手[sou^{423}]

     不扎$^=$[pɐʔ$^{3\text{-}423}$tsɑʔ^3]

手心｜手心[sou$^{423\text{-}42}$ɕiəŋ^{33}]

手背｜手背[sou$^{423\text{-}42}$pei^{55}]

手腕纹｜圪佬[kɐʔ³lɔu⁴²³]

腿｜腿[tʰuei⁴²³]

大腿｜大腿[ta⁵⁵tʰuei⁴²³]

小腿｜小腿[ɕiŋ⁴²³⁻⁴²tʰuei⁴²³]

腿肚子｜腿肚[tʰuei⁴²³⁻⁴²tu⁵⁵]

膝盖｜圪口盖[kɐʔ³tiəŋ⁵⁵kᴇ⁵⁵]

裆｜裆[tʊ³³]

屁股｜㞗[tuɐʔ³⁻⁵]

肛门｜屁眼[pʰi⁵⁵iei⁴²³]

踝子骨｜划拉骨[xua²¹³la³³kuɐʔ³]

脚｜脚[tɕiɑʔ³]

脚背｜脚面[tɕiɑʔ³mei⁵⁵]

脚心｜脚心[tɕiɑʔ³ɕiəŋ³³]

脚跟儿｜脚后跟[tɕiɑʔ³xou⁵⁵kəŋ³³]

心口｜心口[ɕiəŋ³³kʰou⁴²³]

肋骨｜肋条骨[lɑʔ³tʰiɔu²¹³kuɐʔ³]

乳房｜奶[næ⁴²³]

奶汁｜奶[næ⁴²³]

肚子｜肚[tu⁵⁵]

小肚子｜小肚[ɕiŋ⁴²³⁻⁴²tu⁵⁵]

肚脐眼儿｜圪脐眼[kɐʔ³tɕʰi²¹³iei⁴²³]

腰｜腰[iɔu³³]

妊娠纹｜崩裂[pəŋ³³liɑʔ³]

脊背｜脊背[tɕiɐʔ³pei⁵⁵]

痣｜记ᵉ[tɕi⁵⁵]

痦子｜瘊[xou²¹³]

骨｜骨头[kuɐʔ³tʰou²¹³⁻³³]

筋｜筋[tɕiəŋ³³]

血管儿（静脉）｜血管[ɕiɑʔ³kuæ⁴²³]

拾壹　疾病医疗

病了｜歪了[vE³³la⁰]

病好了｜病好了[piəŋ⁵⁵xɒ⁴²³⁻⁴²la⁰]

病轻了｜□蛋齐ᵉ了[kɐʔ³tæ⁵⁵tɕʰi²¹³la⁰]

　　　　可了[kʰɤ⁴²³la⁰]

看病｜瞧病[tɕʰiɔu²¹³piəŋ⁵⁵]

号脉｜捉脉[tsuɑʔ³miɑʔ³]

　　　　把脉[pa⁴²³⁻⁴²miɑʔ³]

开药方｜开方[kʰE³³fɒ³³]

打针｜打针[ta⁴²³⁻⁴²tsəŋ³³]

扎针｜扎针[tsɑʔ³tsəŋ³³]

挑针｜扎针针扎指头放血[tsɑʔ³tsəŋ³³]

拔火罐子｜扳火罐[pæ³³xuɤ⁴²³⁻⁴²kuæ⁵⁵]

泻肚｜跑肚[pʰɒ⁴²³⁻⁴²tu⁵⁵]

　　　　肚歪[tu⁵⁵vE³³]

　　　　拉稀[lɑʔ³⁻⁴²³ɕi³³]

发烧｜烧了[sɔu³³lɤ⁰]

伤风｜□着了[pʰiɑʔ³tsɐʔ³la³³]

风气[fəŋ³³tɕʰi⁵⁵]

咳嗽|咳了[kʰɑʔ³lɤ⁰]

中暑|中暑[tsuəŋ⁵⁵su⁴²³]

中风|中风[tsuəŋ⁵⁵fəŋ³³]

肚子疼|肚疼[tu⁵⁵tʰəŋ²¹³]

头晕|头蒙[tʰou²¹³məŋ³³]

头痛|头疼[tʰou²¹³tʰəŋ²¹³]

恶心|心烦了[ɕiəŋ³³fæ²¹³lɤ⁰]

吐了|哕了[yɐʔ⁴²³la⁰]

溃脓|流脓[liou²¹³nəŋ²¹³]

长疮|长疮儿[tsɒ⁴²³⁻⁴²tsʰuɐr³³]

疤|圪疤[kɐʔ³pa³³]

痂|痂[tɕia³³]

　　不棱条状伤痕[pɐʔ³⁻⁴²³liəŋ²¹³]

痔疮|痔疮[tsʅ⁵⁵tsʰuɒ³³]

雀斑|蚕痧[tsʰæ²¹³sa³³]

近视眼|近视眼[tɕiəŋ⁵⁵sʅ⁵⁵iei⁴²³]

狐臭|狐臭[xu²¹³tsʰou⁵⁵]

癫痫|羊羔儿疯[iɒ²¹³kɐr³³⁻⁵⁵fəŋ³³]

瘫痪|瘫了[tʰæ³³la⁰]

瘸子|瘸的[tɕʰyɤ²¹³tɐʔ³]

　　拐的[kuæ⁴²³⁻⁴²tɐʔ³]

罗锅儿|锅的[kuɤ³³tɐʔ³]

聋子|聋的[luəŋ²¹³tɐʔ³]

哑巴 | 哑巴儿[ia$^{423-42}$pɐʔ$^{33-55}$]

结巴 | 结客[tɕiaʔ^{3}k^{h}ɑʔ^3]

瞎子 | 瞎的[ɕiaʔ^{3}tɐʔ^3]

秃子 | 秃的[t^{h}uɐʔ^{3}tɐʔ^3]

豁唇子 | 豁的[xuɐʔ^{3}tɐʔ^3]

六指儿 | 六指[luɐʔ^{3}tsʅ^{423}]

左撇子 | 左□□[tsuɤ$^{423-42}$pɐʔ^{3}lei^0]

斜眼 | □眼儿[xuæ^{213}iər^{423}]

舌头短的人 | 秃＝落＝舌[t^{h}uɐʔ^{3}luaʔ$^{3-5}$sɐʔ^{423}]

拾贰　服饰

穿戴 | 穿戴[ts^{h}uæ^{33}tɛ^{55}]

衣服 | 衣裳[i^{33}sɒ^{55}]

新衣服 | 新衣裳[ɕiəŋ^{33}i^{33}sɒ^{55}]

皮袄 | 皮袄儿[p^{h}i^{213}ŋɐr^{423}]

棉袄 | 套袄儿[t^{h}ɔu^{55}ŋɐr^{423}]

大衣 | 大衣[ta^{55}i^{33}]

夹袄 | 夹袄儿[tɕiaʔ^{3}ŋɐr^{423}]

衬衫 | 汗衫[xæ^{55}sæ^{33}]

外衣 | 袄儿[ŋɐr^{423}]

坎肩儿 | 坎肩[k^{h}æ$^{423-42}$tɕiei^{33}]

兜肚儿 | 肚兜[tu^{55}tou^{33}]

领子 | 领[liəŋ^{423}]

袖子 | 袖[ɕiou^{55}]

里子｜里[li⁴²³]

面子｜面[mei⁵⁵]

口袋｜口袋[kʰou⁴²³⁻⁴²tɛ⁵⁵]

裙子｜裙[tɕʰyəŋ²¹³]

裤子｜裤[kʰu⁵⁵]

裤衩儿｜衩裤[tsʰa⁴²³⁻⁴²kʰu⁵⁵]

纽扣儿｜扣₍西式₎[kʰou⁵⁵]

　　　　襻扣₍中式₎[pʰæ²¹³kʰou⁵⁵]

鞋｜鞋[ɕiɤ²¹³]

鞋拔｜鞋拔[ɕiɤ²¹³pa²¹³]

棉鞋｜暖鞋[næ⁴²³⁻⁴²ɕiɤ²¹³]

袜子｜褙袜[lei²¹³vaʔ⁵]

帽子｜帽[mɔu⁵⁵]

帽檐儿｜帽檐[mɔu⁵⁵iei²¹³]

镯子｜镯[tsuaʔ⁵]

　　　　手镯[sou⁴²³⁻⁴²tsuaʔ⁵]

戒指｜戒指[tɕiɤ⁵⁵tsɿ⁴²³]

耳环｜耳环[l̩⁴²³xuæ²¹³]

项链儿｜项链[ɕiɒ⁵⁵⁻³³lei⁵⁵]

别针儿｜别针[piaʔ⁴²³tsəŋ³³]

围裙｜围裙[vei²¹³tɕʰyəŋ²¹³]

围嘴儿｜颔水□[xæ³³suei⁴²³⁻³³pʰiɐʔ⁴²³]

尿布｜屎布[sɿ⁴²³⁻⁴²pu⁵⁵]

围巾｜围巾[vei²¹³tɕiəŋ³³]

围脖儿[vei²¹³pɐr²¹³]

手套｜手套[sou⁴²³⁻⁴²tʰɔu⁵⁵]

脖套｜脖套[pɑʔ⁴²³tʰɔu⁵⁵]

眼镜｜眼镜[iei⁴²³⁻⁴²tɕiəŋ⁵⁵]

棉裤｜套裤[tɒ²¹³kʰu⁵⁵]

毛巾｜手巾[sou⁴²³⁻⁴²tɕiəŋ³³]

伞｜伞[sæ⁴²³]

手表｜手表[sou⁴²³⁻⁴²piɒ⁴²³]

雨鞋｜水鞋[suei⁴²³⁻⁴²ɕiɤ²¹³]

拾叁　饮食

伙食｜伙食[xuɤ⁴²³⁻⁴²sɐʔ⁴²³]

早饭｜清早饭[tɕʰiəŋ³³tsɒ⁴²³⁻⁴²fæ⁵⁵]

午饭｜晌午饭[sɒ⁴²³⁻⁴²vu⁴²³fæ⁵⁵]

晚饭｜黑来饭[xɑʔ³lei²¹³fæ⁵⁵]

零食｜零食[liəŋ²¹³sɐʔ⁴²³]

米饭（干）｜捞饭[lɔu³³fæ⁵⁵]

糯米｜软米[zuæ⁴²³⁻⁴²mi⁴²³]

煳了｜□了[ŋou⁴²³la⁰]

馊了｜燍气[sɿ³³tɕʰi⁵⁵]

粥｜米汤_{很稀}[mi⁴²³⁻⁴²tʰɐr³³⁻⁵⁵]

稀粥[ɕi³³tsuɑʔ³]

糊粥_{玉米糁做的}[xu⁵⁵tsuɑʔ³]

八宝粥｜八宝粥[pɑʔ³pɒ⁴²³⁻⁴²tsou³³]

粽子 | 粽[tɕyəŋ⁵⁵]

麦糠 | 麸_{小麦磨面筛剩下的碎皮}[fu³³]

白面 | 白面_{小麦磨成的面}[piaʔ⁴²³mei⁵⁵]

　　　　好面[xɒ⁴²³⁻⁴²mei⁵⁵]

豆面 | 豆面_{豆磨成的面}[tou⁵⁵mei⁵⁵]

荞面 | 荞面_{荞麦磨成的面}[tɕʰiəu²¹³mei⁵⁵]

莜面 | 莜面_{莜麦磨成的面}[iou²¹³mei⁵⁵]

面条儿 | 面[mei⁵⁵]

挂面 | 挂面[kua⁵⁵mei⁵⁵]

拉面 | 拽面[tsuE⁵⁵mei⁵⁵]

面片儿 | □疙瘩[tɕyaʔ³kɐʔ³taʔ³]

宽面条 | 宽面[kʰuæ³³mei⁵⁵]

猫耳朵 | 捻疙瘩儿[ȵiei⁴²³kɐʔ³tɐr⁵⁵]

馒头 | 馍馍[mɤ²¹³mɤ⁰]

包子 | 包[pɔu³³]

疙瘩汤 | 疙瘩儿汤[kɐʔ³⁻⁴²³tɐr⁵⁵tʰɒ³³]

饸饹 | 饸饹_{用饸饹床压制成的面条}[xɤ²¹³luaʔ³]

花卷儿 | 花卷[xua³³tɕyei⁴²³]

蒸饺 | 蒸饺[tsəŋ³³tɕiɐr⁵⁵]

水饺 | 煮饺儿[tsu⁴²³⁻⁴²tɕiɐr⁵⁵]

　　　　扁食[pei⁴²³⁻⁴²sɐʔ⁴²³⁻⁵]

馅儿 | 馅[ɕiei⁵⁵]

月饼 | 月饼[yaʔ³piəŋ⁴²³]

窝头 | 窝头[uɤ³³tʰou²¹³]

馅饼｜馅饼[ɕiei⁵⁵piəŋ⁴²³]

　　　菜饼[tsʰɛ⁵⁵piəŋ⁴²³]

烙饼｜饼[piəŋ⁴²³]

抿圪蚪｜抿圪蚪꞊ 用抿床做的一种面食[miəŋ⁴²³⁻⁴²kɐʔ³tou⁵⁵]

擦圪蚪｜擦圪蚪꞊ 用擦床做的一种面食[tsʰɑʔ³kɐʔ³tou⁵⁵]

枣馒头｜枣姑꞊ 馒头表面有一个枣，过年走亲戚的礼品[tsɒ⁴²³⁻⁴²ku³³]

调和饭｜菜汤 小米、菜和面条煮在一起的稠饭[tsʰɛ⁵⁵tʰɒ³³]

焖面｜炉面[lou²¹³mei⁵⁵]

蒸面｜蒸棋꞊ [tsəŋ³³tɕʰi²¹³]

油条｜麻糖[ma²¹³tʰɒ²¹³]

臊子｜臊[sɒu⁵⁵]

油糕｜油糕[iou²¹³kɔu³³]

下水｜下水[ɕia⁵⁵suei⁴²³]

鸡内脏｜化食丹[xua⁵⁵sɐʔ⁴²³tæ³³]

羊杂[iɒ²¹³tsɑʔ⁴²³]

炒鸡蛋｜炒鸡蛋[tsʰɒ⁴²³⁻⁴²tɕi³³tæ⁵⁵]

菜｜菜[tsʰɛ⁵⁵]

素菜｜素菜[su⁵⁵tsʰɛ⁵⁵]

荤菜｜荤菜[xuəŋ³³tsʰɛ⁵⁵]

　　　肉菜[ʐou⁵⁵tsʰɛ⁵⁵]

咸菜｜咸菜[ɕiei²¹³tsʰɛ⁵⁵]

调料｜调和[tʰiou²¹³xuɤ²¹³]

豆腐｜豆腐[tou⁵⁵fu⁰]

粉条儿｜粉条[fəŋ⁴²³⁻⁴²tʰiɔu²¹³]

宽粉条[kʰuæ³³fəŋ⁴²³⁻⁴²tʰiɔu²¹³]

粉丝|粉丝[fəŋ⁴²³⁻⁴²sʅ³³]

粉皮|粉皮[fəŋ⁴²³⁻⁴²pʰi²¹³]

凉粉|凉粉儿[liɒ²¹³fər⁴²³⁻⁵⁵]

碗托|灌肠_{用荞麦面蒸成的食物}[kuæ⁵⁵tsʰɒ²¹³]

皮冻|皮冻儿_{由猪皮加少许猪肉熬成的浓汤凝结成成}[pʰi²¹³tuər⁵⁵]

木耳|木耳[mɑʔ³ər⁴²³]

黄花儿|金针[tɕiəŋ³³tsəŋ³³]

猪油|腥油[ɕiəŋ³³iou²¹³⁻⁵⁵]

　　　　猪脂油[tsu³³tsʅ⁴²³⁻⁴²iou²¹³⁻⁵⁵]

素油|素油[su⁵⁵iou²¹³]

豆油|豆油[tou⁵⁵iou²¹³]

麻油|麻油[ma²¹³iou²¹³]

香油|香油_{芝麻油}[ɕiɒ³³iou²¹³]

蓖麻油|皮油_{蓖麻做的油}[pʰi²¹³iou²¹³]

酱油|酱油[tɕiɒ⁵⁵iou²¹³]

盐|（咸）盐[（ɕiei²¹³）iei²¹³]

醋|醋[tsʰu⁵⁵]

红糖|黑糖[xɑʔ³tʰɒ²¹³]

白糖|白糖[piɑʔ⁴²³tʰɒ²¹³]

味道|味儿[vər⁵⁵]

八角|大料[ta⁵⁵liɔu⁵⁵]

花椒|花椒[xua³³tɕiɔu³³]

香烟|纸烟[tsʅ⁴²³⁻⁴²iei³³]

旱烟 | 旱烟[xæ⁵⁵iei³³]

烟袋 | 旱烟袋[xæ⁵⁵iei³³tɛ⁵⁵]

茶 | 茶[tsʰɑ²¹³]

白酒 | 白酒[piɑʔ⁴²³tɕiou⁴²³]

黄＝蒸＝ 用糯米面包红豆蒸的豆馒头[xuɒ²¹³tsəŋ³³]

疙瘩 玉米面做的水煮小饼[kɐʔ⁴²³tɑʔ³]

仓＝□□ 祭祀用的谷子豆子和玉米做的圆形山状物[tsʰɒ³³kɐʔ³luæ⁵⁵]

圪垒＝ 用土豆丝、白面搅拌后，放入蒸锅中蒸，再炒制而成的一种食物[kɐʔ³⁻⁴²³luei⁴²³]

拾肆　红白大事

喜事 | 喜事[ɕi⁴²³sʅ⁵⁵]

做媒 | 说媒[suaʔ³mei²¹³]

媒人 | 介绍人[tɕiɤ⁵⁵sou⁵⁵zəŋ²¹³]

　　　 媒人[mei²¹³zəŋ²¹³]

　　　 媒婆[mei²¹³pʰuɤ²¹³]

相亲 | 相亲[ɕiɒ³³tɕʰiəŋ³³]

订婚 | 订婚[tiəŋ⁵⁵xuəŋ³³]

娶亲 | 娶媳妇[tɕʰy⁴²³⁻⁴²ɕiɐʔ³fu⁵⁵]

　　　 说媳妇[suaʔ³ɕiɐʔ³fu⁵⁵]

嫁女 | 聘[pʰiəŋ⁵⁵]

结婚 | 结婚[tɕiaʔ³xuəŋ³³]

新郎 | 新女婿[ɕiəŋ³³ny⁴²³suei⁵⁵]

新娘 | 新媳妇[ɕiəŋ³³ɕiɐʔ³fu⁵⁵]

新房 | 洞房[tuəŋ⁵⁵fɒ²¹³]

回门｜回门[xuei²¹³məŋ²¹³]

怀孕｜怀孩[xuɛ²¹³xɛ²¹³]

害喜｜害喜[xɛ⁵⁵ɕi⁴²³]

小产｜流了[liou²¹³la⁰]

孕妇｜怀孩老婆[xuɛ²¹³xɛ²¹³lɒ⁴²³⁻⁴²pʰuɤ²¹³]

生孩子｜生孩[səŋ³³xɛ²¹³]

胎盘｜胎盘[tʰɛ³³pʰæ²¹³]

坐月子｜坐月[tsuɤ⁵⁵yɑʔ³]

满月｜满月[mæ⁴²³yɑʔ³]

头胎｜头胎[tʰou²¹³tʰɛ³³]

吃奶｜吃奶[tsʰɐʔ³næ⁴²³]

生日｜生日[səŋ³³ʐɐʔ³]

过生日｜过生日[kuɤ⁵⁵səŋ³³ʐɐʔ³]

祝寿｜祝寿[tsuɑʔ³sou⁵⁵]

丧事｜丧事[sɒ³³sʅ⁵⁵]

死了｜老了[lɒ⁴²³⁻⁴²la⁰]

　　　死了[sʅ⁴²³la⁰]

棺材｜棺木[kuæ³³mɑʔ³]

戴孝｜戴孝[tɛ⁵⁵ɕiɔu⁵⁵]

出殡｜出丧[tsʰuɐʔ³sɒ³³]

坟｜坟[fəŋ²¹³]

自杀｜自杀[tsʅ⁵⁵sɑʔ³]

　　　寻死[ɕiəŋ²¹³sʅ⁴²³]

灶王爷｜灶王爷[tsɔuɛ⁵⁵vɒ²¹³iɤ²¹³]

菩萨 | 菩萨[pʰu²¹³sa⁰]

烧香 | 烧香[sɔu³³ɕiɒ³³]

庙会 | 会[xuei⁵⁵]

      庙会[miɔu⁵⁵xuei⁵⁵]

赶会 | 赶会[kæ⁴²³⁻⁴²xuei⁵⁵]

算命 | 算卦[suæ⁵⁵kua⁵⁵]

      算命[suæ⁵⁵miəŋ⁵⁵]

风水先生 | 阴阳[iəŋ³³iɒ²¹³]

         算卦的[suæ⁵⁵kua⁵⁵tɤʔ³]

神汉 | 神汉[səŋ²¹³xæ⁵⁵]

神婆 | 神婆[səŋ²¹³pʰuɤ²¹³]

贴对联 | 贴对[tʰiɑʔ³tuei⁵⁵]

叫魂 | 叫魂[tɕiɔu⁵⁵xuəŋ²¹³]

拾伍　日常生活

打扮 | 打扮[ta⁴²³⁻⁴²pæ⁵⁵]

穿（衣服）| 穿[tsʰuæ³³]

脱（衣服）| 脱[tʰuɑʔ³]

裁（衣服）| 裁[tsʰᴇ²¹³]

       缝[fəŋ²¹³]

量（衣服）| 量[liɒ²¹³]

做（衣服）| 做[tsuɑʔ³]

洗（衣服）| 洗[ɕi⁴²³]

熨（衣服）| 烫[tʰɒ⁵⁵]

衣料（除棉布外）|料[liɔu⁵⁵]

生火|生火[sən³³xuɤ⁴²³]

做饭|做饭[tsuɑʔ³fæ⁵⁵]

淘米|淘米[tʰɔu²¹³mi⁴²³]

发面|起面[tɕʰi⁴²³mei⁵⁵]

和面|和面[xuɤ²¹³mei⁵⁵]

擀（面条）|擀[kæ⁴²³]

蒸（馒头）|蒸[tsən³³]

择菜|拣菜[tɕiei⁴²³⁻⁴²tsʰE⁵⁵]

盛饭|□饭[tsʰɔu³³fæ⁵⁵]

搛菜|□菜[tɕi³³tsʰE⁵⁵]

舀汤|舀汤[iɔu⁴²³tʰɒ³³]

打饱嗝儿|打嗝儿[ta⁴²³⁻⁴²kɐr²¹³⁻⁵⁵]

打冷嗝儿|□□了[kɐʔ³tər⁵⁵lɤ⁰]

撑了|憋人了[piɑʔ³zən²¹³⁻⁵⁵lɤ⁰]

吃（饭）|吃饭[tsʰɐʔ³fæ⁵⁵]

喝（茶、酒）|喝[xɑʔ³]

抽烟|吃烟[tsʰɐʔ³iei³³]

饿了|饥了[tɕi³³la⁰]

住|住[tsu⁵⁵]

起床|起[tɕʰi⁴²³]

洗脸|洗脸[ɕi⁴²³⁻⁴²lei⁴²³]

刷牙|刷牙[suɑʔ³ia²¹³]

吐痰|吐痰[tʰu⁴²³⁻⁴²tʰæ²¹³]

梳头|梳头[suɤ³³tʰou²¹³]

推头|推头_{拿剃头推子理发}[tʰuei³³tʰou²¹³]

梳辫子|辫辫儿[pei³³piɐr⁵⁵]

剪指甲|铰指甲[tɕiɒ⁴²³⁻⁴²tsʅ⁴²³tɕiɑʔ³]

洗澡|洗澡[ɕi⁴²³⁻⁴²tsɒ⁴²³]

小便|尿尿[ȵiɔu⁵⁵ȵiɔu⁵⁵]

大便|厕屎[ŋɤ³³sʅ⁴²³]

晒太阳|晒太阳[sE⁵⁵tʰE⁵⁵iɒ²¹³]

烤火|烤火[kʰɒ⁴²³⁻⁴²xuɤ⁴²³]

烧火|□火_{家里烧火做饭}[iei⁵⁵xuɤ⁴²³]

□火_{野外烧火}[kəŋ⁵⁵xuɤ⁴²³]

挠痒|挖[va³³]

出远门|出远门[tsʰuɐʔ³yei⁴²³⁻⁴²məŋ²¹³]

点灯|点灯[tei⁴²³⁻⁴²təŋ³³]

熄灯|拉灯[la³³təŋ³³]

歇歇|歇歇[ɕiɑʔ³ɕiɑʔ³]

小睡|躺躺[tʰɒ⁴²³⁻⁴²tʰɒ⁴²³]

打哈欠|打哈欠[ta⁴²³⁻⁴²xa³³tɕʰyei⁵⁵]

困了|瞌睡了[kʰɑʔ³suei⁵⁵lɤ⁰]

累了|乏了[faʔ⁴²³lɤ⁰]

□人了[sʅ⁴²³⁻⁴²zəŋ²¹³⁻⁵⁵lɤ⁰]

铺床|铺铺盖[pʰu³³pʰu³³kE⁵⁵]

睡着|睡着了[suei⁵⁵tsaʔ⁴²³la⁰]

睡过头了|睡过了[suei⁵⁵kuɤ³³la⁰]

打呼 | 打鼾睡[ta⁴²³⁻⁴²xæ³³suei⁵⁵]

落枕 | □了脖了[væ⁴²³⁻⁴²lɤ⁰paʔ⁴²³la⁰]

抽筋 | 抽筋[tsʰou³³tɕiəŋ³³]

做梦 | 梦梦[məŋ⁵⁵məŋ⁵⁵⁻³³]

魇住了 | 魇住了[iei³³tsu⁵⁵la³³]

熬夜 | 熬夜[ŋou²¹³iɤ⁵⁵]

做活 | 做营生_指做家务、农活等[tsuaʔ³iəŋ²¹³səŋ³³]

动端=_泛指去做体力活儿[tuəŋ⁵⁵tuæ³³]

下地 | 下地[ɕia⁵⁵ti⁵⁵]

出去 | 出去[tsʰuɐʔ³tɕʰy⁵⁵]

回家 | 回[xuei²¹³]

坐席 | 吃盘[tsʰɐʔ³pʰæ²¹³]

吃请[tsʰɐʔ³tɕʰiəŋ⁴²³]

玩儿 | □[xuæ³³]

逛街 | 遛[liou⁵⁵]

散步 | 圪遛[kɐʔ³liou⁵⁵]

圪窜[kɐʔ³tsʰuæ⁵⁵]

圪游[kɐʔ³iou²¹³]

来往 | 来往[lɛ²¹³va⁴²³]

交[tɕiou³³]

走亲戚 | 走亲戚[tsou⁴²³⁻⁴²tɕʰiei³³tɕʰiɐʔ³]

看（拜访人） | 照[tsɔu⁵⁵]

客人 | 客人[kʰaʔ³zəŋ²¹³]

请客 | 请客[tɕʰiəŋ⁴²³⁻⁴²kʰaʔ³]

招待|待客[tɛ⁵⁵kʰɑʔ³]

送礼|送礼[suəŋ⁵⁵li⁴²³]

倒茶|倒茶[tɔu⁵⁵tsʰa²¹³]

碰见|见[tɕiei⁵⁵]

摆酒席|摆酒席[pæ⁴²³⁻⁴²tɕiou⁴²³ɕiɐʔ⁴²³]

请帖|请帖[tɕʰiəŋ⁴²³⁻⁴²tʰiɑʔ³]

上菜|上菜[sɒ⁵⁵tsʰɛ⁵⁵]

斟酒|倒酒[tɔu⁵⁵tɕiou⁴²³]

坐牢|住监狱[tsu⁵⁵tɕiei³³yaʔ³]

合不来|佮不着[kɑʔ³pɐʔ³tsɑʔ⁴²³⁻⁵]

摆架子|摆谱[pæ⁴²³⁻⁴²pʰu⁴²³]

出洋相|出洋相[tsʰuɐʔ³iɒ²¹³ɕiɒ⁵⁵]

丢人|败兴[pɛ⁵⁵ɕiəŋ⁵⁵]

受惊吓|吓着了[ɕia⁵⁵tsɑʔ⁴²³laº]

巴结|巴结[pa³³tɕiɑʔ³]

讹诈|讹[ŋɤ²¹³]

无聊的话|淡话[tæ⁵⁵xua⁵⁵]

串门儿|串门[tsʰuæ⁵⁵məŋ²¹³]

说谎|鬼了[kuei⁴²³lɤº]

看得起|瞧起[tɕʰiɔu²¹³tɕʰi⁴²³]

答应|承许[tsʰəŋ²¹³ɕy⁴²³]

打架|打架[ta⁴²³⁻⁴²tɕia⁵⁵]

吵架|嚷架[zɒ⁴²³⁻⁴²tɕia⁵⁵]

开铺子|开门市[kʰɛ³³məŋ²¹³sɿ⁵⁵]

摆摊子｜摆摊[pæ⁴²³tʰæ³³]

做生意｜做买卖[tsuɑʔ³mæ⁴²³⁻⁴²mɛ⁵⁵]

旅店｜旅店[ly⁴²³⁻⁴²tei⁵⁵]

饭馆儿｜饭店[fæ⁵⁵tei⁵⁵]

杂货店｜杂货铺[tsɑʔ⁴²³xuɤ⁵⁵pʰu⁵⁵]

袋子｜口袋[kʰou⁴²³⁻⁴²tɛ⁵⁵]

理发店｜理发店[li⁴²³⁻⁴²fɑʔ³tei⁵⁵]

租（房子）｜赁[liəŋ⁵⁵]

便宜（价钱）｜便宜[pʰei²¹³i²¹³]

贵（价钱）｜贵[kuei⁵⁵]

路费｜盘缠[pʰæ²¹³tsʰæ²¹³]

运气好｜命好[miəŋ⁵⁵xɒ⁴²³]

欠（钱）｜欠[tɕʰiei⁵⁵]

短[tuæ⁴²³]

差[tsʰa⁵⁵]

赚钱｜挣钱[tsəŋ⁵⁵tɕʰiei²¹³]

赊｜赊[sɤ³³]

钱｜钱_纸币_[tɕʰiei²¹³]

钢镚儿_硬币_[kɒ³³pər⁵⁵]

秤｜秤[tsʰəŋ⁵⁵]

称｜□[tsʅ⁵⁵]

约[iɔu³³]

公路｜公路[kuəŋ³³lou⁵⁵]

汽路[tɕʰi⁵⁵lou⁵⁵]

汽车|汽车[tɕʰi⁵⁵tsʰɤ³³]

自行车|洋车[iɒ²¹³tsʰɤ³³]

小轿车|小轿车[ɕiɒ⁴²³⁻⁴²tɕiɔu⁵⁵tsʰɤ³³]

客车|客车[kʰɑʔ³tsʰɤ³³]

货车|货车[xuɤ⁵⁵tsʰɤ³³]

学校|学校[ɕiɑʔ⁴²³ɕiɔu⁵⁵]

上学|念书[ȵiei⁵⁵su³³]

放学|散学[sæ⁵⁵ɕiɑʔ⁴²³]

放假|放假[fɒ⁵⁵tɕia⁵⁵]

砚台|砚[iei⁵⁵]

铅笔|铅笔[tɕʰiei³³piɛʔ³]

橡皮|橡皮[ɕiɒ⁵⁵pʰi²¹³]

钢笔|水笔[suei⁴²³⁻⁴²piɛʔ³]

毛笔|毛笔[mɔu²¹³piɛʔ³]

圆珠笔|油笔[iou²¹³piɛʔ³]

本子|本儿[pər⁴²³]

识字的|有文化[iou⁴²³⁻⁴²vəŋ²¹³xua⁵⁵]

不识字的|睁眼瞎[tsəŋ³³iei⁴²³⁻⁴²ɕiɑʔ³]

错号|□叉[pa⁵⁵tsʰa³³]

头名|头名[tʰou²¹³miəŋ²¹³]

末名|老末[lɒ⁴²³⁻⁴²mɛr⁵⁵]

放风筝|放风筝[fɒ⁵⁵fəŋ³³tsəŋ³³]

捉迷藏|捉迷藏[tsuɑʔ³mi²¹³tsʰɒ²¹³]

踢毽子|踢毽儿[tʰiɛʔ³tɕier⁵⁵]

跳房子┃跳格儿[tʰiɔu⁵⁵kɚ²¹³]

抓子儿┃抓子儿[tsua³³tsɚ⁴²³]

猜谜儿┃猜谜语[tsʰuᴇ³³mi²¹³y⁴²³]

划拳┃划拳[xua²¹³tɕʰyei²¹³]

打麻将┃耍麻将儿[sua⁴²³⁻⁴²ma²¹³tɕiɚ⁵⁵]

　　　　打麻将儿[ta⁴²³⁻⁴²ma²¹³tɕiɚ⁵⁵]

游泳┃游泳[iou²¹³yəŋ⁴²³]

打水漂┃打水漂[ta⁴²³⁻⁴²suei⁴²³pʰiɔu³³]

打扑克┃打扑克儿[ta⁴²³⁻⁴²pʰuʅ²¹³kʰɚ⁵⁵]

掷色子┃打□儿[ta⁴²³⁻⁴²xɚ²¹³]

放爆竹┃放炮仗[fɒ⁵⁵pʰɔu⁵⁵tsɒ⁵⁵]

下象棋┃下棋[ɕia⁵⁵tɕʰi²¹³]

翻跟斗┃翻跟头[fæ³³kəŋ³³tʰou²¹³]

舞狮子┃耍狮子[sua⁴²³⁻⁴²sʅ³³tɐʔ³]

跑旱船┃跑旱船[pʰɒ⁴²³⁻⁴²xæ⁵⁵tsʰuæ²¹³]

踩高跷┃踩高跷[tsʰæ⁴²³⁻⁴²kɔu³³tɕʰiɔi³³⁻⁵⁵]

扭秧歌┃扭秧歌儿[ȵiou⁴²³⁻⁴²iɒ³³kɚ³³]

打腰鼓┃打腰鼓[ta⁴²³⁻⁴²iɔu³³ku⁴²³]

舞龙┃舞龙[vu⁴²³⁻⁴²lyəŋ²¹³]

说书┃说书[suɑʔ³su³³]

唱戏┃唱戏[tsʰɒ⁵⁵ɕi⁵⁵]

打□□ 教婴儿学站[ta⁴²³⁻⁴²nəŋ³³nəŋ³³]

窝屈人 肢体伸展不开[uɤ³³tɕʰyɐʔ³zəŋ²¹³]

拾陆　动词

站丨站[tsæ⁵⁵]

走丨走[tsou⁴²³]

　　□[tei³³]

停下丨站住[tsæ⁵⁵tsu⁵⁵]

跑丨跑[pʰɒ⁴²³]

蹲丨圪蹴[kɐʔ³tɕiou³³]

晃丨圪晃[kɐʔ³xuɒ⁵⁵]

摇丨摇[iɔu²¹³]

　　圪摇[kɐʔ³iɔu²¹³]

摆丨晃[xuɒ⁵⁵]

坐丨坐[tsuɤ⁵⁵]

躺丨躺[tʰɒ⁴²³]

爬丨爬[pʰa²¹³]

推丨□[tsʰou³³]

触碰丨□[luɤ⁴²³]

提丨□溜⁼[tɐʔ⁴²³liou³³]

摔（摔跤）丨跌[tiɑʔ³]

低头丨低头[ti³³tʰou²¹³]

转过头丨把头扭过去[pa⁴²³⁻⁴²tʰou²¹³n̠iou⁴²³⁻⁴²kuɤ⁵⁵tɕʰy⁵⁵]

　　　　扭头[n̠iou⁴²³⁻⁴²tʰou²¹³]

抬起头丨抬头[tʰɛ²¹³tʰou²¹³]

挤丨挤[tɕi⁴²³]

靠丨靠[kʰɔu⁵⁵]

踢｜踢[tʰiɐʔ³]

踩｜蹅[tsa³³]

跨｜迈[mɛ⁵⁵]

跳｜蹦[pəŋ⁵⁵]

放｜搁[kɑʔ³]

投掷｜□[kʰæ⁴²³]

扔（丢弃）｜扔[ləŋ³³]

折｜叠[tiɑʔ⁴²³]

扯（衣服）｜拉[la³³]

　　　　　拽[tsuɛ⁵⁵]

撕｜扯[tsʰɤ⁴²³]

撞｜碰[pʰəŋ⁵⁵]

碰｜碰[pʰəŋ⁵⁵]

挪｜移[i²¹³]

　　圪□[kɐʔ³⁻⁴²³yəŋ⁴²³]

缩｜圪缩[kɐʔ³suɑʔ³]

捅｜氒[tuɐʔ³]

敲｜敲[tɕʰiɔu³³]

打｜打[ta⁴²³]

抱（住）｜抱[pu⁵⁵]

　　　　搿抱小孩[tɕʰia³³]

扶｜扶[fu²¹³]

　　搀[tsʰæ³³]

拔｜拔[pɑʔ⁴²³]

拨｜不拉[pɐʔ³la³³]

抽（出去）｜拽[tsuɛ⁵⁵]

牵（牛）｜拉[la³³]

撑（伞）｜打[ta⁴²³]

挡｜堵[tu⁴²³]

推｜推[tʰuei³³]

　　□[tsʰou³³]

压｜压[ia⁵⁵]

搬｜搬[pæ³³]

背｜背[pei³³]

扛｜扛[kʰɒ²¹³]

　　□_{扛布袋}[nɒ⁴²³]

盘｜盘_{~炕}[pʰæ²¹³]

挑（担子）｜担[tæ³³]

抬｜抬[tʰɛ²¹³]

端｜端[tuæ³³]

托｜托[tʰuɑʔ³]

举｜举[tɕy⁴²³]

塞（用手）｜□[tɕʰyɤ⁵⁵]

提｜提[tʰi²¹³]

　　提溜[tiɐʔ³liou³³]

搓｜搓[tsʰuɤ³³]

揉｜揉[ʐou²¹³]

擦（火柴）｜划[xua²¹³]

摸 | 摸[maʔ³]

　　□[luɤ⁴²³]

摘 | 摘[tsɐʔ³]

捏 | 捏[ȵiaʔ³]

抽打（用细长物） | 抽[tsʰou³³]

剥（皮） | 剥[paʔ³]

贴 | 贴[tʰiaʔ³]

（腿）分开 | □[tsʰa⁴²³]

中间截断 | 劈开[pʰieʔ³kʰɛ³³]

裂开 | 裂开[liaʔ³kʰɛ³³]

拿 | □[xəŋ⁴²³]

撮（土） | 撮[tsʰuaʔ³]

种树 | 栽树[tsɛ³³su⁵⁵]

砍树 | 杀树[saʔ³su⁵⁵]

阉（牛羊驴） | 骟[sæ⁵⁵]

阉（猪） | 劁[tɕʰiɔu³³]

擦 | 擦[tsʰɐʔ³]

修理 | 修[ɕiou³³]

藏 | 藏[tsʰɒ²¹³]

躲藏 | 藏[tsʰɒ²¹³]

说起 | 说起来[suaʔ³tɕʰi⁴²³⁻⁴²lɛ²¹³]

乱翻 | 拾翻[sɐʔ⁴²³fæ³³]

说话 | 说话[suaʔ³xua⁵⁵]

绊 | 绊[pæ⁵⁵]

拌 | 调[tʰiɔu²¹³]

搅 | 圪老⁼[kɐʔ³lɒ⁴²³]

追 | 断⁼[tuæ⁵⁵]

把（屎、尿）| 把[pa⁴²³]

蜷 | 圪□[kɐʔ³luæ²¹³]

擤 | 擤[ɕiəŋ⁴²³]

扭动（身体）| 圪扭[kɐʔ³n̠iou⁴²³]

找 | 寻[ɕiəŋ²¹³]

捡（拾）| 捡[tɕiei⁴²³]

拣（挑）| 挑[tʰiɔu³³]

抢 | 抢[tɕʰiɒ⁴²³]

抓 | 抓[tsua³³]

　　□[va³³]

掰 | 掰[piɑʔ³]

系 | 系[tɕi⁵⁵]

　　挽[væ⁴²³]

挽起 | □[pei⁴²³]

扇（用手掌打）| 扇[sæ³³]

赶（走）| 断⁼[tuæ⁵⁵]

赶（上）| 断⁼住[tuæ⁵⁵tsu⁵⁵]

看（一眼）| 瞧[tɕʰuɕi²¹³]

远看 | 望[vɒ⁵⁵]

近看 | 瞅[tsʰou⁴²³]

偷看 | 偷瞧[tʰou³³tɕʰuɕi²¹³]

不经意地看│[suɤ³³]

瞥│瞅[tsʰou⁴²³]

听│听[tʰiəŋ³³]

闻│闻[vəŋ²¹³]

咬│咬[iɒ⁴²³]

嚼│□[zɿæ²¹³]

舔│舔[tʰei⁴²³]

咽│咽[iei⁵⁵]

含│含[xæ²¹³]

嗛[tɕʰiəŋ²¹³]

吸│吸[ɕiɐʔ³]

喷│喷[pʰəŋ³³]

吹│吹[tsʰuei³³]

尝│尝[tsʰɒ²¹³]

不哑[pɐʔ³⁻⁴²³tsɑʔ³]

摅和│[tsʰuE³³]

掉│跌[tiɑʔ³]

滚│□了[tɕyɤ³³la³³]

聊天儿│□[pʰiɑʔ³]

问│问[vəŋ⁵⁵]

说│说[suɑʔ³]

叫（把他～来）│叫[tɕiɔʔ⁵⁵]

喊叫│喊[xæ⁴²³]

呜叫_{大声嚷}[u³³tɕiɔu⁵⁵]

笑│笑[ɕiɔu⁵⁵]

哭│哭[kʰuɐʔ³]

　　嚎[xɔu²¹³]

骂│骂[ma⁵⁵]

　　日嘅[zɐʔ³tɕyaʔ⁵]

　　□人[tʰiəŋ⁴²³⁻⁴²zəŋ²¹³]

劝│劝[tɕʰyei⁵⁵]

哄骗│□[pʰɔu³³]

不讲道理│不讲理[pɐʔ³tɕiɒ⁴²³⁻⁴²li⁴²³]

帮忙│帮忙[pɒ³³mɒ²¹³]

试试│试试[sʐ⁵⁵sʐ⁵⁵]

应付│支□[tsʐ³³təŋ³³]

弄脏│弄泥了[nuəŋ⁵⁵mi²¹³la⁰]

闭上眼│圪□住眼[kɐʔ³tɕi³³tsou⁵⁵iei⁴²³]

翻来覆去│翻过来调过去[fæ³³kuɤ⁵⁵læ²¹³tiɔu⁵⁵kuɤ⁵⁵tɕʰy⁵⁵]

系（鞋带）│衿[tɕiən³³]

掰断│撅断[tɕyaʔ³tuæ⁵⁵]

蹶│蹶[tɕyaʔ³]

开玩笑│逗笑[tou⁵⁵ɕiɔu⁵⁵]

吹牛│□[pʰiɑʔ³]

欺骗│□□[tsuɐʔ³xu³³]

　　□[pʰɔu³³]

　　□[tʰuæ²¹³]

拍马│拍马屁[pʰiɑʔ³ma⁴²³⁻⁴²pʰi⁵⁵]

翘（尾巴）|翘尾巴[tɕʰiɔu⁵⁵i⁴²³⁻⁴²pa³³]

收拾（家）|拾掇[seʔ⁴²³tuaʔ⁴²³]

抖|抖[tou⁴²³]

躲（开）|躲[tuɤ⁴²³]

嘱咐|安顿[ŋæ³³tuəŋ⁵⁵]

了结（把事情～了）|了断[liɒ⁴²³⁻⁴²tuæ⁵⁵]

轻戳|乿用指头触碰[tuɐʔ³]

干活儿|做营生[tsuaʔ³iəŋ²¹³səŋ³³]

一起走|□跟上走[seʔ³kəŋ³³sɒ⁵⁵tsou⁴²³]

来|来[lɛ²¹³]

去|去[tɕʰy⁵⁵]

　　□[tsʰuɐʔ⁴²³]

知道|知道[tsɿ³³tɔu⁵⁵]

不知道|不知道[peʔ³tsɿ³³tɔu⁵⁵]

懂了|懂得了[tuəŋ⁴²³⁻⁴²tieʔ³laˀ]

不懂|懂不得[tuəŋ⁴²³⁻⁴²peʔ³tieʔ³]

认得|认得[zəŋ⁵⁵tieʔ³]

不认得|认不得[zəŋ⁵⁵peʔ³tieʔ³]

思索|想[ɕiɒ⁴²³]

　　索算[suɤ⁴²³⁻⁴²suæ⁵⁵]

想念|想[ɕiɒ⁴²³]

以为|以为[i⁴²³⁻⁴²vei²¹³]

估量|约莫⁼[yɑʔ³mɒʔ³]

考虑|索算[suɤ⁴²³⁻⁴²suæ⁵⁵]

猜想 | 估计[ku³³tɕi⁵⁵]

防备 | 防[fɒ²¹³]

害怕 | 怕[pʰa⁵⁵]

发愁 | 愁[tsʰou²¹³]

　　　　发愁[faʔ³tsʰou²¹³]

羞 | 丑[tsʰou⁴²³]

亲（孩子）| 亲[tɕʰiəŋ³³]

羡慕 | 眼□[iei⁴²³⁻⁴²xaʔ³]

讨厌（某人）| 不顺眼[pɐʔ³suəŋ⁵⁵iei⁴²³]

　　　　　　不待见[pɐʔ³tᴇ⁵⁵tɕiei⁵⁵]

可怜（某人）| 可怜[kʰɤ⁴²³⁻⁴²lei²¹³]

恨 | 恨[xəŋ⁵⁵]

怪、责备 | 嫌[ɕiei²¹³]

　　　　　怨[yei⁵⁵]

生气 | 恼[nɒ⁴²³]

受气 | 受制[sou⁵⁵tsʅ⁵⁵]

发怒 | 恼[nɒ⁴²³]

　　　　起火[tɕʰi⁴²³⁻⁴²xuɤ⁴²³]

打算 | 想[ɕiɒ⁴²³]

怀疑 | 疑心[i²¹³ɕiəŋ³³]

凑合 | 凑乎[tsʰou⁵⁵xu⁰]

娇惯 | 惯[kuæ⁵⁵]

喜欢 | 待见[tᴇ⁵⁵tɕiei⁵⁵]

留心 | 操心[tsʰɔu³³ɕiəŋ³³]

担心 | 操心[tsʰɔu³³ɕiən³³]

挂念 | 操心[tsʰɔu³³ɕiən³³]

忘记 | 忘了[vɒ⁵⁵la⁰]

反悔 | 反悔[fæ⁴²³⁻⁴²xuei⁴²³]

着急 | 着慌[tsɔu²¹³xuɒ³³]

放心 | 放心[fɒ⁵⁵ɕiən³³]

挨骂 | 挨骂[ŋɛ²¹³ma⁵⁵]

挨打 | 吃打[tsʰɐʔ³ta⁴²³]

睁眼 | 睁眼[tsən³³iei⁴²³]

帮忙 | 撺掇[tsʰuæ³³tuɑʔ³]

邀约 | 搭架[tɑʔ³tɕia⁵⁵]

负责 | 操虑[tsʰɔu³³ly⁵⁵]

搭理 | 打ᵁ治ᵁ[ta⁴²³⁻⁴²tsɿ⁵⁵]

胡说 | 圪诌经[kɐʔ³tsou³³tɕiən³³]

闲聊 | 产ᵁ叨[tsʰæ⁴²³⁻⁴²tɔu³³]

　　　　然ᵁ了[zʐæ²¹³la⁰]

说谎 | 凳ᵁ假ᵁ[tən⁵⁵tɕia⁴²³]

　　　　鬼[kuei⁴²³]

弯腰 | 圪下下[kɐʔ³⁻⁴²³ɕia⁵⁵⁻³³ɕia⁵⁵]

冒险 | 闹悬[nɔu⁵⁵ɕyei²¹³]

小心 | 招呼[tsɔu³³xu³³]

不如 | 不□[pɐʔ⁴²³tiɐʔ³]

没注意 | 不许ᵁ顾[pɐʔ³ɕy⁴²³⁻⁴²ku⁵⁵]

不确定 | 不敢把ᵁ[pɐʔ³kæ⁴²³⁻⁴²pa⁴²³]

打耳光｜打□斗[ta⁴²³⁻⁴²piɜ³tou³³]

涮｜圪料＝圪料＝_涮涮[keʔ³⁻⁴²³liɔu⁵⁵keʔ³⁻⁴²³liɔu⁰]

滚动｜圪□[keʔ³⁻⁴²³tɕyɤ³³]

　　　　圪□[keʔ³⁻⁴²³lyɐʔ³]

吮吸｜圪缩＝[keʔ³⁻⁴²³suɑʔ³³]

抚摸｜不挲[pɐʔ³⁻⁴²³suɤ³³]

摆动｜不□[pɐʔ³⁻⁴²³lɛ⁴²³]

抓紧｜爬扒[pa³³]

垂下来｜□溜＝[tɐʔ⁴²³liou³³]

呵痒｜圪□[keʔ³⁻⁴²³iɒ⁴²³]

打哆嗦｜圪战＝[keʔ³⁻⁴²³tsæ⁵⁵]

凝固｜□_汤凝成冻了[tɕyəŋ⁵⁵]

叫嚷｜咋呼_大惊小怪地嚷嚷[tsa⁵⁵xu³³]

摁倒｜□倒[zuɤ⁵⁵tɒ⁴²³]

哄｜□_～孩：哄孩子[xuei⁴²³]

拾柒　形容词

好｜好[xɒ⁴²³]

不错｜不歪[pɐʔ³vɛ⁴²³]

　　　　不赖[pɐʔ³lɛ⁵⁵]

差不多｜不差甚[pɐʔ³tsʰa³³səŋ⁵⁵]

发霉｜燍气[sŋ³³tɕʰi⁵⁵]

坏（指人）｜坏[xuɛ⁵⁵]

　　　　赖[lɛ⁵⁵]

坏（指东西）│坏[xuɛ⁵⁵]

　　　　　　烂[læ⁵⁵]

美│□□_{指小孩}[tɕʰieʔ³tʰɐr⁵⁵]

　　好样儿[xɒ⁴²³⁻⁴²ier⁵⁵]

　　好瞧[xɒ⁴²³⁻⁴²tɕʰiɔu²¹³]

丑│丑[tsʰou⁴²³]

　　难瞧[næ²¹³tɕʰiɔu²¹³]

老（不年青）│老[lɒ⁴²³]

老（不嫩）│老[lɒ⁴²³]

嫩│嫩[nəŋ⁵⁵]

生│生[səŋ³³]

熟│中[tsuəŋ³³]

热（指天气）│热[zɑʔ³]

冷（指天气）│凉[liɒ²¹³]

　　　　　　冷[ləŋ⁴²³]

烫（指触觉）│烧人[sou³³zəŋ²¹³⁻⁵⁵]

冷（指触觉）│冰人[piəŋ³³zəŋ²¹³⁻⁵⁵]

　　　　　　拔人[pɑʔ⁴²³zəŋ²¹³⁻⁵⁵]

　　　　　　丁⁼人_{非常冷}[tiəŋ³³zəŋ²¹³⁻⁵⁵]

　　　　　　塌⁼人_{地面冰凉}[tʰɑʔ³zəŋ²¹³⁻⁵⁵]

　　　　　　吸⁼人_{地面非常冰凉}[ɕiɑʔ³zəŋ²¹³⁻⁵⁵]

阴冷│荫人[iəŋ³³zəŋ²¹³⁻⁵⁵]

　　拍⁼人_{风吹让人不舒服}[pʰiɑʔ³zəŋ²¹³⁻⁵⁵]

　　粗⁼人_{吹过道风使人发冷}[tsʰu³³zəŋ²¹³⁻⁵⁵]

绞⁼人_{恶心}[tɕiɒ⁴²³⁻⁴²zəŋ²¹³⁻⁵⁵]

温（指触觉）｜温[vəŋ³³]

硬｜硬[iəŋ⁵⁵]

软｜软[z̩uæ⁴²³]

结实（指人）｜块儿[kʰuɐr⁵⁵]

皮_{形容人皮实}[pʰi²¹³]

结实（指物）｜耐[nɛ⁵⁵]

不结实（指物）｜不耐[pɐʔ³nɛ⁵⁵]

舒服｜熨帖[yɑʔ³tʰiɑʔ³]

费力｜吃劲[tsʰɐʔ³tɕiəŋ⁵⁵]

干净｜净[tɕiəŋ⁵⁵]

干净[kæ³³tɕiəŋ⁵⁵]

脏｜日脏[z̩ɐʔ³tsɒ³³]

邋遢[lɐʔ⁴²³tʰɐʔ³]

易脏｜不耐脏[pɐʔ³nɛ⁵⁵tsɒ³³]

咸｜咸[ɕiei²¹³]

淡（不咸）｜甜[tʰei²¹³]

淡[tæ⁵⁵]

香｜香[ɕiɒ³³]

臭｜臭[tsʰou⁵⁵]

酸｜酸[suæ³³]

甜｜甜[tʰei²¹³]

苦｜苦[kʰu⁴²³]

辣｜辣[lɑʔ³]

稀（指粥、汤）|稀[ɕi³³]

稠（指粥、汤）|稠[tsʰou²¹³]

稀（指庄稼、头发）|稀[ɕi³³]

密（指庄稼、头发）|稠[tsʰou²¹³]

密[miɛʔ³]

弯|圪溜[kɐʔ³⁻⁴²³liou³³]

圪料＝[kɐʔ³liɔu⁵⁵]

直|直[tsɐʔ⁴²³]

肥|肥[fei²¹³]

胖|肉[zou⁵⁵]

胖[pʰɒ⁵⁵]

瘦|瘦[sou⁵⁵]

舒服|舒服[su³³fɐʔ⁴²³]

幸福|好活[xɒ⁴²³⁻⁴²xuɑʔ⁴²³]

难受|难受[nӕ²¹³sou⁵⁵]

心烦|心歪[ɕiəŋ³³vɛ³³]

讨厌|恨人样＝[xəŋ⁵⁵zəŋ²¹³ɕiɒ²¹³]

不耐烦|出星＝气[tsʰuɑʔ³ɕiəŋ³³tɕʰi⁵⁵]

不通情达理|不风范[pɐʔ³fəŋ³³fӕ⁵⁵]

疼|疼[tʰəŋ²¹³]

痒|痒痒人[iɒ⁴²³⁻⁴²iɒ⁴²³zəŋ²¹³⁻⁵⁵]

咬人[iɒ⁴²³⁻⁴²zəŋ²¹³⁻⁵⁵]

累|死＝人[sɿ⁴²³⁻⁴²zəŋ²¹³⁻⁵⁵]

乖|听话[tʰiəŋ³³xua⁵⁵]

聪明｜灵[liəŋ²¹³]

　　　精[tɕiəŋ³³]

笨（脑子～）｜笨[pəŋ⁵⁵]

傻｜□[tʰəŋ⁴²³]

　　不机密⁼[pɐʔ³tɕi³³miɐʔ³]

机灵｜机灵[tɕiɐʔ³liəŋ²¹³]

　　　□□办事利索[tɕiəŋ⁴²³⁻⁴²paʔ⁴²³]

调皮｜□[fei⁵⁵]

狡猾｜滑头[xuaʔ⁴²³tʰou²¹³]

　　　精[tɕiəŋ³³]

糊涂｜糊涂[xuaʔ⁴²³tuaʔ⁴²³]

直爽｜直[tsɐʔ⁴²³]

渴｜干[kæ³³]

馋｜馋[tsʰæ²¹³]

　　奸⁼馋挑食[tɕiei³³tsʰæ²¹³]

忙｜忙[mɒ²¹³]

闲｜闲[ɕiei²¹³]

奇怪｜日怪[zɐʔ³kuɛ⁵⁵]

要紧｜当紧[tɒ³³tɕiəŋ⁴²³]

小气｜□[tɕiei³³]

　　　小气[ɕiɒ⁴²³⁻⁴²tɕʰi⁵⁵]

大方｜大方[ta⁵⁵fɒ³³]

啰嗦｜麻⁼渣⁼[ma²¹³tsa³³]

厉害｜结⁼占⁼[tɕiaʔ³tsæ⁵⁵]

赶紧｜□虑[kʰuɤ⁴²³⁻⁴²ly⁵⁵]

碍事｜八ᵈ拉ᵈ[pɑʔ³la³³⁻⁵⁵]

大胆｜出卯[tsʰuɑʔ³mɒ⁴²³]

蛮横｜□结ᵈ[sɐʔ⁴²³tɕiɑʔ³]

可笑｜笑人[ɕiɔu⁵⁵zəŋ²¹³⁻⁵⁵]

热情｜混人[xuəŋ⁵⁵zəŋ²¹³]

淘气｜□蛋[tsʰɔu⁵⁵tæ⁵⁵]

　　　　□[fei⁵⁵]

逞能｜日能[zɐʔ³nəŋ²¹³]

凸｜凸[tʰuɐʔ³]

凹｜洼[va³³]

扁｜扁[pæ⁴²³]

凉快｜凉□[liɒ²¹³sɔu⁵⁵]

背静｜利静[li⁵⁵tɕiəŋ⁰]

干脆｜爽利[suɒ⁴²³⁻⁴²li⁵⁵]

热闹｜红火[xuəŋ²¹³xuɤ⁴²³]

　　　　红火儿 名词，热闹的事物[xuəŋ²¹³xuɐr⁴²³⁻⁵⁵]

兴旺｜红火[xuəŋ²¹³xuɤ⁴²³]

整齐｜齐[tɕʰi²¹³]

整洁｜干净[kæ³³tɕiəŋ⁵⁵]

皱｜圪□ 皱皮了[kɐʔ³tsʰuɐʔ³]

清楚｜清[tɕʰiəŋ³³]

模糊｜糊[xu²¹³⁻⁵⁵]

乱｜乱[luæ⁵⁵]

合适 | 合适[xɑʔ⁴²³sɐʔ³]

顺利 | 顺利[suəŋ⁵⁵li⁵⁵]

顺当[suəŋ⁵⁵tɒ⁰]

快、锋利 | 快[kʰuɛ⁵⁵]

钝 | 钝[tuəŋ⁵⁵]

快（速度） | 快[kʰuɛ⁵⁵]

（做事）利索 | 利索[li⁵⁵sɐʔ³]

慢 | 慢[mæ⁵⁵]

晚 | 迟[tsʰ1²¹³]

多 | 多[tuɤ³³]

□□[tɛ⁵⁵tɛ⁵⁵]

（果实）多 | 稠[tsʰou²¹³]

密[miɛʔ³]

少 | 少[sɒ⁴²³]

重 | 重[tsuəŋ⁵⁵]

轻 | 轻[tɕʰiəŋ³³]

大 | 大[ta⁵⁵]

小 | 小[ɕiɒ⁴²³]

长 | 长[tsʰɒ²¹³]

短 | 短[tuæ⁴²³]

宽 | 宽[kʰuæ³³]

窄 | 窄[tsɐʔ³]

厚 | 厚[xou⁵⁵]

薄 | 薄[pɑʔ⁴²³]

薄煞＝煞＝[pɑʔ⁴²³saʔ³saʔ³]形容很薄

粗｜粗[tsʰu³³]

细｜细[ɕi⁵⁵]

深｜深[sən³³]

浅｜浅[tɕʰiei⁴²³]

高｜高[kɔu³³]

低｜低[ti³³]

矮（个子～）｜低[ti³³]

小[ɕiɒ⁴²³]

大约｜母＝□[m̠⁴²³iɑʔ³]

正｜正[tsəŋ⁵⁵]

歪｜歪[vɛ³³]

侧棱[tsɐʔ³ləŋ²¹³⁻⁵⁵]

干｜干[kæ³³]

湿｜湿[sɐʔ³]

陡｜陡[tou⁴²³]

缓｜平[pʰiəŋ²¹³]

清｜清[tɕʰiəŋ³³]

浑｜糊[xu⁵⁵]

粘连｜旭＝[ɕyɐʔ³]

凑合｜□对[kʰuei⁴²³⁻⁴²tuei⁵⁵]

□烧焦了[ŋou⁴²³]

撑人吃得太饱[tsʰən³³zən²¹³⁻⁵⁵]

潮＝人因吃大蒜白萝卜导致胃不舒服[tsʰɔu²¹³zən²¹³⁻⁵⁵]

拾捌　名词

东西 | 东西[tuəŋ³³ɕi³³⁻⁵⁵]

事情 | 事[sⁿ⁵⁵]

名堂 | 害⁼所⁼[xɛ⁵⁵suɤ⁴²³]

声音 | 音声[iəŋ³³səŋ³³]

影子 | 影儿[iər⁴²³]

颜色 | 色气[sɛʔ³tɕʰi⁵⁵]

泡儿 | 泡儿[pʰɐr⁵⁵]

沫儿 | 沫[mɑʔ³]

粒儿 | 颗子[kʰuɤ³³tɐʔ³]

泔水 | 泔水[kæ³³suei⁴²³]

年龄 | 岁数[suei⁵⁵suɐr⁵⁵]

年龄[ȵiei²¹³liəŋ⁴²³]

窟窿 | □窿[kuɐʔ⁴²³luŋ²¹³]

性格 | 性格[ɕiəŋ⁵⁵kɑʔ³]

官司 | 官司[kuæ³³sⁿ³³⁻⁵⁵]

棍子（长、粗）| 圪栏⁼[kɐʔ³⁻⁴²³læ²¹³]

拾玖　代词

我 | 我[uɤ⁴²³]

□做定语[mei³³]

你 | 你[n̠⁴²³]

他 | 他[tʰa³³]

□[n̠ia²¹³]

我们|□都[mei³³tou³³]

你们|□都[n̠iɤ³³tou³³]

□[n̠iɤ³³]

他们|□都[n̠ia²¹³tou³³]

咱们|咱包括式[tsa²¹³]

咱们（定语）|咱[tsa²¹³]

咱们俩|咱[tsa²¹³]

您|你[n̠⁴²³]

我的|□的[mei³³tɐʔ³]

你的|□的[n̠iɤ³³tɐʔ³]

他的|□的[n̠ia²¹³tɐʔ³]

自己|个人[kɑʔ³zən̠²¹³]

人家|□[n̠ia²¹³]

旁人|旁人[pʰɒ²¹³zən²¹³]

谁|谁[sei²¹³]

什么|甚[sən⁵⁵]

这|这[tsɤ⁴²³]

那|那[na⁵⁵]

兀[vɐʔ³]

这个|这个[tsɐʔ⁴²³kɐʔ⁰]

那个|卫=个[vei³³kɐʔ⁰]

哪个|哪个[na⁴²³kɐʔ⁰]

这些|这些[tsɐʔ⁴²³ɕiɐ⁵]

这地゠些_{这么多}[tsɐʔ⁴²³ti³³ɕiɐʔ⁵]

那些|卫゠些[vei³³ɕiɐʔ⁵]

卫゠地゠些_{那么多}[vei³³ti³³ɕiɐʔ⁵]

哪些|哪些[na⁴²³ɕiɐʔ⁵]

这里|这里[tsɐʔ⁴²³li⁴²³]

这□[tsɐʔ⁴²³xɐr⁵⁵]/这□[tsɐʔ⁴²³tʰɐr⁵⁵]

那里|卫゠里[vei³³li⁴²³]

卫゠□[vei³³xɐr⁵⁵]/卫゠□[vei³³tʰɐr⁵⁵]

哪里|哪里[na⁴²³⁻⁴²li⁴²³]

哪□[na⁴²³xɐr⁵⁵]/哪□[na⁴²³tʰɐr⁵⁵]

这会儿|这圪霎゠_{现在}[tsɐʔ⁴²³kɐʔ³sa³³]

那会儿|卫゠圪霎゠[vei³³kɐʔ³sa³³]

多会儿|甚会儿[sən⁵⁵xuər⁴²³]

这么（高）|这低゠[tsɐʔ⁴²³ti³³]

这么[tsɐʔ⁴²³mɤ⁰]

□这么_{（过量）}[tsən⁴²³]

□这么_{（适量）}[tsæ⁴²³]

那么（高）|卫゠低゠[vei³³ti³³]

卫゠么[vei³³mɤ⁰]

怎么了|□来_{你~：你怎么了}[zən⁵⁵lɛ²¹³]

为什么|因为甚来[iən³³vei⁵⁵sən⁵⁵lɛ²¹³]

为甚[vei⁵⁵sən⁵⁵]

多少（斤）|多少[tuɤ³³sou⁴²³]

几[tɕi⁴²³]

贰拾　副词

刚|才[tsʰɛ²¹³]

　　将才[tɕiɒŋ³³tsʰɛ²¹³]

才|才[tsʰɛ²¹³]

　　将（将）[tɕiɒŋ³³tɕiɒŋ³³⁻⁵⁵]

非常|□□[kʰei⁵⁵iɤ⁵⁵]

净（胡说）|光[kuɒŋ⁵⁵]

总共|满共[mæ⁴²³kuəŋ⁵⁵]

　　　共□[kuəŋ⁵⁵ma⁴²³]

趁（早）|趁早[tsʰəŋ⁵⁵tsɔu⁴²³]

有些儿|有些儿[iou⁴²³⁻⁴²ɕiɐr³³⁻⁵⁵]

稍微|稍微[sɔu³³vei³³]

也许|估计[ku³³tɕi⁵⁵]

非……不……|非[fei³³]……不[pɐʔ³]……

多亏|多亏[tuɤ³³kʰuei³³]

突然|冷不防[ləŋ⁴²³pɐʔ³fɒ²¹³]

　　　猛不防[məŋ⁴²³pɐʔ³fɒ²¹³]

一起儿（去）|□跟[sɐʔ⁴²³kəŋ³³]

顺便|稍带[sɔu³³tɛ⁵⁵]

专门|专门[tsuæ³³məŋ²¹³]

　　　□意[tæ³³i⁵⁵]

故意|单⁼工[tæ³³kuəŋ³³]

临了|临了[liəŋ²¹³liɔu⁴²³]

的确（好）|确实[tɕʰiɑʔ³sɿ²¹³]

　　　　　就是[tɕiou⁵⁵sɿ⁵⁵]

真的|真□[tsəŋ³³xua⁵⁵]

另外|□外[pa⁵⁵vE⁵⁵]

自从|自从[tsɿ⁵⁵tsʰuəŋ²¹³]

从小|小小里[ɕiɒ⁴²³⁻⁴²ɕiɒ⁴²³li⁰]

偶尔|很少[xəŋ⁴²³⁻⁴²sɒ⁴²³]

当时|卫＝会儿[vei⁵⁵xuər⁴²³⁻⁵⁵]

马上|马上[ma⁴²³⁻⁴²sɒ⁵⁵]

　　　一圪霎[iɐʔ³kɐʔ³sa³³]

一直|□是[tsuɤ⁴²³⁻⁴²sɿ⁵⁵]

早晚|迟早[tsʰɿ²¹³tsɒ⁴²³]

眼看|眼看[iei⁴²³⁻⁴²kʰæ⁵⁵]

一边……一边……|一□[iɐʔ³pi⁵⁵]……一□[iɐʔ³pi⁵⁵]……

　　　　　一不连＝[iɐʔ³pɐʔ³lei²¹³]……一不连＝

　　　　　[iɐʔ³pɐʔ³lei²¹³]……

一定|肯定[kʰəŋ⁴²³⁻⁴²tiəŋ⁵⁵]

终究|迟早[tsʰɿ²¹³tsɒ⁴²³]

究竟|到底[tɔu⁵⁵ti⁴²³]

最|最[tsuei⁵⁵]

太|太[tʰE⁵⁵]

不太（舒服）|不[pɐʔ³]

无论如何|不管□地＝[pɐʔ³kuæ⁴²³⁻⁴²tsəŋ⁴²³ti⁵⁵]

轻轻（拿）|款款[kʰuæ⁴²³⁻⁴²kʰuæ⁴²³]

只顾（吃）｜光顾[kuɒ³³ku⁵⁵]

很｜可[kʰɐʔ³]

不｜不[pɐʔ³]

没｜没呐[maʔ³na³³]

不要｜不要[pɐʔ³iɔu⁵⁵]

可能｜红˭管˭[xuaŋ²¹³kuæ⁴²³]

万一｜十˭进˭[sɐʔ⁴²³tɕiəŋ⁵⁵]

　　　　大口[ta⁵⁵məŋ²¹³]

偏｜偏偏[pʰei³³pʰei³³]

恰巧｜口巧[kʰɐʔ³tɕʰiɔu⁴²³]

胡（说）｜瞎说[ɕiaʔ³suaʔ³]

正好｜可可[kʰaʔ³kʰaʔ³]

更｜越发[yɐʔ³faʔ³]

只有｜干˭交˭[kæ³³tɕiɔu³]

都｜悉[ɕiɐʔ³]

轻轻地｜款款[kʰuæ⁴²³kʰuæ⁴²³⁻⁵⁵]

……的时候｜动˭劳˭[tuəŋ⁵⁵lɔu⁰]：吃饭～

贰拾壹　介词

被（书被他弄丢了）｜教[tɕiɔu³³]

把（他把书弄丢了）｜把[pa⁴²³]

对（我对他有意见）｜对[tuei⁵⁵]

到（到屋子里谈）｜去[tɕy⁵⁵]

在（在北京上学）｜在[tsE⁵⁵]

从（从北京出发）|接ᵌ[tɕiaʔ³]

自从（自从来到北京）|自从[tsɿ⁵⁵tsʰuŋ²¹³]

照（就照这么做）|照[tsɔu⁵⁵]

顺着|顺住[suŋ⁵⁵tsu⁵⁵]

　　　照住[tsɔu⁵⁵tsu⁵⁵]

朝（朝东开）|朝[tsʰɔu²¹³]

　　　　　往[vɒ⁴²³]

替（替我买点儿东西）|替[tʰi⁵⁵]

给（给外地的同学写封信；给我办点事儿）|给[kaʔ⁴²³]

给咱/我（虚用）（你给咱争口气）|给咱[kaʔ³tsa²¹³]

和（介词）（跟他说话）|跟[kəŋ³³]

跟（跟他打听）|跟[kəŋ³³]

比（这个比那个高）|比[pi⁴²³]

凭（凭本事吃饭）|靠[kʰɔu⁵⁵]

　　　　　　　　凭[pʰiəŋ²¹³]

和（连词）|跟[kəŋ³³]

贰拾贰　量词

（一）匹（马）|匹[pʰi³³]

（一）口（猪）|头[tʰou²¹³]

（一）头（牛）|头[tʰou²¹³]

（一）只（鸡）|只[tsɐʔ³]

（一）条（河）|条[tʰiɔu²¹³]

（一）辆（车）|挂[kua⁵⁵]

210

（一）只（手）｜只[tsɐʔ³]

（一）床（被子）｜床[tsʰuɒ²¹³]

（一）条（褥子）｜个[kɐʔ³]

（一）支（笔）｜支[tsʅ³³]

（一）棵（树）｜棵[kʰuɤ³³]

（一）朵（花儿）｜朵[tuɤ⁴²³]

（一）块（石头）｜个[kɐʔ³]

（一）桩（事情）｜件[tɕiei⁵⁵]

（一）节（电池）｜圪节[kɐʔ³⁻⁴²³tɕia³⁻⁵]

（一）卷儿（纸）｜卷[tɕyei⁴²³]

　　　　　　　　圪卷[kɐʔ³tɕyei⁴²³]

　　　　　　　　捆[kʰuən⁴²³]

（一）挑（水）｜担[tæ³³]

（一）条（绳子）｜拔⁼[paʔ⁴²³]

（一）截（棍子）｜圪截[kɐʔ³tɕia³]

（一）部（书）｜本[pən⁴²³]

　　　　　　　套[tʰɔu⁵⁵]

（一）伙儿（人）｜群[tɕʰyən²¹³]

（一）嘟噜（葡萄）｜得⁼□[tɐʔ³lei²¹³]

（一）幅（画）｜张[tsɒ⁵⁵]

（一）剂（药）｜服[fɐʔ⁴²³]

（一）绺（头发）｜圪绺[kɐʔ³liou⁵⁵]

一点儿｜一□□[iɐʔ³tɕi⁴²³⁻⁴²tɕi⁴²³]

一种｜种[tsuən⁴²³]

一些|些[ɕieʔ⁵]

（洗一）遍|遍[pei⁵⁵]

水[suei⁴²³]

（吃一）顿|一顿[ieʔ³tuŋ⁵⁵]

（打一）下|一下[ieʔ³ɕia⁵⁵]

（走一）趟|遭[tsɔu³³]

趟[tʰɒ⁵⁵]

贰拾叁　四字格列举

奔颅三＝官＝[pəŋ³³lou⁵⁵sæ³³kuæ³³]：指前额和后脑勺都较突出

意迷的＝症＝[i⁵⁵mi²¹³teʔ³tsəŋ⁵⁵]：指精神不振

圪地＝角兒[keʔ³ti⁵⁵keʔ³⁻⁴²³la⁵⁵]：指犄角旮旯兒，也指到处

扒高□低[pa³³kɔu³³iɔu³³ti³³]：多指孩子淘气，喜欢上房上树等

扒山夹＝岭[pa³³sæ³³tɕiɒʔ³lieŋ⁴²³]：形容出门在外跋山涉水，路途
艰辛

□人之＝哇＝[pɒʔ⁴²³zəŋ²¹³tsʅ³³va³³]：形容东西摸上去非常冰冷

破连＝导＝哄[pʰuɤ⁵⁵lei²¹³tɒ⁴²³⁻⁴²xuəŋ⁵⁵]：形容穿戴破破烂烂

突＝陆＝筛＝裤[tʰuɤʔ³⁻⁴²³luɤʔ³sE³³kʰu⁵⁵]：形容穿戴不整洁

撩＝撩＝俏＝俏[liɔu²¹³liɔu²¹³tɕʰiɔu⁵⁵tɕʰiɔu⁵⁵]：形容办事不稳当、不
牢靠

圪□罢＝□[keʔ³⁻⁴²³tsʰa⁴²³pa⁵⁵tɕiɤ⁵⁵]：指写字写得很难看

圪□烂蛋[keʔ³⁻⁴²³tuəŋ⁴²³læ⁵⁵tæ⁵⁵]：形容人不讲道理

圪□缝角儿[keʔ³⁻⁴²³luɤʔ³fəŋ⁵⁵tɕier⁻³³]：指各处的小旮兒

鼻□老＝带[pieʔ⁴²³teʔ³lɒ⁴²³tE⁵⁵]：形容一个人脸上不干净

光眉化$^{=}$眼[kuɒ^{33}mi^{213}xua^{55}iɐr^{213}]：形容一个人打扮得光鲜靓丽

邋遢不计$^{=}$[lɐʔ^{423}tʰɐʔ^{3}pɐʔ^{3}tɕi^{55}]：形容非常邋遢

黑更半夜[xɑʔ^{3}kəŋ^{33}pæ^{55}iɤ^{55}]：指深夜

鬼迷三道[kuei^{423}mi^{213}sæ^{33}tɔu^{55}]：形容一个人狡猾、不诚实

圪丁刨糙[kɐʔ$^{3\text{-}423}$tiəŋ^{33}pɔu^{55}tsʰɔu^{33}]：指道路不平

疙瘩歪$^{=}$三$^{=}$[kɐʔ^{3}tɑʔ^{3}væ$^{423\text{-}42}$sæ^{33}]：形容一个人脸上的疙瘩比较多，长相不周正

土眉熊眼[tʰu$^{423\text{-}42}$mi^{213}ɕyəŋ^{33}iei^{213}]：指长相土气

白眉试$^{=}$眼[piɑʔ^{423}mi^{213}sɿ^{55}iei^{213}]：指孩子淘气不听话

瘦麻圪撑$^{=}$[sou^{55}ma^{213}kɐʔ^{3}tsʰəŋ^{33}]：指长得很瘦

圪渣马虎[kɐʔ^{3}tsa^{33}ma$^{423\text{-}42}$xu^{423}]：指乱七八糟

箩头不烂$^{=}$[luɤ^{213}tʰou^{213}pɐʔ^{3}læ^{55}]：指不干净、不整齐

挤眉弄眼[tɕi$^{423\text{-}42}$mi^{213}nuəŋ^{55}iɐr^{423}]：指偷偷地用表情来交流或指做鬼脸

死皮赖脸[sɿ$^{423\text{-}42}$pʰi^{213}lᴇ^{55}lei^{423}]：形容一个人十分难缠

正二八经[tsəŋ^{55}l̩^{55}pɑʔ^{3}tɕiəŋ^{33}]：正经、严肃

假眉三道[tɕia$^{423\text{-}42}$mi^{213}sæ^{33}tɔu^{55}]：假正经、虚伪

血呼淋擦$^{=}$[ɕiɑʔ^{3}xu^{33}liəŋ^{213}tsʰɑʔ^{3}]：形容血流得到处都是的样子

颠三倒四[tei^{33}sæ^{33}tɒ$^{423\text{-}42}$sɿ^{55}]：形容说话、做事混乱

老实疙瘩[lɒ$^{423\text{-}42}$sɐʔ^{423}kɐʔ^{3}tɑʔ^{3}]：形容老实、实在

胖眉肿眼[pʰɒ^{33}mi^{213}tsuəŋ$^{423\text{-}42}$iei^{423}]：形容面部浮肿的样子

胡搅蛮缠[xu^{213}tɕiɒ$^{423\text{-}42}$mæ^{213}tsʰæ^{213}]：指不讲道理

黑灯瞎火[xɑʔ^{3}təŋ^{33}ɕiɑʔ^{3}xuɤ^{423}]：形容非常黑暗

翻箱倒柜[fæ^{33}ɕiɒ^{33}tɒ$^{423\text{-}42}$kuei^{55}]：指来回翻腾着找东西

圪口连＝蛋[kɐʔ³tsʰuɐʔ³lei²¹³tæ⁵⁵]：形容个子比较矮小

清汤寡水[tɕʰiəŋ³³tʰɒ³³kua⁴²³⁻⁴²suei⁴²³]：形容饭没有油水

装疯卖傻[tsuɒ³³fəŋ³³mε⁵⁵sa⁴²³]：指故意作出疯疯癫癫的样子

娇生惯养[tɕiɒu³³səŋ³³kuæ⁵⁵iɒ⁴²³]：指对孩子从小宠爱纵容

不务正业[pɐʔ³vu⁵⁵tsəŋ⁵⁵iɑʔ³]：指不做正经的事情

圪料＝歪三＝[kɐʔ³liɒu⁵⁵væ⁴²³⁻⁴²sæ³³]：指不直

圪料＝拐弯[kɐʔ³liɒu⁵⁵kuæ⁴²³⁻⁴²væ³³]：形容路不直或说话拐弯抹角

撩猫逗狗[liɒu²¹³mɐr²¹³tou⁵⁵kou⁴²³]：指挑逗别人

没精打采[mɑʔ³tɕiəŋ³³ta⁴²³⁻⁴²tsʰæ⁴²³]：形容人没有精神

浮皮潦草[fu²¹³pʰⁱi²¹³liɒ⁴²³⁻⁴²tsʰɒ⁴²³]：指办事不认真

嫩哇＝不叽＝[nəŋ⁵⁵va³³pɐʔ³tɕi³³]：指道路很泥泞或形容面条煮得
过软

聋三瞎四[luəŋ²¹³sæ³³ɕiɑʔ³sʅ⁵⁵]：形容人像是又聋又瞎

平白无故[pʰiəŋ²¹³piɑʔ⁴²³vu²¹³ku⁵⁵]：指无缘无故

话拢话拢[xua⁵⁵luəŋ⁴²³xua⁵⁵luəŋ⁴²³]：指把事情的原委说清楚

红桃花色＝[xuəŋ²¹³tʰou²¹³xua³³sɐʔ³]：形容人红光满面，气色好

精眉忽拉眼儿[tɕiəŋ³³mi²¹³xuɐʔ⁴²³laᵒiɐr⁴²³]：形容人面相很精明，
带贬义

炝烟败火[tɕʰiɒ⁵⁵iei³³pε⁵⁵xuɤ⁴²³]：形容火炉冒烟冒得满屋都是

有酸似甜[iou⁴²³⁻⁴²suæ³³sʅ⁵⁵tʰei²¹³]：形容味道非常好

起早搭黑[tɕʰi⁴²³⁻⁴²tsɒ⁴²³tɑʔ³xɑʔ³]：形容工作非常忙碌

不分眉眼[pɐʔ³⁻⁴²³fəŋ³³mi²¹³iei⁴²³]：指好坏不分

抠抠涩＝涩[kʰou³³kʰou³³sɐʔ³sɐʔ³]：指非常抠门

黑不溜球[xɑʔ³pɐʔ³⁻⁴²³liou³³tɕʰiou²¹³]：形容非常黑

第四章 语法

第一节 襄垣方言的代词

襄垣方言的代词分人称代词、指示代词和疑问代词，在构成形式、语法功能和表义特征等方面都呈现出许多与普通话不同的特点。

一 人称代词

襄垣方言人称代词可分为"三身代词"和"其他代词"。三身代词分为第一、第二、第三人称代词。其他代词分为反身代词和他称代词，现将襄垣方言的人称代词列举如下。见下表：

表4-1 襄垣方言人称代词表

		主宾语位置	
		单数	复数
三身代词	第一人称	□[mei³³]	□都[mei³³tou³³]（排除式）
		咱[tsa²¹³]	咱[tsa²¹³]（包括式）
	第二人称	你[n̩⁴²³]	□[n̠iɤ³³]/□都[n̠iɤ³³tou³³]
	第三人称	他[tʰa³³]/□[n̠ia²¹³]	□都[n̠ia²¹³tou³³]
其他代词	反身代词	个人[kɑʔ³zəŋ²¹³]	
	他称代词	旁人[pʰɒ²¹³zəŋ²¹³]	旁人[pʰɒ²¹³zəŋ²¹³]

（一）三身代词的表义特征和语法功能

1. 三身代词单数形式的表义特征和语法功能

襄垣方言的三身代词分别为"□[mei³³]、咱[ta²¹³]、你[n̠⁴²³]、他[tʰa³³]/□[n̠ia²¹³]"，表义特征和语法功能与普通话基本相同，在句子中都可以做主语、宾语。例如：

（1）□[mei³³]夜来（昨天）去奶奶家哚。

（2）老师叫□[mei³³]了，不和你说了啊。

（3）你去□[tsɐʔ⁴²³]甚（干什么）哚？

（4）卫˭个孩（那个孩子）为甚（为什么）打你了？

（5）□[n̠ia²¹³]今日没呐（没有）去学校。

（6）咱明日吃饭不用叫他。

（7）夜来（昨天）谁最后一个走哚？——□[mei³³]哚。

（8）今日该谁洗碗啦？——你！

例（1）到例（6）分别是三身代词单数在主语、宾语位置上的用例，例（7）和例（8）是第一二人称代词在问句的回答中单独成句时的用法，第二人称代词"你[n̠⁴²³]"可以单独成句，第一人称代词"□[mei³³]"一般不能单独成句，可以在其后加上相应的语气词。

2. 三身代词复数形式的表义特征和语法功能

襄垣方言第一、第三人称复数形式是在单数形式"□[mei³³]""□[n̠ia²¹³]"的基础上加表示复数意义的词尾"都[tou³³]"。第二人称复数形式是"□[n̠iɤ³³]"，或者在"□[n̠iɤ³³]"后加上"都[tou³³]"。"□都[mei³³tou³³]"是排除式的第一人称复数形式，包括式的第一人称复数形式是"咱[tsa²¹³]"。

襄垣方言三身代词的复数形式都可以在句子中做主语和宾语，

表示复数意义，也可以单独成句回答问题，与普通话三身代词复数形式的用法功能基本相同。例如：

（9）A：明日赶会了，去不去？

　　　B：□都[mei³³tou³³]不去了，家有事了。

（10）小爸爸（叔父）叫□都[mei³³tou³³]去奶奶家了。

（11）□[n̠iɤ³³]/□都[n̠iɤ³³tou³³]是来□[tseʔ⁴²³]甚（干什么）来了？

（12）□[n̠iɤ³³]/□都[n̠iɤ³³tou³³]还没呐个（没有）屁来大，不用管这些乏事（闲事）。

（13）大队叫□[n̠iɤ³³]/□都[n̠iɤ³³tou³³]去填个东西。

（14）□都[n̠ia²¹³tou³³]也不知道是谁送的徕。

（15）你管□都[n̠ia²¹³tou³³]□[tseʔ⁴²³]甚（干什么）了，管好个人（自己）就行了。

例（9）到例（13）分别是第一、第二人称复数形式在句子中做主语、宾语的情况，其中第二人称复数形式加不加复数标记"都[tou³³]"都可以，不影响意义。第一人称复数"□都[mei³³tou³³]"是排除式用法，不包括听话人在内。例（14）、例（15）两句中，第三人称复数只能是"□都[n̠ia²¹³tou³³]"，必须有词尾"都"才能表示复数意义，否则只表示单数意义。

在领属位置上，襄垣方言第一、第二、第三人称代词的单数形式"□[mei³³]""你[n̠³³]""□[n̠ia²¹³]"都保持原来形式。第一人称复数形式"□都[mei³³tou³³]""咱[tsa²¹³]"，第二人称复数形式"□[n̠iɤ³³]""□都[n̠iɤ³³tou³³]"，第三人称复数形式"□都[n̠ia²¹³tou³³]"，表示复数义，在领属位置上，修饰亲属称谓名词、身体部位名词和处所名词时，三身人称代词的单复数均不加结构助词。例如：

（16）你兀□脑[tɐʔ⁴²³nɒ⁴²³]（脑袋）□来[zəŋ⁵⁵lɛ²¹³]（怎么）磕破唉？

（17）□[mei³³]爸爸见□[ȵiɤ³³]爸爸唉。

（18）明日（明天）□[mei³³]和□[mei³³]同学一起去车站了，就不用送我了。

（19）□[ȵia²¹³]闺女在北京念书了。

（20）□[mei³³]学校没呐□[ȵia²¹³]学校大。

三身代词修饰普通名词做定语时，一般要加结构助词"的"，有的时候也可以不加，例如可以说"□[mei³³]的老师"，也可以说"□[mei³³]老师"。前者比较正式，后者显得亲切。此外，加不加还需联系说话人交谈的具体内容。例如：

（21）□[mei³³]的裤袜（袜子）没呐干了。

（22）你电费交啦没呐？

（二）其他代词的表义特征和语法功能

1. 反身代词的表义特征和语法功能

襄垣方言的反身代词为"个人[kɑʔ³zəŋ²¹³]"，其用法和普通话相同，主要放在表人、物名词或人称代词后，组成同位语结构，"个人"复指前面的人或物，起突出强调的作用。

（23）你个人走吧，我不过去了。

（24）他个人都不操心，你急甚了？

（25）王浩个人就能弄唠，你不用操心呀。

这三例中的"个人"分别复指前面的人称代词"你""他"，还有表人名词"王浩"。

"个人"可以单独做句子成分，也可以放在称谓词后面，在句子中充当主语、定语和宾语。当句子中补不出人称代词时，表示泛指；能补出人称代词时，表示特指。例如：

（26）个人的事情个人干。

（27）个人都快养活不唠啦，还想的说媳妇（娶媳妇）了。

（28）就不知道个人是来□[tsɐʔ⁴²³]甚（干什么）来了，就知道个□[xuæ³³]（耍）。

（29）你快不用说啦，他都不知道个人夜来（昨天）喝多了说了个甚。

例（26）中的"个人"分别做定语和状语，例（27）中的"个人"做主语，都表示泛指。

2. 他称代词的表义特征和语法功能

襄垣方言中的他称代词只有"旁人[pʰɒ²¹³zən²¹³]"，相当于普通话中的"别人"。可以单独使用，表示除说话者和听话者之外的其他人。复数形式也为"旁人"。例如：

（30）旁人谁管你了？

（31）不敢和旁人说啊，个人知道就行。

（32）你说就行了，又不是旁人。

（33）A：这是谁的咪？

　　　　B：旁人的。

3. 特殊人称代词

① □[n̠ia²¹³]

襄垣方言中的"□[n̠ia²¹³]人家"指代说话双方以外的第三人。"□[n̠ia²¹³]"是否是"人家"合音形式，还有待进一步考证。

"□[ȵia²¹³]"可以单独做主语、宾语。例如：

（34）□[ȵia²¹³]不卖了，咱也没办法呀。

（35）谁知道了，红⁼管⁼[xuən²¹³kuæ⁴²³]（可能）□[ȵia²¹³]说的就是真的。

（36）咱不敢去和□[ȵia²¹³]计较啊，又没多大事。

（37）□[ȵia²¹³]才16（岁）呀，就考上大学啦。

"□[ȵia²¹³]"的复数形式是在其后面添加复数标记"都"，构成"□都[ȵia²¹³tou³³]"形式，和"他都"一样，复数标记"都"必须存在才能表示复数意义。如：

（38）□都[ȵia²¹³tou³³]都去啦，咱不去？

（39）□都[ȵia²¹³tou³³]都□□[kʰei⁵⁵iɤ⁵⁵]（非常）结⁼占⁼[tɕiɑʔ³tsæ⁵⁵]（厉害）！

"□[ȵia²¹³]"和"□都[ȵia²¹³tou³³]"，指代的第三人称可以在现场，也可以不在现场；与第三人称单数形式"他"不同的是，二者带有说话者对第三者或赞美，或不满，或讨厌、无奈等感情色彩。如例句（37）表示说话者对16岁就考上大学的赞美。

② 咱[tsa²¹³]

"咱"在襄垣方言中既可以表示单数意义，也可以表示复数意义。做第一人称单数时，是"咱"的转指用法，转指说话人自己，通常做主语或宾语。例如：

（40）你吃甚（什么）好东西了，叫咱也尝尝呀！

（41）咱不是这个意思呀，将才（刚才）跟你□[xuæ³³]（开玩笑）了哇！

说话人用"咱"字，拉近了与听话人之间的关系，让听话人和自己站在同一立场上，以便取得听话人的理解和支持。有时，说话人用"咱"字，带有炫耀、嘲讽、不满意等感情色彩。例如：

（42）咱可不和□[n̠ia²¹³]（他）一样。

（43）咱能比过他？不瞧瞧他爸爸是谁来。

（44）你快些儿吧，咱快误啦。

（45）怕甚（什么），又不是咱给他弄坏了。

二　指示代词

襄垣方言中的指示代词是近远二分的："这"用于近指，"兀"用于远指。襄垣方言指示代词可指示人或物，以及时间、处所、数量、方式和程度，具体见下表：

表4-2　襄垣方言指示代词一览表

指示内容	近指代词	远指代词
人或物	这[tsɤ⁴²³] 这个[tsɐʔ⁴²³kɐʔ⁰]	兀[vɐʔ³] 卫ᵘ个[vei³³kɐʔ⁰]
时间	这圪霎ᵘ[tsɐʔ⁴²³kɐʔ³sa³³] 这会儿[tsɐʔ⁴²³xuər⁴²³⁻⁵⁵]	卫ᵘ圪霎ᵘ[vei³³kɐʔ³sa³³] 卫ᵘ会儿[vei³³xuər⁴²³⁻⁵⁵]
处所	这里[tsɐʔ⁴²³li⁴²³] 这□[tsɐʔ⁴²³xɐr⁵⁵] 这□[tsɐʔ⁴²³tʰɐr⁵⁵] 这门ᵘ儿[tsɐʔ⁴²³mər⁻⁵³] 这圪落儿[tsɐʔ⁴²³kɐʔ³luer⁻⁵³]	卫ᵘ里[vei³³li⁴²³] 卫ᵘ□[vei³³xɐr⁵⁵] 卫ᵘ□[vei³³tʰɐr⁵⁵] 卫ᵘ门ᵘ儿[vei³³mər⁻⁵³] 卫ᵘ圪落儿[vei³³kɐʔ³luer⁻⁵³]
数量	这些[tsɐʔ⁴²³ɕiɐʔ⁻⁵] 这圪几ᵘ[tsɐʔ⁴²³kɐʔ³tɕi⁴²³]	卫ᵘ些[vei³³ɕiɐʔ⁻⁵] 卫ᵘ圪几[vei³³kɐʔ³tɕi⁴²³]
方式、程度	增ᵘ地个[tsən³³ti⁵⁵kɤ⁰] 这低ᵘ[tsɐʔ⁴²³ti³³] 这么[tsɐʔ⁴²³mɤ⁰] □[tsən⁴²³]低过量 □[tsæ⁴²³]低过量或适量	卫ᵘ地个[vei³³ti⁵⁵kɤ⁰] 卫ᵘ低ᵘ[vei³³ti³³] 卫ᵘ么[vei³³mɤ⁰]

（一）指人或物

"这、兀"单用，可指代人、物、时间、处所和情态。指人和处所时只能做主语，且谓语动词只限于判断动词"是"。例如：

（46）这是咱老师家。

（47）兀不是你的鞋咮？

（48）兀是□[ȵia²¹³]（他）爸爸。

指物时既能做主语又能做宾语，例如：

（49）这是冷水，喝唠招呼肚疼啊。

（50）你就是想要这了？

（51）就跟上（因为）个这？

"这、兀"对举时，意为"这样、那样"，例如：

（52）又是这哇，又是兀哇，怎捏（怎样）还不行了。（又是这样吧，又是那样吧，怎么都不行。）

"这、那"可以直接修饰名词做定语，意为"这种、那种"，表示对人或事物的定性与归类，例如：

（53）这生活不好做，还是好好念书，考大学哇。（这种工作不好做，还是好好读书，考大学吧。）

（54）兀布质量不好。（那种布料质量不好。）

这/兀与"个"连用，指代人或物，可以单独做主语和宾语，也可以做定语修饰后面的名词。其中相当于"那个"的词读"卫⁼个[vei³³kɐʔ⁰]"，可能是"兀一"的合音。例如：

（55）卫⁼个（人）是□[ȵia²¹³]（他）哥哥。

（56）我买这个，不买卫⁼个。

"这"还可紧接在"这个"之后，形成"这个这"结构，指代人或物，可单用独立成句，也可在句中做主语或宾语，多用来表达说话人不满、厌恶的语气。例如：

（57）这个这，□[fei⁵⁵]（淘气）死啦。（这个孩子，淘气死啦。）

（58）谁给咱打这个这一□[xuɤ⁵⁵]了？（谁给咱打他一顿啊？）

"这/卫ᵛ＋些"可以指代数量为两个以上的人或事物，在句中可做主语、宾语及定语。例如：

（59）把卫ᵛ些果（苹果）唻提上。

（60）这些人就不知道个怕，半夜了还出门了。

（61）哪□[na⁴²³xer⁵⁵]（哪里）来唠这些人。

（62）卫ᵛ些水果瞧的（看着）就不好。

（二）指时间

"这圪霎ᵛ[tseʔ⁴²³keʔ³sa³³]、这会儿/卫ᵛ圪霎ᵛ[vei³³keʔ³sa³³]、卫ᵛ会儿"在襄垣方言中指示时间，一般来说"这圪霎ᵛ"和"卫ᵛ圪霎ᵛ"指示的时间范围较小，"这会儿"和"卫ᵛ会儿"指示的时间范围可大可小，"这会儿/卫ᵛ会儿"与普通话的"这会儿/那会儿"类似，兼表时间点、时间段，既可以指示过去时，也可以指示将来时。在句中可以做主语、宾语、定语、状语或补语。

"这会儿"可以指示当前、过去或将来的时间，指示当前时可表"此刻"之意，有时又隐含有"现在这个时代／年代"之意，"这圪霎ᵛ"只可指示当前，表"此刻"之意。例如：

（63）这会儿这人可是享福啊！

（64）你怎捏（怎么）这会儿／这圪霎ᵛ才吃饭了？忙甚唻？

例（63）中，"这会儿"做定语，指示的时间范围较长，有"现在这个年代"之意。例（64）中，"这会儿／这圪霎⁼"做状语，指示当前，表示"此刻"，指示的时间范围较短。

"这会儿"还可指示过去或将来的某个时候，例如：

（65）夜来（昨天）这会儿倒回唠家啦。

（66）明年这会儿，咱也该毕业啦。

"卫⁼会儿"指示过去或将来的时间，相当于普通话的"那会儿"，有时隐含有"过去／将来那个时代／年代"之意，"卫⁼圪霎⁼"指示过去的某段较短的时间。例如：

（67）卫⁼会儿兀人们多受罪了。

（68）到唠卫⁼会儿，过得就更好啦。

（69）□[n̠ia²¹³]（他）卫⁼会儿可是挣上钱咪。

（70）卫⁼圪霎⁼你不说了？这会早就误啦！

例（67）"卫⁼会儿"做定语，指示的时间范围较长，隐含有"过去那个年代/时代之意"。例（68）"卫⁼会儿"做补语，指将来，隐含有"将来那个年代"之意。例（69）"卫⁼会儿"做状语，指过去的某段时间，指示的时间范围可以较长，也可以较短。例（70）"卫⁼圪霎⁼"做状语，指过去的某段较短的时间。

（三）指处所

由"这、那"构成的表处所的组合形式比较多，有"这／卫⁼里、这／卫⁼□[xer⁵⁵]、这／卫⁼□[tʰer⁵⁵]、这／卫⁼门儿、这／卫⁼圪落儿"等。其中，"这／卫⁼里、这／卫⁼□[xer⁵⁵]、这／卫⁼□[tʰer⁵⁵]"指示的空间范围可大可小，相当于普通话的"这／那里"，在句中可做主语、宾语等。例如：

（71）这里 / 这⸗□[xer⁵⁵] / 这□[tʰer⁵⁵]没呐（没有），肯定不在呀。

（72）卫⸗里 / 卫⸗□[xer⁵⁵] / 卫⸗□[tʰer⁵⁵]不是咪，你还往哪□[tʰer⁵⁵]瞧了？

（73）他在卫⸗里 / 卫⸗□[xer⁵⁵] / 卫⸗□[tʰer⁵⁵]一个月也回不来几趟。

"这 / 卫⸗门⸗儿"相当于普通话的"这 / 那边儿"，例如：

（74）你多时（多长时间）没呐去你婆（婆婆）卫⸗门⸗儿啦？

（75）这门⸗儿开唠个饭店，你去过没呐？

"这 / 卫⸗圪落儿"指示的是较小的空间，例如：

（76）你怎捏⸗（怎么）站到这圪落儿啦，快进来吧。

（77）你瞧瞧卫⸗圪落儿有没呐？

（四）指数量

"这些/卫⸗些"指示数量，相当于普通话的"这些/那些"，例如：

（78）这些东西往哪里放了？

（79）把卫⸗些书给我搬过来。

（80）□[n̠ia²¹³]（他）就给唠我这些，根本不够我用。

"这圪几⸗/卫⸗圪几⸗"一般用来指代物品的数量少或体积小，也能指代人，表示人数少，意为"这/那点儿"，通常含有不满意、不满足、不喜欢的感情色彩。在句中可以做主语、宾语和定语，还可以做谓语。例如：

（81）这圪几⸗不够塞牙缝了。

（82）来，再给我弄上卫⸗圪几⸗算啦。

（83）这圪几"人能干唠卫"低"待"（那么多）生活（工作）唠？

（84）馍馍就卫"圪几"啦，我再去买上些儿油条吧。

（五）方式、程度

"增"地个/卫"地个"可以指代方式，在句中可做主语、宾语、谓语和状语，相当于普通话的"这样/那样"。例如：

（85）你不要增"地个啊，弄坏唠咱可不管啊。

（86）卫"地个就不对的了，就不该叫他爬卫"么（那么）高。

（87）增"地个比卫"地个好些儿吧。

（88）这个事儿就增"地个吧，没呐甚可说的啦。

（89）你不要增"地个端碗，招呼（小心）烧（烫）唠手。

"这低"/卫"低""这么/卫"么"可以指代程度，相当于普通话的"这么/那么"，既可以客观地描述程度状态，也可以用以表示程度之深，在句中常做状语修饰形容词性成分。例如：

（90）卫"个柜不高甚（不很高），这低"/这么高。

（91）卫"个孩跑得卫"低"/卫"么快了。

"□[tsəŋ⁴²³]低""可以表示程度过深，在句中常做状语修饰形容词性成分，例如：

（92）你跑得□[tsəŋ⁴²³]低"快，我急宕"段"不上（我一下子追不上）。

（93）书包□[tsəŋ⁴²³]低"重，你能背动唠？

（94）你□[tsæ⁴²³]低"心歪了，能不能悄悄的。

"□[tsæ⁴²³]低""还可以表示程度适中，例如：

（95）□[tsæ⁴²³]低"大就行，不用太大。

三　疑问代词

襄垣方言的疑问代词可对人或物，以及时间、处所、方式、程度、数量、原因和目的等进行提问，疑问代词的具体形式见下表：

表4-3　襄垣方言疑问代词一览表

询问人	谁[sei²¹³]
询问物	甚[sən⁵⁵]
询问时间	多会儿[tuɤ³³xuər⁴²³⁻⁵⁵]、甚会儿[sən⁵⁵xuər⁴²³⁻⁵⁵]
询问处所	哪里[na⁴²³li⁴²³]、哪□[na⁴²³xɐr⁵⁵]、 哪□[na⁴²³thər⁵⁵]、哪圪落儿[na⁴²³kɐʔ²³luɐr⁻⁵³]
询问方式	怎捏⁼[tsɐʔ⁴²³n̩ia ʔ³⁻⁵]

（一）询问人

"谁"在句中一般做主语、定语、宾语。可以与"唻"搭配使用，构成"谁……唻"结构。例如：

（96）谁是李老师？（做主语）

（97）谁把咱的笤帚□[xən⁴²³]（拿）走啦？（做主语）

（98）谁的孩唻，没呐人管啦？（做定语）

（99）兀人是谁来，你能不能认得？（做宾语）

（二）询问物

襄垣方言表示对物的询问时用"甚"，相当于普通话的"什么"，"甚"可以单用，可做主语、宾语和定语，例如：

（100）你在卫⁼□[vei³³tʰɐr⁵⁵]（那里）做甚了？

（101）你甚会儿（什么时候）才能回来了？

（102）晌午你想吃甚？

（三）询问时间

　　襄垣方言询问时间的疑问代词有多会儿、甚会儿，意思都相当于普通话的"什么时候"，它们在句中可做主语、定语、状语和宾语。例如：

　　（103）多会儿/甚会儿是咱妈生日了？咱妈生日是多会儿/甚会儿了？

　　（104）这是多会儿/甚会儿兀衣裳呀？又□[xəŋ⁴²³]（拿）出来穿开啦。

　　（105）□[n̠ia²¹³]（他）是多会儿/甚会儿来唠咱家唻？怎捏＝（怎么）还不走了？

　　（四）询问处所

　　询问处所的代词有"哪里、哪□[xɐr⁵⁵]、哪□[tʰɐr⁵⁵]、哪圪落儿"等，意思相当于普通话的"哪里、哪儿"，例如：

　　（106）哪里/哪□[xɐr⁵⁵]/哪□[tʰɐr⁵⁵]有卖这药了？

　　（107）你把锄搁哪里/哪□[xɐr⁵⁵]/哪□[tʰɐr⁵⁵]啦？我怎捏＝寻不着？

　　"哪圪落儿"询问的地点范围小，比较具体，例如：

　　（108）A：这圪落儿卖衣裳，卫＝圪落儿卖鞋了。

　　　　　　B：哪圪落儿卖衣裳了？

　　（109）A：这圪落儿种麦，卫＝圪落儿种玉茭（玉米）。

　　　　　　B：哪圪落儿种豆了？

　　（五）询问方式

　　疑问代词"怎捏＝"与普通话的"怎么"用法基本相同，可以询问方式和原因等，例如：

　　（110）你怎捏＝来唻？

（111）你怎捏＝还不回了？

第二节　襄垣方言的副词

襄垣方言的副词可分为程度、范围、情状、时间、语气、否定六类，下面主要从语法特征、语义指向等方面对襄垣方言副词进行描写和说明。

一　程度副词

襄垣方言的程度副词与普通话相同的有：最、真、实在、多、过于、特别、分外；与普通话不同的主要是：可、□□[kʰei⁵⁵iɤ⁵⁵]（非常）、格＝及＝、高低、且[tɕʰieʔ³]、可[kʰɐʔ³]故＝、多少、可可[kʰɑʔ³kʰɑʔ³]等。根据表示程度的不同，我们把襄垣方言中的程度副词分为程度深和程度浅两类。具体如下：

（一）表示程度深

1. 可[kʰɐʔ³]

相当于普通话的"可"，出现的频率比较高，意为"很、非常"。一般放在形容词、心理动词和能愿动词"愿意、能、会"等前面，句末一般要搭配语气词"了"。例如：

（1）这东西可贵了。

（2）□[ɳia²¹³]（他）可愿意跟你□[xuæ³³]（玩）了。

（3）你说的可对了。

（4）她长得可好看了。

（5）我可爱吃枣了。

"可＋VP¹/AP²"的否定形式有两种：一种是"不怎捏＝（怎么）＋VP/AP"，意为"不太……"；另一种是"可不＋VP/AP"，意为"一点也不……"。例如：

（6）（衣服）不用换啦，不怎捏＝红哇。

（7）两块一斤，可不贵。

2. □□[kʰei⁵⁵iɤ⁵⁵]（非常）

比"可[kʰɐʔ³]"所表示的程度略微深一些，有时带有夸张的意味，出现的频率比较高，意为"非常、特别"。一般放在形容词前面，句末通常要搭配语气词"啊"。例如：

（8）卫＝个（那个）孩□□[kʰei⁵⁵iɤ⁵⁵]（非常）高啊！

（9）今日□□[kʰei⁵⁵iɤ⁵⁵]（非常）冷啊！

（10）你的字写得□□[kʰei⁵⁵iɤ⁵⁵]（非常）好看啊！

3. 格＝及＝

相当于普通话的"更加"，一般表示消极意义的或不符合说话人意愿的程度加深，一般放在形容词或动词前面，句末通常要搭配语气词"啦"。例如：

（11）吃药怎不顶事（管用），格＝及＝厉害啦。

（12）还不如不劝了，□[n̠ia²¹³]（他）格＝及＝打开啦。

（13）□[n̠ia²¹³]（他）格＝及＝后悔啦。

4. 高低

意为"非常、特别"，一般放在形容词或动词前，句末通常要搭配语气词"了"，表达说话人强烈的主观意愿或感受，例如：

1　VP，指 verb phrase，*动词词组*。
2　AP，指 adjective phrase，*形容词词组*。

（14）我高低想喝酒了。

（15）□[ȵia²¹³]（他）高低想考北大了。

（16）我高低歪⁼（生病难受）了。

5. 且[tɕʰiɐʔ³]

一般用在形容词前，表示离说话者的心理目标还有相当远的距离，句末通常要搭配语气词"了"，例如：

（17）天且早了。

（18）你且小了，倒退休啦？

（19）A：快到了没呐？

B：堵开车啦，且早了。

6. 可[kʰɐʔ³]敌⁼

相当于普通话中的"太"，表示的程度比"可[kʰɐʔ³]"更深，对事物的性状及人物的评价带有较强的主观色彩，表示程度过头，超出了说话人心中所预设的最高程度，多用于不如意的事情。"可敌⁼"可修饰形容词或形容词短语，例如：

（20）卫⁼个黄⁼（那个人）可敌⁼难缠（难相处）。

（21）这衣裳可敌⁼不耐曹⁼（不耐脏）。

（22）他坐得可敌⁼后，甚也看不见。

（23）你挂得可敌⁼高，再低些。

"可敌⁼"还可修饰动词或动词短语，例如：

（24）你也可敌⁼会说啦哇。

（25）他可敌⁼靠不住。

"可敌⁼＋VP/AP"的否定形式是"可敌⁼＋不＋VP/AP"，例如：

（26）灯可敌⁼不明（不亮）。

（二）表示程度浅

7. 多少

相当于"稍微"，例如：

（27）你多少往前挪挪，我就能过去啦。

（28）你能不能多少和我说句话，一天天甚也不说。

8. 可[kʰɤ⁴²³]

表示程度减轻，相当于普通话的"不是那么"，例如：

（29）多盖上些就可冷啦。

（30）喝些药就可难受啦。

9. 可可[kʰaʔ³kʰaʔ³]

意为"刚好、正合适"，可以修饰动词性词语、数量短语等。"可可"后如果加数量短语，其表示的数量必须是确指的，因为"可可"指向的是数量短语所表示的数量刚刚好，例如：

（31）可可够了，不用去买啦。（刚好够了，不用去买了。）

（32）可可丢下一个啦。（恰恰剩下一个了。）

（33）我可可比他高一个头。

（34）他可可和我一样多。

（35）可可五斤，你都买唠哇。（刚好五斤，你都买了吧。）

10. 将

表示人或事物勉强或恰好达到某个程度，含有"刚刚、恰好"之义，例如：

（36）打下的粮食将够吃。

（37）卫⁼个（那个）孩学习不行，考试将60分。

（38）天将黑他就回来啦。

二　范围副词

襄垣方言的范围副词根据功能和语义的不同，分为总括类、限定类和外加类。总括类副词是对事物范围和数量的总括和统计，限定类副词是对事物的范围、数量或动作行为的限定，外加类副词表示在原有的或已有的范围基础上新增加的。与普通话相同的有：都、全、就、只有等；与普通话不同的主要是：一遭、满共/共□[ma^{423}]、（大）母ᵉ样ᵉ儿、□[pa^{55}]外/单另等。具体如下：

（一）总括类

1. 一遭

相当于普通话的"全部、都"，其语义指向多是表物的名词，一般常用于把字句。例如：

（39）我一遭把作业写完啦。

（40）她一遭把饭倒啦。

（41）你把饭一遭刮到盆里头吧。

2. 满共/共□[ma^{423}]

相当于普通话的"一共"，表示总计。既可以表示对事物数量的客观总括，也可以表示主观小量。表示主观小量时，常与"才"或"就"连用，表达说话人对所指事物数量的不满。例如：

（42）我满共/共□[ma^{423}]买了十箱苹果。

（43）学费加住宿费满共/共□[ma^{423}]六千。

（44）满共/共□[ma^{423}]才来唠三个人。

"满共/共□[ma^{423}]"的否定形式是"满共/共□[ma^{423}]＋没呐＋数量短语"，例如：

（45）我这衣裳满共/共□[ma^{423}]没呐一百块。

（46）我在家住唠满共/共□[ma^{423}]没呐三天。

3. 可[$k^{h}ɤ^{55}$]

意为“满、全”，表示所指的整个范围，一般只能修饰表处所的词语。例如：

（47）你瞧你懂⁼得可地都是。（你瞧你把东西扔得满地都是。）

4. （大）母⁼样⁼儿

意为“大体上”，表示对范围的总括，是范围中的大部分。例如：

（48）你（大）母⁼样⁼儿瞧瞧就行。

（49）我（大）母⁼样⁼儿写唠写，还没呐改了。

（50）我（大）母⁼样⁼儿问唠问。

5. 掇⁼

意为“全部”，表示所指范围内的全部数量，一般只与“家”搭配，表示“全家”。例如：

（51）□[$ȵia^{213}$]（人家）家办事（办红白大事）了，掇⁼家都去吃□[$ȵia^{213}$]（人家）啦。（他全家都去参加宴席了。）

（52）掇⁼家的人都不吃肉。

（53）掇⁼家的打□[$ȵia^{213}$]（人家）了。

（二）限定类

6. 光

相当于普通话的“只”，既可修饰动词性词语，也可修饰名词性词语，往往表达说话者不满或埋怨的语气。例如：

（54）不要光说嘴（耍嘴）。

（55）光知道吃，不知道学习。

（56）光你一个人能搬动？

（57）今年光种唠些玉茭。

（三）外加类

7. □[pa⁵⁵]外/单另

相当于普通话的"另外"，一般修饰动词短语，表示动作、行为的发生在所说到的对象或范围以外，"□[pa⁵⁵]外""单另"可以互换而对句子意思的表达没有影响。例如：

（58）我□[pa⁵⁵]外/单另给唠他些钱。

（59）他回来唠，我再□[pa⁵⁵]外/单另给他做上些。（他回来了，我再另外给他做点。）

三　情状副词

情状副词的词汇意义比较实在，表示动作行为进行的方式、状态、情状等，一般在句中充当修饰性状语，通常只能修饰动词性谓语，而不能修饰形容词性谓语。在音节上，绝大部分都是双音节或多音节的。其语义指向比较单一，只指向其所修饰的动词性谓语。

襄垣方言的情状副词与普通话相同的有：顺便、明明、反倒、一起等；与普通话不同的主要是：瞎（乎）、一劲儿、捎带、款款、贸"、伙等。具体如下：

1. 瞎（乎）

意为"随便"，指随便地不认真地做某事。例如：

（60）你可要瞎（乎）吃了。

（61）你不知道不要瞎（乎）说。

（62）□[n.ia²¹³]（他）瞎（乎）写唠写。

2. 一劲儿

意为"顺便"，表示做这件事时顺便就把另一件事也做了。例如：

（63）我一劲儿把孩接上哇。

（64）你一劲儿把作业写唠哇。

（65）你洗完澡一劲儿把衣服洗了。

（66）我吃完饭一劲儿去教室占位置啊。

3. 捎带

意为"顺便不费劲地做某事"，表现出说话人认为做某事时顺便就能办成另一件事，不需要多费其他的努力。例如：

（67）我捎带倒把饭做啦。

（68）去超市捎带买上个蒜哇。

（69）你去食堂捎带给我买个饭哇。

4. 款款

表示"动作缓慢而且轻，小心翼翼地"。例如：

（70）把玻璃款款地放下，不要打碎唠。

（71）□[n.ia²¹³]（人家）款款地坐到卫⁼□[vei³³tʰɐr⁵⁵]（那里），甚也不干。

5. 贸⁼

一般修饰单音节动词，表示动作、行为是凭感觉，缺乏足够的依据，把握不大。例如：

（72）我也是贸⁼说了。（我也是凭感觉说了。）

（73）贸＝碰了，也不知道行不行。（试着碰运气了，也不知道行不行。）

（74）可不敢贸＝说，不对了还麻烦了。（这可不敢随便说，说得不对就麻烦了。）

6. 伙

意为"共同、一起"，一般用在谓词性成分前，表示所指对象同时在同一场合完成或参与某件事情。例如：

（75）咱俩伙去哇？

（76）咱伙睡哇。

（77）咱俩人伙吃了这个蛋糕哇。

7. 停停

表示"静静的，一点动作都没有"。例如：

（78）□[n̠ia²¹³]（他）停停地坐的，也不知道做饭。（他静静地坐着，也不知道做饭。）

（79）你快停停地歇的哇，忙唠一天啦。（你就静静地休息会儿吧，都忙了一天了。）

（80）你就不能停停地瞧一圪霎＝[ieʔ³kɐʔ³sa³³]（一会儿）书，乱甚了？（你就不能静静地看一会儿书，捣乱什么呢？）

8. 单工

一指专门、特意去做某事。例如：

（81）我单工来瞧瞧你妈。

（82）让他给你捎回二斤豆腐来就行，还用单工去了。

一指故意、存心做某事，相当于普通话中的"故意"。例如：

（83）他就是单工和我过不去，处处和我作对。

（84）卫＝个孩（那个孩子）单工不学习，不知道是气谁了。

9. 就住/就手/一就儿

意为"顺便"，表示做某件事时顺便去做另一件事，通常只修饰动词性词语。例如：

（85）你就住/就手/一就儿给我捎回些东西来。

（86）你去动太原唠就住/就手/一就儿把事办唠。

（87）□都[mei³³tou³³]就住/就手/一就儿倒买便[pei⁵⁵]宜啦。（我们顺便就都买好了。）

四　时间副词

时间副词是表示时间概念的副词，只能做状语或句首修饰语，不能做其他句法成分，也不能受其他词语的修饰。可以分为表现在、表过去、表将来、表突然、表短时、表持续、表常偶、表重复等小类。

襄垣方言的时间副词与普通话相同的有：常、常常、经常、从来、就、才、又、还、一直、正、从今往后、马上、赶紧、当时、紧接着、立马、一般、动不动、老是、老；与普通话不同的主要是：原先、将、当下、冷不防/冷不丁、紧把＝、一贯、倒、说话、多时等。具体如下：

（一）表过去

1. 原先

表示原来。例如：

（88）原先我就不知道这个事。

（89）我原先写完作业咪，后来倒交啦。

（90）原先□[mei³³]（我们）关系可是还行唻。

2. 将

意为"刚刚"，表示事情发生在说话前不久，常用在谓词性成分前做状语。例如：

将＋动词/动词短语

（91）他将来了。

（92）我将办完事。

（93）我将吃唠饭就想睡觉。

将＋形容词

（94）你病将好，拉倒乱跑吧。（你病刚好些，不要到处乱跑了。）

（95）衣裳将干唠。

3. 倒[tɔu⁵⁵]

相当于普通话的"已经"。例如：

（96）我去了他倒吃完啦。

（97）我倒写完啦。

（98）他倒到啦。

4. 多时

意为"隔很长时间"，相当于普通话的"好久"。例如：

（99）他多时没吃肉啦。

（100）我多时没呐见过他啦。

（101）好多时就没呐歇歇。

（二）表突发、短时

5. 当下

意为"立刻、马上"。例如：

（102）我当下倒反应过来了。

（103）□[n̠ia²¹³]（他）当下吃完饭就走啦。

（104）我当下倒起火（生气）啦。

"当下"与普通话的"立刻、马上"的不同主要是：

A."当下"不能用在祈使句中，而"立刻、马上"可以。例如：

（105）*你当下来学校一趟。

（106）你立刻/马上来学校一趟。

B."当下"一般不与能愿动词或者表示计划、打算类的动词等连用。例如：

（107）*我想当下回家。

（108）我想立刻/马上回家。

（109）*我打算当下出发。

（110）我打算立刻/马上出发。

6. 冷不防/冷不丁

意为"突然"。例如：

（111）□[n̠ia²¹³]（他）冷不防/冷不丁说唠个这。

（112）冷不防/冷不丁吓唠我一跳。

7. 紧把＝

意为"赶紧"，一般用在祈使句中，含有催促之义，表达说话者主观上很急切地告诉听话者抓紧时间去做某事。例如：

（113）你紧把＝回哇，不早啦。

（114）紧把＝些，等甚了。

（三）表初始

8. 彻根儿

相当于普通话的"本来、根本、压根"，表示从一开始就是如此，可以用在句子主语前，也可以用在主语后，一般用于否定句中。例如：

（115）他彻根儿就不是甚好人。

（116）彻根儿就不该来咪。

（117）彻根儿他家就不愿意。

（四）表常偶、间或

9. 旋旋[ɕyei⁵⁵ɕyei⁵⁵]

表示动作、行为等在一段时间内发生的次数较多或频率较高，强调动作、行为在一定时间内不断重复发生。例如：

（118）寒假作业就得旋旋地做了，兀一下能做完？（寒假作业就得在假期里经常不断地做，一下子能做完？）

（119）你旋旋地做哇，不用一下做完。（你慢慢地做吧，不用一下子做完。）

10. 十⁼里⁼猛地[tɤʔ³]/半⁼毛⁼

意为"偶尔"。例如：

（120）□[n̠ia²¹³]（他）十⁼里⁼猛地/半⁼毛⁼来一回。

（121）□[mei³³]（我）家十⁼里⁼猛地/半⁼毛⁼吃个肉。

11. 可可[[kʰaʔ³kʰaʔ³]]

意为"刚好、恰好"，表示两件事情或两种情况正巧碰在一起，"可可"可直接用在动词、时间名词等之前。例如：

（122）他来的时候，我可可走啦。

（123）明日可可是星期天。（明天刚好是星期天。）

（124）可可今日他生日。（今天正好他生日。）

（125）可可当时候有人在场了。

12. 一贯

意为"一直、本来"。例如：

（126）□[ȵia²¹³]（他）一贯就是个这。

（127）我一贯就不吃鱼。

（128）他一贯写作业就快。

13. 说话

相当于"一下子，很快"。例如：

（129）说话□[ȵia²¹³]（他）倒走啦。

（130）□[ȵia²¹³]（他）写动作业唠就快，说话□[ȵia²¹³]（他）倒写完了。

五　语气副词

语气副词在句中表示某种语气，是表达主观评注、意见的副词，可以表示肯定、推测、强调、惊异等语气。语气副词在句中的位置相对灵活，既可以位于谓语之前，也可以位于主语前，还可以在句首。我们把襄垣方言语气副词分为肯定语气、转折语气、侥幸语气和估量语气等。

襄垣方言语气副词与普通话相同的有：反正、明明、是、就、宁（宁可）、肯定、究竟、哪能、何必、正好、真的、万一、偏偏、偏、说不定、到底；与普通话不同的主要是：正经、偏/就、长短/高低/贵贱、倒[tɔu⁵⁵]、管⁼保⁼、保不起等。

（一）肯定语气

1. 正经

意为"的确"，表示对人或事物状况的充分肯定。"正经"一般不能受否定副词的修饰，但是可以修饰否定成分，"正经＋否定成分＋形容词"。例如：

（131）天正经热了。

（132）事正经难办了。

（133）他能有今天正经不容易了。

2. 偏/就

意为"偏偏"，例如：

（134）偏/就不是个这啊。

（135）偏/就要吃鸡排了？

（136）他偏/就要去长治了。

（137）你偏/就要回家了？

3. 长短/高低/贵贱

意为"无论如何、反正"，加强肯定的语气，常用于祈使句。例如：

（138）你长短/高低/贵贱得来了，等你啊。

（139）□[n̠ia²¹³]（他）长短/高低/贵贱不和我说话。

（140）你长短/高低/贵贱给咱说上个理由。

4. 迟早/早晚

意为"反正"，例如：

（141）你迟早/早晚得写完作业了。

（142）我迟早/早晚要去你家了。

（143）他迟早/早晚要后悔了。

（二）转折语气

5. 半天

相当于普通话的"原来"，表示发觉了先前不了解的原因或情况，带有意外或恍然醒悟之义。例如：

（144）半天是你做的饭。

（145）我说你怎捏＝（怎么）请我吃饭了，半天是寻我给你帮忙了。

（146）半天是你哇，我就没认出来。

（147）半天你还没呐写完作业了哇？

6. 倒[tɔu⁵⁵]

"倒"可以用来强调某种事实已经发生或客观存在。例如：

（148）我倒快到啊。

（149）□[ȵia²¹³]（他）房倒盖起来啦。

（150）□[ȵia²¹³]（他）倒写完作业啦。

"倒"可用在时间词、数量短语前，表示在说话者看来，经历的时间长、时间晚或数量多等，表达一种惊讶的语气。例如：

（151）你倒写唠十页啦，真快。

（152）倒九点啦，赶紧回哇。

（153）我睡唠倒俩钟头啦。

"倒"可用来表示责怪、督促或追问的语气。例如：

（154）你倒会说，也不见做。

（155）我来咪，他倒不来咪。

（156）你吃唠这么长时间，我吃点倒不行了？

（157）你倒是会享受。

（三）侥幸语气

7. 浅ˉ蒙ˉ蒙ˉ/砍ˉ门ˉ儿

意为"差一点"，一般表示说话人不愿意发生的事情差点发生而最终没有发生，带有庆幸的意味。例如：

（158）浅ˉ蒙ˉ蒙ˉ/砍ˉ门ˉ儿溢唠锅。

（159）浅ˉ蒙ˉ蒙ˉ/砍ˉ门ˉ儿把我跌倒。

（160）浅ˉ蒙ˉ蒙ˉ/砍ˉ门ˉ儿削唠手。

8. 亏唠

相当于普通话的"多亏、幸亏"，既可以用在句子主语之前，也可以用在句子主语之后。例如：

（161）亏唠是你啊，给我解决了这个事。

（162）亏唠我记得了，要不唠（要不然）可是麻烦了。

（163）亏唠我买唠饭啦，要不唠还得饿的了。

（164）他亏唠做完作业啦，今日老师可是检查了。

（四）估量语气

9. 管ˉ保ˉ

意为"或许、大概"，表达说话人对事态真实性并不完全肯定的主观推测，侧重于肯定语气。用在主语之后、谓语之前，表示对某个具体行为的推测。例如：

（165）你管ˉ保ˉ认不得他。

（166）我管ˉ保ˉ明天回家。

用在主语之前，表示对整个事件的推测。例如：

（167）管ˉ保ˉ他不来啦。

（168）管⁼保⁼你忘啦哇。

（169）管⁼保⁼能行唠啊。

10. 保不起

意为"或许、可能"。例如：

（170）保不起就认得唠。

（171）保不起就是你唻。

（172）我保不起就去啦。

11. 保险

大致相当于普通话的"必定"，表示对某种情况的推测，语气十分肯定，在说话人心里有很大的把握。例如：

（173）你去问他的，他保险会做。

（174）看看倒几点啦，保险完不唠。

（175）□都[mei³³tou³³]（我们）黑夜保险能回来。

（176）这个孩保险能行唠。

12. □[tsɛʔ³]麻⁼

表示揣测的语气，倾向于肯定，相当于普通话的"估计"。例如：

（177）□[tsɛʔ³]麻⁼（估计）能吃完唠。

（178）□[tsɛʔ³]麻⁼（估计）能办唠这个事。

（179）□[tsɛʔ³]麻⁼（估计）他能来。

六　否定副词

否定副词表示对某种动作、行为或事态的否定。襄垣方言否定副词与普通话基本相同："不"表示对未然的否定，"没"表示对已然的否定。有方言特点的否定副词主要有"没呐"和"不敢"。

1. 没呐

相当于普通话的"没有"，一般用于客观叙述，表示对动作、行为、状况或变化等的已然性或现实性的否定。"没呐"可用在谓词性词语或名词前面，表示某个事实尚未发生或尚未发生某种变化。例如：

（180）我没呐□[xən⁴²³]（拿）你的东西。

（181）你还没呐吃饭了？

（182）我可没呐瞧你的作业。

（183）饭还没呐中（熟）了。

（184）草还没呐绿了。

2. 不敢

意为"不可以"，一般用于祈使句，用来告诫听话者不要去做某事。例如：

（185）你可不敢去偷东西啊。

（186）你不敢去动□都[n̠ia²¹³tou³³]（他们）的东西啊。

（187）不敢把水管开开唠啊！

（188）可不敢迟唠啊。

第三节　襄垣方言的语气词

襄垣方言中有非常丰富的语气词，单用的语气词共有十个，它们分别是："啦""唻""了""啊""唠""哇""么[mən⁰]""昂[ɒ⁰]""奥[ɔu⁰]""怀[xuɛ⁰]"。本节主要从共时角度描写分析襄垣方言中语气词的句法分布和语气意义。

一 啦[la⁰]

襄垣方言的语气词"啦"可用在陈述句句末、疑问句句末、祈使句句末和感叹句句末，表示陈述、祈使、感叹等语气。

（一）"啦"用在陈述句句末

1. "啦"可用在陈述句句末，表示动作或者事件已经完成或者将要在某个时间完成，句子为已然态。例如：

（1）他倒[tou⁵⁵]（已经）去唠单位啦。

（2）钱倒（已经）给唠他啦。

（3）我过两天就回去啦。

（4）一圪霎=[iɐʔ³kɐʔ³saʔ³sa³³]（一会儿）就写完啦。

例（1）和例（2）指事件已经完成，例（3）和例（4）指事件将在将来某个时间完成。

2. "啦"还可用在陈述句句末，表示事态发生了变化，一般直接用在名词和形容词后，表示一种新情况的出现。在这种情况下，"啦"经常和表示起始体的助词"开"同现，构成"VP＋开＋啦""VP＋开＋O1＋啦"或"AP＋开＋啦"结构。例如：

（5）天快黑啦。

（6）肚疼开啦。（肚子开始疼了。）

（7）□[ɲia²¹³]（他）又打开人啦。（他又开始打人了。）

（8）刮开风啦。（开始刮风了。）

（9）□都[mei³³tou³³]（我们）吃开饭啦。（我们开始吃饭

---

1 O，指受词。

了。）

（10）天冷开啦。（天气开始冷了。）

例（6）是"VP＋开＋啦"结构，例（7）、例（8）和例（9）是"VP＋开＋O＋啦"结构，例（10）是"AP＋开＋啦"结构。这三种结构可以表示事态出现了一些新的情况或变化。

（二）"啦"用在疑问句句末

1. "啦"可用于特指疑问句末尾，一般表示对已经实现的情况进行询问，句中的疑问语气由其他成分如疑问代词来承担，"啦"仅有加强疑问语气的作用。例如：

（11）这圪霎゠[tseʔ⁴²³keʔ³saʔ³³]（现在）几点啦？

（12）谁出（出去）啦？

（13）谁去唠太原啦？

例（11）对现在的时间进行提问，例（12）和例（13）对动作行为的发出者进行提问，上述例句都是对已经发生、完成的事件的某个特定信息进行提问。

2. "啦"可用在是非问句句末，表达疑问的语气，整个句子对事件是否已经完成进行提问。例如：

（14）你吃罢（完）啦？

（15）你毕业啦？

3. "啦"可用于正反问句句末，常常询问将要发生什么事情或者将会有什么样的结果。例如：

（16）是不是快开学啦？

（17）你还吃不啦？

"啦"用于正反问句句末时，它前面的成分一般是动词或动词性结构，"啦"表示一种询问的语气，多是对对方的关心。

（三）"啦"用在祈使句句末

"啦"可用在祈使句句末，表示劝阻或者命令的语气。例如：

（18）雨可大了，今日不要出去啦！

（19）饭倒（已经）做中（好）啦，不要走啦！

（20）上唠课啦，不要说话啦！

例（18）和例（19）表达对听话人的劝阻，例（20）则是对听话人下达了"不要说话"的命令。

（四）"啦"用在感叹句句末

"啦"还可用在感叹句句末，表示不满或者责怪的语气，有时表达感叹、强调的语气。例如：

（21）你瞧你把个地董＝[tuəŋ⁴²³]（折腾、捣乱）成个甚啦！

（22）你以为你不说我就不知道啦！

（23）□[n.ia²¹³]（他）比我高多啦！

例（21）和例（22）都是表达不满、责怪的语气，例（23）是对"他"身高很高的感叹。

二　唻[lɛ⁰]

襄垣方言的语气词"唻"，相当于普通话的"来着"，表示不久前曾经发生过的事情或行为，同时表达一种平淡自然的语气。可用在陈述句句末、疑问句句末、祈使句句末和感叹句句末。

（一）"唻"用在陈述句句末

"唻"可用在陈述句句末，表示动作、行为或事件是在过去发生的。例如：

（24）我夜来（昨天）在长治咪。

（25）卫￣几年（前几年）这□[tseʔ⁴²³xer⁵⁵]（这里）有个雕塑咪，这圪雯￣[tseʔ⁴²³keʔ³sa³³]（现在）没呐（没有）啦。

"咪"表示所陈述的事件或动作、行为曾经发生或经历过，是事件或动作、行为曾经发生的标记，所以不可以和表示现在或者将来的时间词语同现于句中。例如：

（26）*我一会儿走咪。

（27）*他下个月才回去咪。

（二）"咪"用在疑问句句末

"咪"可用在特指问句、正反问句、选择问句、是非问句句末，表示对曾经发生的动作、行为或事件进行提问。例如：

（28）A：夜来（昨天）去弄甚咪？

　　　B：在图书馆学习咪。

（29）A：你将才因为甚哭咪？

　　　B：他打我咪。

（30）A：你哪天来咪？

　　　B：夜来（昨天）咪。

以上例句都是语气词"咪"用在特指问句句末。例（28）是对"昨天去做什么"的一种疑问，表示对昨天的事情发出的疑问，而例（29）表达"你刚才因为什么哭呢"的一种疑问，在说话时，事情已经发生，因此是对过去事件发出的疑问。例（30）是对"你"回来时间的疑问，当然"回来"这一行为发生在过去，因此也是对过去事件发出的疑问。

除此之外，"咪"用在特指问句句末时，整个句子是对客观事实或者某个事物变化的原因进行询问。对客观事实询问时，语气词"唻"起舒缓语气的作用，可以拉近听话人和说话人的距离；对某个事物变化（多是消极的变化）的原因进行询问时，多含有惊讶或是不满的意味。例如：

（31）他叫个甚唻？

（32）他爷爷是谁唻？

（33）你□唻[zəŋ⁵⁵lɛ²¹³]（怎么了）？瘦成个这唻？

例（31）、例（32）是对客观事实进行询问，若句尾没有"唻"，句子仍然成立，不过语气上比较生硬，"唻"的使用体现了提问人对被提问人的礼貌。例（33），提问人认为变"瘦"是消极的变化，对"瘦"的原因进行询问，"唻"的使用表达了说话人对这一变化的惊讶或者遗憾、不满意味。

"唻"还可用于正反问句句末，表示对过去的事件是否发生的一种疑问。例如：

（34）是不是你打电话唻？

（35）这药是不是你买唻？

"唻"还可用于选择问句句末。例如：

（36）你高中是在一中唻，二中唻？

（37）你夜来（昨天）在家唻，在单位唻？

"唻"还可用于是非问句，表示对目前情况是否发生的一种疑问。例如：

（38）你睡觉唻？打电话不接。

（39）年时（去年）是我和你去唻？

例（38）表示对"你是不是刚才在睡觉"的一种疑问。例

（39）表示对"我是否去年和你去过"的一种疑问。

（三）"喋"用在祈使句句末

"喋"可以做语气词放于祈使句中，表示对所做动作的一种强调，大多数时候，在祈使别人做某种动作时，说话人自己也要参与。例如：

（40）你快来写作业喋！

（41）饭冷啦，快来吃喋！

（四）"喋"用在感叹句句末

"喋"用在感叹句句末有对句子所陈述的事实进行强调的作用。例如：

（42）他没呐写作业，我写喋！

（43）我打电话哇，我装（带）手机喋！

例（42）和例（43）均由两个分句构成，句末的"喋"可以起到强调客观事实的作用（写作业和带手机）。这里要注意的是，"喋"强调的是现在的情况，而非过去的情况，如例（43），说话人要强调的是，自己现在身上带着手机，而不是在强调过去带了手机。

三　了[ɣ⁰]

襄垣方言中的语气词"了"相当于普通话中的"呢"。"了"可以表示陈述、疑问、感叹等语气。

（一）"了"用在陈述句句末

语气词"了"可用在陈述句句末，表示状态的持续，常与"正""还"搭配使用。例如：

（44）□[mei³³]（我）妈（正）打电话了。

（45）我看的孩了。（我看着孩子呢。）

（46）□[n̠ia²¹³]（他）还在了。

（47）灯还着[tsɤ⁵⁵]（亮）的了。

（48）①孩正睡了。

②孩正睡的了。

③孩正睡觉了。

④孩正睡的觉了。

（49）①孩还睡了。

②孩还睡的了。

③孩还睡觉了。

④孩还睡的觉了。

"正"和"还"都可与"了"搭配使用，表示正在做某事，但二者在使用上有一些区别。使用"正"的句子可以与"的"（相当于普通话的"着"）搭配使用，其中"的"可以省略，如例（48）中的②④；使用"还"的句子如果要表示相同的意思，表动态的助词"的"必须出现，否则句子有歧义。如例（49）中的①和③，一种含义是"孩子还在睡觉"，另一种含义是"孩子还要再睡觉"。

"了"表示"正在"的意思，如果不与"正""还"搭配使用，则需要一定的语境限制。例如：

（50）我这圪霎 ꞏ[tsɤʔ⁴²³keʔ³sa³³]（现在）写作业了，等等跟你□[xuæ³³]（玩）啊。

（51）A：走，咱去遛遛哇。

B：我写作业了，等等。

例（50）和例（51）中的"了"表示"写作业"这一动作行为正在进行，靠的是语境补足的"正在进行"的信息。

"了"用于陈述句句末，还可表示对事实的确认，同时带有强调、夸张的意味，常和"就、还、差不多"等副词搭配使用。例如：

（52）就给了五百（块钱）了，真美。

（53）一个班差不多有八十个学生了。

（54）你还是好学生了，一点积极性也没呐。

以上各例中的"了"一般不能去掉。虽然去掉后句子可以成立，但只表示对某一事实的客观陈述，没有了强调、夸张等意味。

"了"用于陈述句句末，常与副词"要"搭配使用，不仅表示对某一事实的客观陈述，同时还常有责备对方的语气。例如：

（55）我早就说过不教你去，你要去了。

（56）你要撩（招惹）他了，活该。

（二）"了"用在疑问句句末

"了"作为疑问语气词，其作用主要是强化疑问语气。可用在特指问句句末，常与"怎捏ᵓ"（相当于普通话的"怎么"）搭配使用，"了"不承载疑问信息，句子的询问功能由疑问代词"怎捏ᵓ"承担。例如：

（57）你怎捏ᵓ（怎么）没呐（没有）回家了？

（58）你怎捏ᵓ总是跌倒了？

（59）你怎捏ᵓ不知道今日几号了？

"了"用在特指问句句末，对原因进行提问，含有一种深究的意味。

"了"还可用在始发问句"NP[1]了？"末尾，"了"直接放在名词性成分之后，用来询问人或物所处的地点。"NP了？"可以看作是"NP在哪里了？"的省略形式。也就是说，我们可以将"NP了？"理解为是询问地点的特指问句的省略形式。例如：

（60）书在哪里了？＝书了？

（61）小李在哪里了？＝小李了？

"了"还可放在后一分句的末尾，询问对方的情况或者想法。"NP了？"可以看作是"NP怎么样了？"的省略形式。例如：

（62）我不去，□都[ȵiɤ³³tou³³]（你们）了？

（63）我明日就走啊，你了？

（64）北京这两天可热了，咱兀里（那里）了？

"了"可用在是非问句句末，询问某事是否正在进行或仍在持续，常与"正""还"搭配使用。例如：

（65）写作业了？

（66）□[ȵia²¹³]（他）还嚎（哭）的了？

（67）你还做买卖了？

（68）你还念书了？

例（65）、例（66）分别询问是否正在"写作业""哭"，例（67）、例（68）分别询问"做买卖""念书"的状态是否仍在持续。

"了"还可用在选择问句句末，几个分句句尾都要带"了"，"了"不承载疑问信息，句子的询问功能由疑问结构承担。例如：

（69）你去了，他去了？

1　NP，指 noun phrase，名词词组。

（70）咱家晌午是吃大米了，还是吃扯面了？

（71）你到底是骂他了，还是骂我了？

"了"可用在反问句句末，常与"怎捏＝""哪""还"等搭配使用，表示反诘语气。例如：

（72）你怎捏＝（怎么）不能服个软了？

（73）怎捏＝（怎么）还能不会了？

（74）哪有你说的卫＝么（那么）怕（恐怖）了？

（75）我甚会儿（什么时候）还□□[tsuɐʔ³xu³³]（骗）过你了？

（三）"了"用在感叹句句末

"了"可用在感叹句句末，用于指明事实，含有惊讶和略带夸张的语气，常与语气副词"可"搭配使用，构成"可＋A＋了"结构。例如：

（76）□[ȵia²¹³]（人家）做兀（那）饭可好了！

（77）他可心烦（讨厌）了！

（78）可得劲儿（舒服）了！

（79）你天天就不知道弄的是个甚了！

四　啊[a⁰]

语气词"啊"可用于陈述句句末、疑问句句末、祈使句句末和感叹句句末。

（一）"啊"用在陈述句句末

语气词"啊"用在陈述句句末，可以表示事件或动作将要发生。

（80）快下雨啊。

（81）饭快中（熟）啊。

（82）我明日走啊。

上述例句中的"下雨""饭熟"和"走"都还未发生，是将要去做或将要发生的。

"啊"用在陈述句句末，还可以有舒缓语气、提请注意以及强调的作用。例如：

（83）我就是说说啊。

（84）我不会做这个题啊。

（85）我不去啦啊。

（二）"啊"用在疑问句句末

语气词"啊"可用在是非问、特指问、选择问句句末，针对将来的事件进行询问，句子的疑问功能由疑问语调、疑问代词或疑问结构承担，而"啊"仅有加强疑问语气的作用。例如：

（86）你明日去太原啊？

（87）你计划当老师啊？

（88）你准备去哪里啊？

（89）明日谁来啊？

（90）你明日回来啊，还是后日回来啊？

（91）吃大米啊，吃面啊？

上述例句都是针对将来的事件进行提问，例（86）、例（87）中的"啊"用于是非问句句末，例（88）、例（89）的"啊"用在特指问句句末，例（90）、例（91）的"啊"用在选择问句句末。

（三）"啊"用在祈使句句末

"啊"可用在祈使句句末，表示请求、劝阻或命令。例如：

（92）八点啦，你快些儿啊。

（93）可不敢打小朋友啊。

（94）不要乱跑啊。

（四）"啊"用在感叹句句末

"啊"用在感叹句句末，含有确认、强调或夸张的感情色彩。例如：

（95）卫个狗□□[kʰei⁵⁵iɤ⁵⁵]（非常）大啊！

（96）这可是我的笔啊！

（97）他今日挣唠五百（块钱）了啊！

五　唠[lou⁰]

语气词"唠"可用于陈述句句末、反问句句末，还可用在假设分句的末尾或者句首名词性成分之后，表示提顿的语气，提示、强调句子的语义焦点。

（一）"唠"用在陈述句句末

"唠"可用在陈述句句中和句末，表示所陈述的事情还没有发生；放在句末表示推测的语气，有时有成句的作用。例如：

（98）卫ᵘ个桌我能搬动唠。

（99）八点走也赶上（来得及）唠。

（100）你去唠学校好好学习啊！

例（98）、（99）和（100）中的"搬动""赶上"和"去"所陈述的事情都还没有发生，例（98）和（99）还表示说话者推测的语气。此外，例（99）句末的"唠"如果去掉，剩下的部分在襄垣方言中是不成句的，因此"唠"在襄垣方言中还有足句的功能。

"唠"在句中还可表示提顿的语气，提示、强调句子的语义焦点。用于句首主语后，表示一种暂顿，具有强调、提请注意、缓和语气的作用。例如：

（101）他人唠倒是不赖（不错）。

"唠"用在表示未来某一时间的时间词语之后，表示在未来的这个时间段做什么事，具有缓和语气的作用。例如：

（102）过年回去唠咱去吃火锅啊。

（103）发唠工资唠咱也买个摩托。

（104）过唠清明唠就能脱棉裤了。

"唠"还可以用在前一分句的末尾，表示如果有某种条件的话，会有某种结果，带有一种假设的虚拟语气。例如：

（105）明日他要是来唠，再给他吧。

（106）要是好好学习唠，考个大学应该没问题。

（107）你要是在家唠，我就去。

（108）他不会做唠，你教教他啊。

上述例子中，"唠"常常和"要是"一起搭配使用，"要是"的位置一般在主要谓语动词前，与"唠"共同来表示假设语气。

（二）"唠"用在反问句句末

"唠"还可用在反问句句末，对反诘语气有舒缓的作用。例如：

（109）你闺女还能不管你唠？

（110）我能不会唠？

（111）□[n̠ia²¹³]（他）能连个这都不懂唠？

上述例句都是用反问形式来表示强烈的肯定。例（109）用反问的语气表示"你闺女"一定"管你"，例（110）表示"我一定会"，例（111）表示"他肯定懂"。上述例句句末的"唠"均可省略，省略后的句子比原句的反诘语气更为强烈，也就是说，反问句句末的"唠"具有舒缓语气的作用。

六　哇[va⁰]

襄垣方言中的"哇"，可用在陈述句句末、疑问句句末、祈使句句末和感叹句句末。

（一）"哇"用在陈述句句末

"哇"用在陈述句句末，常与"不就是/就是"搭配使用表示仅此而已，有舒缓语气的作用。例如：

（112）我不就是借唠你一百哇。

（113）不就是写错几个字哇。

（114）我就是说说哇，你还当真啦。

（二）"哇"用在疑问句句末

"哇"可用在是非问句末尾，表示有疑惑需要求证，提问者期望得到肯定答复。发问可以用肯定形式，也可以用否定形式。例如：

（115）车快开啊哇？

（116）北京好哇？

（117）你去过□[ȵia²¹³]（他）家哇？

（118）你不会做饭哇？

（119）这不是你的笔哇？

例（115）、例（116）、例（117）使用肯定形式来发问，例（118）、例（119）使用否定形式来发问。一般来说，如果使用了疑问语气词"哇"，提问者对问题的答案有一个倾向于肯定的心理预期。

（三）"哇"用在祈使句句末

"哇"用在祈使句句末，表示建议、商量、请求、劝告、催促、命令等语气。例如：

（120）你愿意怎捏‑（怎么样），就怎捏‑哇。

（121）你住上两天再走哇。

（122）咱吃罢饭唠去遛遛哇。

（123）咱今日（今天）晌午吃扁食（饺子）哇。

（124）你快些儿哇。

例（120）表示建议，例（121）、例（122）表示商量、邀请，例（123）含有商量、建议的意味，例（124）表示催促、命令。

（四）"哇"用在感叹句句末

"哇"用在感叹句句末，表达夸大、不满等语气，一般具有或积极或消极的强烈感情。例如：

（125）你这衣裳也太好瞧啦哇！

（126）瞧瞧你兀个（那个）不顺眼劲儿（样子）哇！

（127）你快该去哪去哪哇！

七 么[məŋ⁰]

"么"可用在陈述句句末、祈使句句末和疑问句句末，还可在句中做暂顿语气词。

（一）"么"用在陈述句句末

"么"用在陈述句句末，表示"理应如此"，含有强调的意味，句子常是描述一些显而易见的事实。例如：

（128）有意见就说么。

（129）人多力量大么。

（130）□[ȵia²¹³]（人家）不愿去么。

（131）我说唻啊，□[ȵia²¹³]（人家）不听么。

（二）"么"用在疑问句句末

"么"可用在反问句句末，常与"不是"搭配使用，表示反诘语气。例如：

（132）你不是要回家唻么？

（133）你不是走啦么？

（134）你不是要走了么？

（135）你不是说八点就到啦么？

"么"可用在是非问句句末，是一个带有弱发问性和高确信度的疑问语气词，期望回答者可以给予确认、肯定，句末是升调。例如：

（136）□[ȵia²¹³]（他）跟你在一团儿（一块儿）上过班儿么？

（137）他闺女嫁的是个医生么？

（138）今日怕（恐怕）是没水么？

（三）"么"用在祈使句句末

"么"用在祈使句句末，表示期望或劝阻，例如：

（139）开动车唠，慢些儿么。

（140）不教你去，就不要去么。

（141）都几点啦，你快些儿哇么。

"么"还可用在主语或宾语之后，在句中做暂顿语气词，含有"理应如此"之意，例如：

（142）当姐姐的么，就不能让让弟弟？

（143）学生么，不学习干甚了？

（144）□[ȵia²¹³]（人家）是会计么，还不会算个账？

八　昂[ɒ⁰]

"昂"可以用在感叹句句末和特指问句句末，表达确认语气。

（一）"昂"用在感叹句句末

"昂"用在感叹句句末，用于强调，表示一种强烈的确认语气。例如：

（145）A：这个桌多（多少）钱？

　　　　B：一百五昂！

（146）不是我不给你借钱，是你左⁼是（总是）记不住还钱昂！

（147）□[ȵia²¹³]（人家）这买卖（生意）可是不赖昂！

（148）今日外头□□[kʰei⁵⁵iɤ⁵⁵]（非常）冷昂！

（二）"昂"用在特指问句句末

"昂"可用在特指问句句末，表示不满、责备的意味。例如：

（149）谁把我这杯杯（杯子）打唠唻昂？

（150）谁偷走钱唻昂？

（151）你怎捏$^=$（怎么）还不回来了昂？

九 奥[ɔu^0]

"奥"可用在陈述句句末、是非问句句末，起加深确认语气或舒缓语气的作用。

（一）"奥"用在陈述句句末

"奥"用在陈述句句末，用来加深确认语气，例如：

（152）试唠好几双鞋，还是第一双鞋得劲儿（舒服）奥。

（153）你明日还得上班了奥。

（154）咱吃韭菜肉煮角儿（饺子）哇？呀，不行，你不吃韭菜奥。

（二）"奥"用在是非问句句末

"奥"可用在是非问句句末，针对已知事实提问，重在与人进行寒暄，表示亲近。例如：

（155）正吃饭了奥？

（156）你在家了奥？

（157）你回来啦奥？

（158）你睡啊奥？

十 怀[xuɛ^0]

"怀"可用于疑问句句末和感叹句句末，适用对象为没有亲戚关系却关系亲近的同辈、同龄人。

（一）"怀"用在疑问句句末

"怀"可用在是非问句句末和特指问句句末，在原来问句的基础上，增加了一些亲昵的意味。例如：

（159）这是你这书怀？

（160）你吃啦怀？

（161）你去哪啊怀？

（162）你准备去哪吃饭啊怀？

（二）"怀"用在感叹句句末

"怀"用于在感叹句句末，起拉近听话人和说话人关系的作用。例如：

（163）呀呀，你这家装潢得不歪（不错）怀！

（164）刚头（刚才）就没呐（没有）瞧着你怀！

（165）这可不能给你怀！

第四节　襄垣方言的"×人"式使感形容词

"×人"结构普遍存在于湘语、客赣方言、晋语、官话、粤语、闽语等方言中，但词汇化程度各不相同。关于"×人"的性质，大体上有两种不同意见。一种认为"×人"是自感结构，持此意见的有胡双宝（1984）、项梦冰（1997）等；另一种认为"×人"是使感结构，持此意见的有：侯精一、温端正（1993）、孙立新（2004）等。自感结构与使感结构的不同在于，自感结构认为"×人"并非使动用法，而是一种自我感受。项梦冰（1997）谈到使动、意动和自感的区别时认为：使动的着眼点是使受事具有某种结果，意动的着眼点是说话人主观认为某个事物具有某种属性，它们都不牵涉说话人接受刺激之后的感受；而自感的着眼点则正是说话人自身的感受。孙立新（2004）则认为，使感结构"V/A¹人"应当是古汉语使动用法的残留，使感结构在句子中一般处于形容词谓语的语法地位，完全可以把这种结构当作一个词来看待。

我们认为，从结构和语义来看，"×人"结构具备致使结构的特点。结构上，"×"一般为动词（在襄垣方言中，及物动词和不及物动词均可进入"×人"结构中）或形容词，后接宾语"人"，增加了一个论元成分，符合致使范畴增加论元的方式，跟古代汉语或其他语言中致使动词或形容词增加论元的方式是一致的。从语义来看，与一般不及物动词或形容词的使动用法不同，"×人"结构中的"×"不是致事使役事产生某种行为或结果，而是致事使役事产生某种生理或心理感受，即表示使人产生某种生理或心理感受。

一　"×人"式的界定

襄垣方言里"×人"式语言单位很多，但并不是所有的"×人"式都是本文的研究对象。例如：

（1）觍人[tuɐʔ³zəŋ²¹³⁻⁵⁵]：较粗的棍状物戳在身上产生的难受的感觉

（2）憋人[piɑʔ³zəŋ²¹³⁻⁵⁵]：觉得憋得慌

（3）冰人[piəŋ³³zəŋ²¹³⁻⁵⁵]：觉得很冰冷

（4）窝屈人[uɤ³³tɕʰyɐʔ³zəŋ²¹³⁻⁵⁵]：肢体伸展不开，让人觉得蜷曲得难受

（5）打人[ta⁴²³⁻⁴²zəŋ²¹³]：用手或工具打某人

（6）混人[xuəŋ⁵⁵zəŋ²¹³]：形容人热情，会处人

1　V，指动词。A，指形容词。

以上六个例子中，只有例（1）、（2）、（3）、（4）属于"×人"式，例（5）和例（6）是一般的动宾结构，不属于我们研究的对象，原因如下：

第一，"×人"式具有致使意义，"人"是虚指的，"×"和"人"之间并没有"动作—受事"的语义关系，而表示的是一种致使意义。例（1）、（2）、（3）、（4）都可以表示"（外界环境或事物）使人产生……感觉"的语义；例（5）和例（6）是一般的动宾结构，表示的是"动作—受事"的关系，其施事者一般是有生命的，此语是在陈述施事者对受事者发出某种动作行为的。

第二，从读音上看，"×人"式中的"人"要发生变调，声调从[213]变为[55]；"打人、踢人"等动宾结构中的"人"读本调[213]。

综上，我们的研究对象"×人"式是具有致使意义的，"人"会发生声调由[213]变为[55]的语言单位。

二　"×人"式使感形容词的性质

前贤在对"×人"致使结构这一语言单位定性的问题上存在分歧，即"×人"究竟是词还是词组。当然，由于前贤研究的是不同方言中的"×人"，所以这种分歧是难免的。但具体到某种方言，这种定性应该是确定的。我们认为，襄垣方言的"×人"致使结构是形容词，理由如下：

第一，"×人"式表示使人产生某种生理或心理感受。"×人"的词汇化与历史上动宾短语的词汇化过程有相通之处，动宾短语词汇化过程中，动词和宾语都具有自身的语义特点。董秀芳

（2011）分析了动宾式双音节词中动词和宾语的特点，概括起来说，动词成分的语义特点是动作性弱，一般不表示物理过程，没有一个外部的明显可见的动作；如果是动作性较强的动词，也被词义整体的非动作性削弱了，如"保温、合法、拉线"等。宾语成分的语义特点是非具体性，或者是非个体性和无指性，如"得分、记名、吃醋"等。这些宾语性成分都不指示具体的物体成分。"×人"的构成成分"×"和"人"也有类似的语义特点。

　　夏俐萍（2016）指出，在"×人"所在的致使结构中，无论致事由有生命名词还是无生命名词充当，都既不能表达意愿性，也不能表达非意愿性，而只能表达无意识性。同样，无论由哪类名词充当役事，对致使结果完全不具有控制度。也可以说，"×人"结构中的致事和役事均具有非自主性的特点。关于非自主性如何理解，可以看下面的例子。

　　（7）水可（特别）烧人了。

　　（8）卫⁼个孩□□[kʰei⁵⁵iɤ⁵⁵]（非常）跌⁼良⁼人啊。（那个孩子真好笑啊。）

　　上述两个句子中的致事分别由无生命名词和有生命名词来充当，无论由哪种词充当，都不能表达致事的意愿性或非意愿性，因为致事无法自主地发出"×"的动作。例（8）的致事"卫⁼个孩"虽然是由生命度最高的"人"来充当，但同样不具有意愿性，只能理解为"卫⁼个孩"无意识的某种状态或言行使人觉得好笑。而作为役事的"人"虽然具有最高的生命度，但也不具有控制性，只能是某种生理和心理状态的不由自主的感受者。因此，襄垣方言中进入"×人"结构中的"×"是非自主性的，"人"具有无指性，

"×"和"人"二者结合紧密，为其词汇化提供了有利条件。襄垣方言中"×人"的"人"有固定的变调模式，在韵律上也说明其具备了词汇化的条件。"×人"句法上与形容词的主要功能相当（襄垣方言的"×人"不做定语），语义上表达使感意义。襄垣方言中的"×人"结构显然已经词汇化，"×"与役事"人"之间结合紧密，不能更换，可以看成是一种固定的致使表达式。

第二，从结构上分析。对词与词组进行区分大多采用陆志韦先生在《汉语的构词法》中提出的扩展法。一般说来，词的意义具有高度的凝固性，中间不能插入其他成分；词组的凝固性较差，中间可以插入其他成分。也就是说，词一般不可以扩展，词组可以扩展。襄垣方言中的"×人"，"×"和"人"中间不能加入其他成分；同时，"人"的意义已经虚化，且位置固定。

第三，从句法分布上分析。"×人"式主要的语法功能是做谓语，还可以前加程度副词，如：□□[kʰei⁵⁵iɤ⁵⁵]（非常）、可（非常）等；同时，"×人"式结构不能带宾语。

综上，当"×人"中的"人"由有指发展为无指后，不仅"人"之前不能带修饰成分，"×"与"人"之间也无法加时体标记；所以我们认为襄垣方言中的"×人"式结构已经词汇化，并将其认定为形容词。

三 "×人"式使感形容词的类型

（一）按音节的多少分类

按"×"音节的多少可以分为"单音节×＋人"式和"双音节×＋人"式。

1. "单音节×＋人"式

□人[va³³zən²¹³⁻⁵⁵]：让人觉得挠得不舒服

□人[sʅ⁴²³zən²¹³⁻⁵⁵]：累

烧人[sou³³zən²¹³⁻⁵⁵]：觉得很烫

烫人[tʰɒ⁵⁵zən²¹³⁻⁵⁵]：觉得很烫

引⁼人[iən⁴²³⁻⁴²zən²¹³⁻⁵⁵]：较小的物体硌着皮肤产生的不舒服感觉

拔人[paʔ⁴²³zən²¹³⁻⁵⁵]：觉得非常冷

丁⁼人[tiən³³zən²¹³⁻⁵⁵]：觉得非常冷，程度比"拔人"深

塌⁼人[tʰɒʔ³zən²¹³⁻⁵⁵]：地面冰凉，让人觉得很冷

吸⁼人[ɕiaʔ³zən²¹³⁻⁵⁵]：地面或周围环境让人觉得很冷

荫人[iən³³zən²¹³⁻⁵⁵]：觉得阴冷

拍⁼人[pʰiaʔ³zən²¹³⁻⁵⁵]：风吹得厉害，让人不舒服

粗⁼人[tsʰu³³zən²¹³⁻⁵⁵]：吹过道风使人发冷

绞⁼人[tɕiɒ⁴²³zən²¹³⁻⁵⁵]：恶心

恨人[xən⁵⁵zən²¹³⁻⁵⁵]：使人觉得怨恨

撑人[tsʰən³³zən²¹³⁻⁵⁵]：吃得太饱

潮⁼人[tsʰou²¹³zən²¹³⁻⁵⁵]：因吃大蒜、白萝卜等导致胃不舒服的感觉

晒人[sE⁵⁵zən²¹³⁻⁵⁵]：太阳使人觉得很晒

晃人[xuɒ⁴²³⁻⁴²zən²¹³⁻⁵⁵]：光使人觉得很晃

挤人[tɕi⁴²³⁻⁴²zən²¹³⁻⁵⁵]：人太多使人觉得很挤

呛人[tɕʰiɒ⁵⁵zən²¹³⁻⁵⁵]：臭味、烟味等刺激性气味使人感觉到难闻

划人[xua²¹³zən²¹³⁻⁵⁵]：某物使人产生划破皮肤的痛感

扎人[tsaʔ³zən²¹³⁻⁵⁵]：指碰到针刺状物体而产生的不舒服感觉

坠人[tsuei⁵⁵zən²¹³⁻⁵⁵]：指身上有非常重的东西使人产生下坠的不

舒服的感觉

扭人[n̠iou$^{423-42}$z̩əŋ$^{213-55}$]：长时间扭转某个肢体部位使人产生不舒服的感觉

肯＝人[kʰəŋ$^{423-42}$z̩əŋ$^{213-55}$]：指衣服太紧或鞋太紧使人不舒服

窜人[tsʰuæ^{55}z̩əŋ$^{213-55}$]：指人跑步或者快走过后呼吸不畅的感觉

□人[tʰəŋ^{33}z̩əŋ$^{213-55}$]：指周围环境太闷热，使人产生不舒服的感觉

顶人[tiəŋ$^{423-42}$z̩əŋ$^{213-55}$]：指鞋太小，脚顶在鞋的前部，使人产生不舒服的感觉

冬＝人[tuəŋ^{33}z̩əŋ$^{213-55}$]：指太颠簸，使人产生不舒服的感觉

2．"双音节×＋人"式

窝屈人[uɤ^{33}tɕʰyɐʔ^{3}z̩əŋ$^{213-55}$]：肢体伸展不开，让人觉得蜷曲得难受

痒痒人[iɒ$^{423-42}$iɒ^{423}z̩əŋ$^{213-55}$]：觉得很痒

不拉＝人[pɐʔ^{3}la^{33}z̩əŋ$^{213-55}$]：形容人或物在面前多余碍事

圪良＝人[kɐʔ^{3}liɒ^{213}z̩əŋ$^{213-55}$]：感觉有点疲乏难受

圪□人[kɐʔ$^{3-423}$lieʔ^{3}z̩əŋ$^{213-55}$]：觉得很痒

□溅人[pɐʔ$^{3-423}$tɕiei^{55}z̩əŋ$^{213-55}$]：液体溅到人身上，让人产生不舒服的感觉

跌＝良＝人[tiɒʔ^{3}liɒ^{213}z̩əŋ$^{213-55}$]：指某人做的事或说的话使人觉得好笑

麻咬人[ma^{213}iɒ^{423}z̩əŋ$^{213-55}$]：指人感到痒

圪支人[kɐʔ$^{3-423}$tsʅ^{33}z̩əŋ$^{213-55}$]：有东西硌得身体难受

圪意＝人[kɐʔ$^{3-423}$i^{55}z̩əŋ$^{213-55}$]：使人感觉到恶心

（二）按其构成成分"×"的性质分类

我们还可以根据"×人"构成成分"×"的性质进行分类。"×

人"中的"×"一般为动词或形容词。

1. 动词性成分＋人

挤人[tɕi^{423}zəŋ$^{213-55}$]：人太多使人觉得很挤

栽人[tsɛ^{33}zəŋ$^{213-55}$]：头冲下而产生的不适的感觉

夹人[tɕiɑʔ^{3}zəŋ$^{213-55}$]：身体两侧同时受硬物挤夹，引起不舒服之感

笑人[ɕiɒ^{55}zəŋ$^{213-55}$]：让人觉得好笑

磨人[muɤ^{213}zəŋ$^{213-55}$]：某物使人产生磨得难受的感觉

咬人[iɒ^{423}zəŋ$^{213-55}$]：觉得痒痒

揪人[tɕiou^{33}zəŋ$^{213-55}$]：某物使人产生揪得难受的感觉

捂人[u^{423}zəŋ$^{213-55}$]：穿的衣服太多，使人产生闷热的感觉

火$^=$摇人[xuɤ^{423}iou^{213}zəŋ$^{213-55}$]：指车不停地摇晃，使人头晕

2. 形容词性成分＋人

麻人[ma^{213}zəŋ$^{213-55}$]：吃了花椒等食品，或肢体受压血脉不畅引起不舒服的感觉

瘆人[səŋ^{55}zəŋ$^{213-55}$]：周围环境使人感觉到害怕

跌$^=$良$^=$人[tiɑʔ^{3}liɒ^{213}zəŋ$^{213-55}$]：指某人做的事或说的话使人觉得好笑

闷人[məŋ^{55}zəŋ$^{213-55}$]：觉得很闷

绝$^=$人[tɕyɑʔ^{423}zəŋ$^{213-55}$]：觉得很吃力

四　"×人"式使感形容词的句法形态表现

在襄垣方言中，"×人"式使感形容词可以充当谓语、宾语、补语等句法成分，但是一般不能做主语、定语和状语。

（一）做谓语

襄垣方言的"×人"式使感形容词可以做谓语，但一般不单独做谓语。可以在其前面加一些副词做状语来修饰它，一般要在句末加语气词起完句的作用。例如：

（9）这个灯太晃人了。

（10）这□[tsɐʔ⁴²³xɐr⁵⁵]（这里）□□[kʰei⁵⁵iɤ⁵⁵]（非常）晒人啊，卫⁼□[vei³³xɐr⁵⁵]（那里）不晒人。（这里非常晒，那里不晒。）

（11）鞋顶人了，我不穿啦。

（二）做宾语

（12）□[ȵia²¹³]（他）嫌冰人了。

（三）做补语

（13）水凉冰人啦。

（四）前加状语

使感形容词不能做状语，但可以前加状语。使感形容词前加状语的情况可分为三类：

首先，使感形容词前面常常可以用程度副词"□□[kʰei⁵⁵iɤ⁵⁵]（非常）、可（非常）"等做状语来修饰。例如：

（14）水□□[kʰei⁵⁵iɤ⁵⁵]（非常）烧人啊。

（15）他可跌⁼良⁼人了。（他特别好笑。）

其次，使感形容词前面也可以用一些时间副词来做状语，比如"将将（刚才）、早倒（早就）、倒（已经）"等表过去的时间副词和"要"等表将来的时间副词。其中，"将将"有时也可以和助词"来"搭配使用。如：

（16）这个床早倒圪支人了。（这个床早就让人觉得硌得难受了。）

（17）倒没人啦，将将还挤人来。（已经没人啦，刚才还特别挤。）

第三，使感形容词还可以前加否定词"不"做状语。例如：

（18）好多啦，不憋人啦。（好多啦，不觉得憋气啦。）

（19）水不烧人啦，快喝吧。

（五）后加程度补语

使感形容词后面可以用"死、得不行"等来充当程度补语，表示人的某种不舒服的主观感觉已达到无法忍受的程度。由"死"来充当补语而形成的这种补语性结构不能单说，后面常常跟语气词"了"或"啦"。如：烧人死了（让人觉得特别烫）。由"得不行"充当补语而形成的这种补语性结构一般都是可以单说的，后面不用再带任何词语或成分了。如：吹人得不行（使人觉得吹得特别难受）。从形式上看，"得不行"与状态补语相似，但它没有相应的肯定形式，意义上表示程度的加深。

五　"×人"式使感形容词的构式意义

襄垣方言中进入"×人"的"×"可以是不及物动词、及物动词和形容词。一般而言，不及物动词和形容词一般是不能带宾语的；但在"×人"结构中，原来的不及物动词变成了使役性的及物动词。例如：

（20）可算是赶上啦，□□[kʰei⁵⁵iɤ⁵⁵]（非常）窜人[tsʰuæ⁵⁵ʐə̩ŋ²¹³⁻⁵⁵]啊。

在例（20）中，"窜"为不及物动词，后面不能带受事宾语。但在"×人"结构中，"窜"由不及物动词变成使役性的及物动词，"人"充当役事宾语，意为"跑步过后使人发生气喘的感觉"。襄垣方言的"×人"结构中，"×"也可以由自主性的及物动词充当，当其进入"×人"这一构式后，不管"×"是由说话者还是由听话者发出来的动作，均可以表达由于行使"×"的行为而使人产生某种生理或心理感受的意思。例如：

（21）（照相）照好了没呐？□□[kʰei⁵⁵iɤ⁵⁵]（非常）扭人啊。

例（21）中，"扭人"的"扭"为及物动词，进入"×人"结构后，"人"并不是"扭"的受事论元，而是施事论元。但与例（20）中的"窜人"不同，"扭人"不表示"使人扭"或者"产生扭的感觉"，而表示由于过度行使"扭"的动作而使人产生难受的感觉。自主动词能进入"×人"式使感形容词的还有"压人""扎人""挤人""顶人""捂人"等。自主动词在进入"×人"之后，会失去原有的自主性，既不能表达意愿性，也不能表达非意愿性，只能表达无意识性。这说明在襄垣方言中，"×人"的构式意义已经固定下来，并且产生了一定的类推性，"×人"的能产性在襄垣方言中还是比较高的。

由此可见，"×人"结构可以看成一种构式，其构式意义是"使人产生某种心理或生理感受"。"×人"的构式意义不是"×"与"人"二者意义的简单组合，无论哪一方脱离了这一构式，自身都不能产生使感意义。

夏俐萍（2016）认为，"×人"结构最初是在古代汉语使动用法的基础上发展而来的，其后经过韵律变换、句法功能的改变以及语义扩展，在汉语各方言中已经完成或正在经历词汇化过程。正是由于"×人"词汇化过程的不平衡性，不同方言"×人"发展的阶段不同，才出现了自感结构、使感结构以及自感形容词等不同的说法。襄垣方言的"×人"已经完成词汇化过程，成为使感形容词。

第五节　襄垣方言的补语

从语义角度出发，我们将襄垣方言补语划分为七类，分别是结果补语、情态补语、趋向补语、数量补语、时地补语、可能补语、程度补语，下面分别论述。

一　结果补语

结果补语表示因动作、行为所导致的结果，一般是由动词和形容词充当。在襄垣方言中，结果补语有以下几种常见表达。

（一）VP＋住

在襄垣方言中，"住"做结果补语有以下几种用法：

1."VP＋住"表示动作的停止、静止。例如：

（1）给我看住他，不要让他跑唠。

（2）你给我抿住嘴（闭嘴）。

（3）快走呀，你停住干甚了。

（4）圪挤住眼（闭上眼睛）不要瞧，太怕了。

（5）这才几月呀，河就冻住啦。

2."VP＋住"表示动作的延续。例如：

（6）过来给我□[xəŋ²¹³]（拿）住这个。

（7）把这个布袋捆住哇。

（8）你给我拿住啊，不要跌（摔）唠。

（9）给我扶住些梯（梯子），我要上去了。

在以上两类表达中，"VP＋住"可以带宾语，也可以不带宾语。带宾语时，可以替换成把字句。如例（1）、例（2）就可以替换为：

（10）你把他给我看住，不要让他跑唠。

（11）你把嘴给我抿住。

3. "VP＋住"表示身体上的不适或轻微的损伤。例如：

（12）起开，你圪挤住（挤着）我了。

（13）剪（剪子）绞住我肉了。

（14）是不是磕住腿了？

此类结构中，由于动词作用于受事，其后必须接宾语，而且只能是名词性宾语，强调"损伤"的结果。

（二）VP＋见

襄垣方言中，"见"在动词之后做补语，表示动作的结果或目的。例如：

（15）我够不见（够不着）他。

（16）我摸见你的疙瘩了。

（17）他寻见钥匙啦。

"见"可以用在感官动词之后，表示"感觉到……"，强调动作、行为的结果。

（18）这饭我吃见有点咸。

（19）我瞧见他出去啦。

（20）我用见兀手机不好用，还不如不用。

襄垣方言中"见"做补语的否定形式是"没呐＋VP＋见"。例如：

（21）我没呐听见他说甚呀。

（22）我没呐瞧见他。

（23）你就没呐闻见有甚味气（味道）了。

（三）VP＋着

襄垣方言中，"着"做结果补语有下列用法。

第一类和普通话用法相同，表示动作的实现、完成，如："灯笼点着了"，这里不再过多说明。

第二类用在动词之后做补语，相当于"到"，通常可以和"VP＋见"替换，但比"VP＋见"的使用范围大、频率高。例如：

（24）我圪摸（摸）着了，就在这□[tseʔ⁴²³xer⁵⁵]（这里）放的了。

（25）不要一直心烦（唠叨）了，我听着了。

（26）你闻着了没呐，甚东西□[ŋou⁴²³]（烧焦）了。

（27）我寻着兀个衣裳了。

以上例子中，"着"均可和"见"换用，但"着"往往表示经过某一过程之后达到的结果，强调动作的持续性、过程性；而"见"往往只侧重结果。

第三类"VP＋着"表示动作、行为造成的某些损伤，可以指身体上的伤害，也可以指精神上的伤害。例如：

（28）你的胳膊是不是扭着了呀？

（29）他不操心，把圪□盖[kɐʔ³tiəŋ⁵⁵kɛ⁵⁵]（膝盖）磕着了。

（30）倒运孩（捣蛋孩子），气着你妈了哇！

值得我们注意的是：襄垣方言中，"VP＋着"和"VP＋住"都可以表"损伤"，但二者有两点不同。一是"VP＋着"后可以加宾语，也可不加宾语；而"VP＋住"后必须加宾语。二是"VP＋着＋了"可以替换成把字句形式"把＋受事＋VP＋着＋了"；而"住"做补语表"损伤"时，该句一般不能替换成把字句。

（四）VP＋上₁/下₁

襄垣方言中，"上、下"既可以做结果补语，表示动作的目的、结果；也可以做趋向补语，表示动作的移动变化。前者记作"上₁、下₁"，后者记作"上₂、下₂"。下面对"上₁、下₁"表结果的述补结构进行说明。例如：

（31）我相上（看上）那件衣裳了。

（32）王鹏考上北大了。

（33）人家才二十来岁，就买上楼（楼房）了。

（34）留下个电话哇，方便联系。

在襄垣方言中，"上₁、下₁"做结果补语时，存在着使用不平衡现象。"上₁"使用频率要远高于"下₁"，"上₁"有时候还可以替换"下₁"。如：例（34）可以改为"留上个电话哇，方便联系"。

二　情态补语

情态补语表示由于动作、性状而呈现出来的情态，可以由性质形容词、状态形容词与谓词性短语来充当，其中，中心语和补语中间通常用助词"得"连接，形成"VP＋得＋补语＋语气词"结构。情态补语有以下几种形式：

（一）VP＋得＋A^1＋的

此类结构一般是由状态形容词充当情态补语，对中心语进行具体描述，往往包含说话者一定的感情色彩。例如：

（35）卫＝个孩（那个孩子）吃得胖星＝星＝的。

（36）这个天冷得霍＝飕飕的。

（37）他笑得美不滋滋的。

（二）VP＋得＋叠音词＋的

此类结构是通过强调动作完成所呈现出来的状态，向受话人传递某种信息，或期望得到受话人的回应。在读音上要重读，以加强语气。例如：

（38）试卷我捂得紧紧的，应该没人照抄。

（39）鞋带我给你系得死死的，肯定开不了。

（40）说得好好的，□来[zəŋ⁵⁵lɛ²¹³]（怎么）就嚷（吵）开来？

三　趋向补语

趋向补语主要表示事物随动作而移动的方向，主要由趋向动词充当。襄垣方言常用的趋向补语有"来、去、将来、过去、上、下、上来"等，下面分别说明：

（一）VP＋来/去

1　A，指形容词。

　　襄垣方言中，"来/去"可以直接依附在动词后面，单独做趋向补语，相当于普通话的"来/去＋VP"。例如：

　　（41）闲唠寻我□[xuæ³³]（玩）来吧。

　　（42）咱瞧电影去哇。

　　（43）快些吃饭来。

　　（二）VP＋将[tsɒ³³]＋来

　　（44）你同学给你送将本书来。

　　（45）我跑将来的，快累死了。

　　（46）去把他叫将来吧。

　　（47）你姑姑提将来些苹果。

　　（48）我去给你把我小佅儿抱将来。

　　"VP＋将＋来"表示动作、人或物体的移动趋向是向着说话者。这一结构在单独使用时，通常表达祈使语气，如：快拿将来！否定形式是"没呐＋VP＋将＋来"。此类表达可以带宾语，也可不带宾语。带宾语时可以是"VP＋将＋N¹＋来"，也可以是"VP＋将＋来＋N"。当宾语是有定的且表示特指时，常以把字句的形式出现，如例（46）、例（48）。宾语不是特指时，往往不能用作把字句，如例（47）不能说成"你姑姑把些苹果圪提将来"。

　　关黑拽（2020）指出，山西泽州方言的"V＋将＋来/去"结构通常表示两点间远距离的横向位移，对动词有明确的选择限制，排斥非位移动词和短距离的位移动词。襄垣方言的"VP＋将＋来"结构也有这样的特点。一般来说，能进入"VP＋将＋来"结构的动词是单音节动词，通常只有自身表示位移意义的自移动词，以

1　N，指名词。

及能够造成人或物位移的致移动词才能进入该结构，如："走将来""搬将来"等。能进入该结构的动词有"□[xəŋ⁴²³]（拿）、邮、端、送、推、拉、骑、雇、学、唱、叫"等。"VP＋将＋来"结构中，宾语的类型既可以是单个的具体名词，也可以是短语，如例（47）。从语义角色类型上看，宾语一般是受事。乔全生（1992、2000）介绍分析了山西方言的"V＋将＋宾＋来/去"结构，襄垣方言中只有"VP＋将＋来"结构，已经没有"VP＋将＋去"结构了。

（三）VP＋过＋去

这一结构所表示的趋向意义和"将来"恰好相反，表示动作、人或物体的移动趋向是背着说话者的方向。例如：

（49）你把书给他送过去了吧？

（50）你把他叫过去吧。

（51）多会把孩给你送过去？

（四）VP＋上₂/下₂

襄垣方言中，"上"做趋向补语，表示位置由低处移到高处；"下"表示由高处移到低处。例如：

（52）搁不住，我圪提上走吧。

（53）坐下等等吧。

（54）我已经躺下了，有甚事？

"上"和"下"在部分动词后做补语时，其指向意义会有虚化的现象，即其本来的方向意义消失了。例如：

（55）买上化肥了没呐？买上啦。

（56）快□[xəŋ⁴²³]（拿）上走哇。

（57）能坐下十几个人。

（五）复合趋向动词做补语

襄垣方言中，还广泛存在着复合趋向动词做补语的用法，如"上来、下来、上去、下去、起来、回来、回去、出来、出去"等，与普通话用法大致相同。例如：

（58）你抓住这个绳就圪扒（爬）上来了。

（59）你快些儿出来吧。

（60）下将雨来了，我赶紧跑回来了。

（61）你把她抱上去吧。

（六）VP＋开

"开"做趋向补语，表示动作、行为的开始，指时间层面的趋向。例如：

（62）夜来（昨天）不是还好好的来，□来[zəŋ⁵⁵lɛ²¹³]（怎么）难受开来？

（63）孩又嚎（哭）开了。

（64）王鹏甚会儿（什么时候）做开买卖来？

"开"也可以表示离开的起点，指空间层面的趋向。例如：

（65）你给我起开些儿。

（66）不拉꞊人了（碍事），搬开哇。

（七）VP＋转

"转"做趋向补语，表示翻转、旋转之意。例如：

（67）他调转就走，甚也不管啦。

（68）用完把碗扣转哇，招呼（小心）落灰。

四　数量补语

数量补语分为动量补语和时量补语两类。动量补语由表动量的量词短语充当，用来表示动作发生的次数；时量补语由表时间的量词加上数词组成的数量短语充当，或用"数量名"短语充当，说明动作持续的时间。

（一）动量补语

在襄垣方言中，动量补语的用法和普通话大体相同。例如：

（69）才去唠一趟，又要去了。

（70）他瞅了我一眼。

（71）我捣＝了他一圪嘟＝。（我捶了他一拳。）

（72）我踢了他一脚。

（二）时量补语

在襄垣方言中，时量补语分为两类。一类和普通话用法一致，此处不再赘述。另一类在动词短语和时量补语之间插入"上"，构成"VP＋上＋时量补语"结构。例如：

（73）歇上一圪霎＝[iɐʔ³kɐʔ³sa³³]（一会儿）哇。

（74）你兀腿才好唠，给我消停（安分）上几天哇。

五　时地补语

在襄垣方言中，时地补语可分为时间补语和处所补语。时间补语表示事件终止的时间，处所补语表示地点。例如：

（一）时间补语

（75）卫＝个孩（那个孩子）耍到黑来（晚上）十二点才回来。

（76）俩人一直□[pʰiɑʔ³]（聊天）到半夜三点多。

（二）处所补语

（77）你先坐到沙发上歇会吧。

（78）不要躺到我的床上。

（79）你就靠住这个墙等会他吧。

六　可能补语

可能补语通常是在结果补语或趋向补语和中心语之间插进"得"/"不"，表示动作的结果、趋向可能/不可能实现。襄垣方言补语的形式有"能+V+C[1]""V+C+唠""V+将来"等形式。具体用法如下：

（一）能+V+C

（80）没事，我能看见唠。

（81）你能管住他吧？

（82）我能写完今天的作业。

（83）我能□[xəŋ⁴²³]（拿）唠，不用管我。

这种说法在普通话中也很常见，相当于"V+得+C"，表示动作的趋向、结果能否实现。两种表达可以相互替换而不影响意义。否定形式均为"V+不+C"。疑问句的表达可以用"能/能不能+V+C"，也可以用"V+得+C+吗/吧"。需要注意的是，"能"在这里只表示一种可能，表否定时不能用"不能"，只能用"V+不+C"形式。

（二）V+C+唠

1　C，指可数名词。

（84）圪挤圪挤就坐下唠。

（85）A：能不能拿动？

　　　　B：拿动唠。

（86）还有两天才到期了，怎么也用完唠。

此类表达的否定形式和疑问句形式和"V＋得＋C"一致，不再赘述。

（三）V＋将来

襄垣方言中，"将来"可以做趋向补语，表示动作发生移动变化；也可以做可能补语，表示动作的趋向、结果能否成为现实。这里主要说明"将来"做可能补语的情况。例如：

（87）我可给你弄不将来（我可给你弄不过来）。

（88）这个字好写，他写将来唠。

（89）兀人（那个人）六亲不认，咱可学不将来。

在疑问句中，可以用"能不能＋V＋将来"提问，肯定回答为"能＋V＋将来"，否定回答为"V＋不＋将来"。例如：

（90）A：五点以前你能不能送将来？

　　　　B：能送将来。/送不将来。

七　程度补语

与普通话相比，襄垣方言程度补语的表达形式更为丰富，下面作具体阐述。

（一）VP/AP＋死

襄垣方言中，"死"做程度补语，受事一般指人，常用"VP/AP＋死＋N＋了"句式。该句式有多种形式，如"快吓死我了"，还可以说成"快把我吓死了""我快吓死了"。

（二）VP/AP＋得＋要死/要命＋了

（91）不敢招＝（碰）我啊，头疼得要死了。

（92）又不是很迟了，你一直催得要死了。

（93）今儿的天真是冷得要命了。

（94）□[mei³³]（我）孩□[va³³]（抓）破人家孩脸了，把人家妈气得要命了。

（三）VP/AP＋得＋（可）怕＋了

（95）他没考好，在教室哭得怕了。

（96）他懒得怕了。

（97）雨下得（可）怕了，等上一圪霎＝[ieʔ³keʔ³sa³³]（一会儿）再去吧。

（四）VP/AP＋得＋不行

（98）到家吧，外头冷得不行。

（99）夜来（昨天）磕了一下，这圪霎＝[tseʔ⁴²³keʔ³sa³³]（这会儿）疼得不行。

（100）你快去瞧瞧吧，我怕得不行。

（101）咱先歇会吧，我□[sɿ⁴²³]人（累）得不行了。

此类句子中，中心语可分为两类：一类是性质形容词，另一类是表心理状态和心理活动的动词。当中心语为后者，且主语指人而不指物时，该句式可以替换成"VP/AP＋得＋N＋不行"。例如："我心疼得不行"可以变换为"心疼得我不行"。

第六节　襄垣方言的疑问句

襄垣方言的疑问句可以分为特指问句、正反问句和选择问句三种，现分述如下。

一　特指问句

特指问句是用疑问代词为疑问焦点的问句。襄垣方言的特指问句的语法结构与普通话基本相同，包含有疑问代词"谁、谁都、甚、怎捏ᵂ"等，用疑问代词代替未知内容，要求受者对未知内容作出回答。"谁"是问人疑问代词，"谁都"是其复数形式，可做主语和宾语。例如：

（1）谁/谁都去北京来？

（2）兀是谁？

"甚"是问物疑问代词，相当于普通话的"什么"，可做主语、宾语、定语。例如：

（3）A：甚东西跑进来了？

　　　B：没事，是个小狗。

（4）你手里□[xəŋ⁴²³]（拿）个甚？

（5）甚是个微信了？

（6）吃甚饭了？

"甚"可以表示任指，指任何人或事，常常与副词"都""也"连用。例如：

（7）甚事都哄（骗）不唠我！

（8）我甚也不知道昂，不要问我。

"甚"还可以虚指，指不确定的人或事。例如：

（9）我甚也不想说。

（10）一天天是瞎想甚了！

用"甚"还可以组成其他疑问代词，例如："甚事""甚样"等。例如：

（11）A：老师叫你去办公室了。

　　　B：他叫我是甚事？

（12）A：我才买唠个新衣裳。

　　　B：甚样的？大的还是小的？

问处所的疑问句所用疑问代词有"哪里""哪□[xer⁵⁵]/哪□[tʰer⁵⁵]"等。例如：

（13）你家在哪里/哪□[xer⁵⁵]/哪□[tʰer⁵⁵]了？

（14）哪里/哪□[xer⁵⁵]/哪□[tʰer⁵⁵]有老耗（老鼠）了？

问时间的疑问句所用疑问代词有"多会儿""甚会儿"等。例如：

（15）你多会儿/甚会儿来唻？

（16）多会儿/甚会儿开学了？

问方式的疑问句所用疑问代词有"怎捏⁼""□[zəŋ⁵⁵]来""□[zəŋ⁵⁵]了"等。"怎捏⁼"意为"怎么""怎么样"，常用来做状语，询问状态、方式、原因等。例如：

（17）你怎捏⁼去上海了？

（18）这个电视怎捏⁼开了？

（19）你怎捏⁼把个车唻撞成这了？

（20）她是怎捏⁼唻呀，好好的就不干了？

（21）你怎捏﹦这会才来了，都几点了？

"□[zəŋ⁵⁵]了"意为"怎么了"，一般多做谓语，有时也可单独使用，用来回答别人的询问，一般说时会加重语气。例如：

（22）你□[zəŋ⁵⁵]了不吃饭？

（23）A：你赶紧过来呀！

　　　　B：□[zəŋ⁵⁵]了？

"□[zəŋ⁵⁵]来"也是"怎么了"的意思，和"□[zəŋ⁵⁵]了"的用法基本一致，但是一般不单用。例如：

（24）你这几天是□[zəŋ⁵⁵]来，一直黑着个脸？

（25）你□[zəŋ⁵⁵]来不想去学校？

二　正反问句

襄垣方言正反问句的形式有"V＋不＋V""VP＋不/没呐"。

"V＋不＋V"形式仅限于口语中使用频率较高的部分单音节动词，如"吃、睡、走、说"等。例如：

（26）你吃不吃？

（27）洗不洗？

襄垣方言中常见的正反问句的形式是"VP＋不/没呐"，例如：

（28）吃饭不？

（29）你去了不？

（30）吃面了不？

（31）你瞧着了没呐？

（32）你瞧着来没呐？

例（31）"VP＋了＋没呐"表示询问现在"看见了没有"，
例（32）"VP＋来＋没呐"，表示询问过去"看见了没有"。

"VP＋不"的回答通常很简短，肯定式用"V＋了"，否定式
用"不＋V"。例如：

（33）A：你去北京了不？

　　　B：去了。/不去。

（34）A：你想家了不？

　　　B：想了。/不想。

"VP＋了＋没呐"的回答肯定式用"VP＋了"，否定式用
"没呐"；"VP＋来＋没呐"的回答肯定式用"VP＋来"，否定
式用"没呐"。例如：

（35）A：你听着了没呐？

　　　B：听着了。/没呐。

（36）A：你听着来没呐？

　　　B：听着来。/没呐。

三　选择问句

选择问句是把一件事情的正反两个方面都说出来，要求对方从
中选出某一方面。襄垣方言的选择问句是"VP＋不＋VP"式。按
照选择问句的时态差异，襄垣方言的选择问句可以从未然体和已然
体两种形式来阐述。

（一）未然体的选择问句

襄垣方言里的未然体选择问句可以分为两大类："VP＋不
＋VP"式、"VP＋语气词＋不"式。

第一类："VP＋不＋VP"式

这种形式是襄垣方言最常用的一种选择问句。例如：

（37）今日的天好不好？

（38）王老师来不来？

（39）她的衣裳好不好？

（40）他的头发长不长？

（41）你在不在北京上班？

以上例句，"VP"是由单音节词构成，这与北京话的说法完全相同，都是"V＋不＋V"式。如果提问部分是双音节以上的词或短语（有时是动词带宾语）时，情况略有不同。襄垣方言除了有"VO[1]＋不＋VO"和"VO ＋不＋V"两种格式外，还有第三种格式"V＋不＋VO"；而且在使用中，第三种用得更加频繁，用的次数更多。例如：

（42）a. 你明日去上班不去上班？

　　　 b. 你明日去上班不去？

　　　 c. 你明日去不去上班？

（43）a. 你洗澡不洗澡？

　　　 b. 你洗澡不洗？

　　　 c. 你洗不洗澡？

（44）a. 老师上课不上课？

　　　 b. 老师上课不上？

　　　 c. 老师上不上课？

在襄垣方言中，如果询问能力，动词前面要加"能、会、敢"

1　VO，指动宾短语。

等助动词，相应的形式也有三种。例如：

  （45）a 你能喝酒不能喝酒？

    b. 你能喝酒不能？

    c. 你能不能喝酒？

  （46）a. 你会写毛笔字不会写毛笔字？

    b. 你会写毛笔字不会？

    c. 你会不会写毛笔字？

  （47）a. 你敢问老师不敢问老师？

    b. 你敢问老师不敢？

    c. 你敢不敢问老师？

还可以在动词后面加可能补语来表示，例如：

  （48）作业你写完唠写不完？

  （49）他说话你听懂唠听不懂？

  （50）你洗净唠洗不净？

  （51）你背动唠背不动？

动词后直接加补语，再加"唠"，中间不能加"得"。回答的肯定形式是动词直接加补语再加"唠"，否定形式是在动词和补语之间加"不"。例如：

  （52）A：卫˭个（那个）麻袋你背动唠背不动？

    B：背动唠。/背不动。

  第二类："VP+M+不"式

  "VP+M+不"式中的"M"是语气词。根据语气词的不同，又可以分为两小类：

  1."VP+了+不"式

（53）你吃饭了不？

（54）你想家了不？

（55）你吃烟（吸烟）了不？

（56）你喝酒了不？

"VP＋了＋不"式的答话通常很简短，肯定式用"V＋了"，否定式用"不＋V"。例如：

（57）A：你去北京了不？

　　　 B：去了。/不去。

（58）A：你想家了不？

　　　 B：想了。/不想。

这种问句的否定回答还可用更简短的答句："不。"

"VP＋了＋不"中的"V"只限于动词，不能是形容词。例如问今天天气怎么样，不能说："今个天气好了不？"而要说："今个天气好不好？"

2."VP＋呀＋不"式

（59）你今日去学校呀不？

（60）你瞧电视呀不？

（61）你明日去城（县城）呀不？

（62）过年你孩回来呀不？

"VP＋呀＋不"式是"VP＋呀＋不＋VP"式的简略式，"呀"不负载疑问信息，它只能出现在句中，不能出现在句末。

"VP＋呀＋不"式的答句也很简短，肯定式用"V＋呀"，否定式用"不＋V"。否定回答也可以是"不"。例如：

（63）A：你这圪霎（这会）吃呀不？

B：吃呀。/不吃。/不。

（二）已然体选择问句

襄垣方言对已然的事实进行提问，主要用"VP＋M＋没呐"格式。这类选择问句的特点是动词、形容词或短语后带完成体的语气助词"了"和表示曾经体的语气助词"唻"，句末跟否定副词"没呐"。例如：

（64）吃饭唻没呐？

（65）打上饭了没呐？

（66）他去上班了没呐？

（67）你清早吃饭唻没呐？

（68）夜来（昨天）家有人唻没呐？

（69）过年买新衣裳唻没呐？

襄垣方言的选择问句中还有一种特殊的列项选择问句，列项选择问句是在两个选项之间插入语气词"了""呀""唻"等，构成"VP＋M＋VP＋M"的形式。第一个语气词后面有明显的语音停顿。列项选择问句也可分为未然体列项选择问句和已然体列项选择问句，下面分述。

1. 未然体列项选择问句

襄垣方言未然体的列项选择问句常用的形式有两种："VP＋了＋VP＋了"和"VP＋呀＋VP＋呀"。例如：

（70）a. 吃米了吃面了？　　b. 吃米呀吃面呀？

（71）a. 去学校了去耍了？　　b. 去学校呀去耍呀？

（72）a. 走路了骑车了？　　b. 走路呀骑车呀？

（73）a. 外面下雨了下雪了？　　b. 外面下雨呀下雪呀？

2. 已然体列项选择问句

襄垣方言已然体列项选择问句，常见的格式是"VP＋M＋VP＋M"，M代表曾经体的语气词"唻"。例如：

（74）你去唻他去唻？

（75）吃的包（包子）唻煮角儿（饺子）唻？

（76）上的语文课唻数学课唻？

这种类型的问句还可以变成"……唻呀……唻"的形式。例如：

（77）你去东关唻呀去西河底唻？

（78）是你买的唻呀她买的唻？

（79）你坐的飞机唻呀火车唻？

第七节　襄垣方言体貌意义的表达手段

关于汉语的体貌问题，学界还存在分歧。邢向东（2006）将陕北晋语沿河方言的体貌范畴首先分为体、貌两大类：体反映动作、事件在一定进程中的状态，着重在对事件构成方式的客观观察；貌在对事件的构成方式进行观察的同时，还包含事件主体或说话人的主观意愿和情绪。他还进一步进行分类：将体按照观察事件的角度分为完整体和非完整体，完整体包括完成体、经历体，非完整体包括起始体、实现体、持续体；貌又包括动量减小貌和随意貌两类。对于体貌范畴的表达手段，他认为，体貌助词、动词的重叠、包含体貌意义的语气词是最典型的，而将时间副词排除在外。本书关于襄垣方言体貌范畴的定义、层级体系以及表达手段的论述，均参照邢先生的这一讨论结果。

一　完成体

完成体表示动作已经完成或状态已经实现。襄垣方言表达完成体的手段主要是使用动态助词"唠[$lɔu^0$]"。完成体标记"唠"主要用在动词之后,表示动作或变化的实现,相当于普通话中的"了₁"。"唠"后紧跟受事宾语、存现宾语或双宾语,相应构成一般动词句、动宾谓语句、存现句等。"唠"既可以出现于句中,也可以出现于句末;既可单独成句,也可充当分句。例如:

(1)我吃唠一大碗饭。

(2)夜来(昨天)我给他写唠一封信。

(3)门口挤唠些人。

"唠"后还可带表示时量、动量的补语,例如:

(4)□[mei^{33}]都(我们)等唠半个多小时,门才开。

(5)他瞅唠我一眼。

"唠"还可以用在动词重叠式之间形成"V+唠+V"格式,表示已经实现的动作的短暂性和反复性,例如:

(6)我想唠想,还是拉倒去哇。

(7)小王擦唠擦脸。

在连动句中,"唠"位于前一个动词后,表示动作的前后顺序。例如:

(8)等他来唠再说。

(9)他吃唠清早饭就出啦。

"唠"还经常用在非现实小句的末尾,引出下文。"唠"后不能加数量成分，有时跟表示假设意义的连词"要是"等呼应。例如：

（10）写完作业唠不要乱跑，早些回家。

（11）你看电视唠我给你开开。

（12）柿红唠你给咱摘。

二 曾然体

"唻[lɐ⁰]"是襄垣方言中表示某种动作、行为或变化曾经发生的助词。"唻"可以出现在句中，也可以出现在句末，一般用在动词或形容词后面。例如：

（13）他年时（去年）回来唻。

（14）老王原来是老师唻。

（15）五一去哪里□[xuæ³³]（玩）唻？

（16）A：你看唻没呐？

　　　B：看唻。

三 经历体

襄垣方言表达经历体的手段主要是使用助词"过"。"过"用在动词、形容词后，可以跟已然体助词兼语气词"了"共现。句中常常出现表示过去的时间副词和时间名词，如"原先、以前、年时（去年）"等。例如：

（17）我去过北京，没呐（没有）去过上海。

（18）我寻过他好几回.

（19）他原先做过买卖。

否定过去曾经发生某事或已有某经验用"没呐＋V＋过"。例如：

（20）我没呐和□[n.ia²¹³]（他）嚷过架（吵架）。

（21）他去过不少地方，就是没呐去过北京。

四　进行体

进行体指的是在说话人说话的时刻事态正在发生、进行之中。在襄垣方言中，表进行体的助词有两个："了"和"着[tɐʔ³]"。

"了"在句末充当进行体标记，主要用在动作动词以及动宾短语之后，既可以单独表示动作正在进行，也可与副词"正"配合使用。例如：

（22）我在门口坐着[tɐʔ³]了。

（23）下雨了，□[xən⁴²³]（拿）上伞哇。

在疑问句中，"了"可用于问句和答句。例如：

（24）A：你做甚了？

　　　　B：瞧书了。

（25）A：你去哪了？

　　　　B：去□[mei³³]（我）老师家了。

"着[tɐʔ³]"用在动词谓语中表示动作正在进行，一般与"了"连用。例如：

（26）我开着[tɐʔ³]会了。

（27）□[n.ia²¹³]等着[tɐʔ³]你了。

"着"可用于"动₁＋着＋动₁＋着＋就＋动₂"结构，表示在前一动作进行的过程中后一动作发生了。例如：

（28）你怎捏˭走着[tɐʔ³]走着[tɐʔ³]就停下了？

（29）他说着[tɐʔ³]说着[tɐʔ³]就恼了？

（30）孩子哭着[tɐʔ³]哭着[tɐʔ³]就睡着了。

"着"还可用于"处所名词＋动＋着＋宾语"结构，表示"某处正在发生某事"。例如：

（31）天上飞着[tɐʔ³]个老鹰。

（32）外头正下着[tɐʔ³]雪。

五　持续体

持续体表示事件在发展过程中某种动作、行为，或动作、行为所造成的结果、状态的持续，襄垣方言中表示持续的助词有"着[tɐʔ³]"和"住"。

"着[tɐʔ³]"作为动态持续体助词，一般用于"V＋着＋宾语"结构中。例如：

（33）骑着驴找驴了。

（34）椅上坐着俩年轻人。

"着"还可作为静态持续体助词，一般用于"V＋着"结构中。例如：

（35）金鱼活着了。

（36）他醒着了。

（37）枕巾上绣着鸳鸯。

"住"可用在动词后表示动作、行为或状态的持续。例如：

（38）他连住仨月没呐回家了。

（39）他顺住墙跑啦。

六　起始体

起始体表示动作或状态变化的开始。"开"作为动态助词，常放在持续动词、形容词或动宾词组之间表起始体，常与语气词"啦"搭配使用。例如：

（40）刚好了就笑开啦。

（41）上开课啦。

（42）下开（雨）啦。

七　先行体

先行体表示某一行为或事件的发生是以另一行为或事件的发生为条件的，襄垣方言的先行体标记是"唠"。这类句子句首往往有动词"等"、时间词"先"等。例如：

（43）等考完试唠咱去吃火锅哇。

（44）等放唠假再去西安哇。

八　短时貌

短时貌表示动作进行或状态变化所经历的时间相对比较短暂，它的语法意义相当于普通话里的动词重叠式。襄垣方言中，短时貌主要用动词重叠的形式来表示。例如：

（45）你给他说说。

（46）你刚吃了饭，等等再喝药。

（47）歇歇再走哇。

九 尝试貌

尝试貌表示尝试着发出某种动作、行为，该动作、行为的时间一般也比较短暂。襄垣方言中，尝试貌主要用动词重叠的形式来表示。例如：

（48）你猜猜这是甚？

（49）你尝尝咸淡咪。

（50）再算算就对啦。

十 反复貌

反复貌表示动作或状态在一段时间里反复进行，蕴含的动量相对大，涉及的次数也多。襄垣方言的反复貌主要通过具有反复意义的动词重叠式以及"再V一下（动量）、再V一个（名量）"等词汇手段来表达。

襄垣方言中最常用的表示动作反复的重叠形式主要有"V＋（过）来＋V＋（过）去""一＋V＋一＋V""V_1＋唠＋V_2，V_2＋唠＋V_1"等，例如：

（51）你看你圪拧过来圪拧过去（扭过来扭过去）。

（52）灯一闪一闪的，肯定坏了。

（53）□[n̠ia²¹³]（他）天天吃唠睡，睡唠吃。

第五章　语料记音

第一节　语法例句

第一行为普通话，第二行为该句在襄垣方言中的说法，第三行为记音。

1. 谁呀？我是老三。

谁了？我是老三。

sei²¹³ leʔ⁻⁵？ uɤ²¹³ sɿ⁵⁵ lɒ⁴²³⁻⁴² sæ³³。

2. 老四呢？他正跟一个朋友说着话呢。

老四了？他跟个朋友说话了。

lɒ²¹³ sɿ⁵⁵ leʔ⁻⁵？ tʰa³³ kən³³ keʔ³ pʰən²¹³ iou⁰ suaʔ³ xua³³ leʔ⁻⁵。

3. 他还没有说完吗？

他还没呐说完了？

tʰa³³ xæ²¹³ maʔ³ na⁰ suaʔ³ væ²¹³ leʔ⁻⁵？

4. 还没有。大约再有一会儿就说完了。

还没呐了。恐怕还得一圪霎就说完啦。

xæ²¹³ maʔ³ na⁰ leʔ⁻⁵。 kʰuəŋ⁴²³⁻⁴² pʰa⁵⁵ xæ²¹³ tieʔ³ ieʔ³ keʔ³ sa³³ tɕiou⁵⁵ suaʔ³ væ²¹³ leʔ⁻⁵。

5. 他说马上就走，怎么这么半天了还在家里呢？

他说咪一圪霎就走，怎捏＝这半天啦还在家了？

tʰa³³ suɑʔ³ lɛ²¹³⁻⁵⁵ iɐʔ³ kɐʔ³ sa³³ tɕiou⁵⁵ tsou⁴²³，tsɐʔ⁴²³ n̠iɑʔ⁻⁵ tsɐʔ⁴²³ pæ⁵⁵ tʰei³³ la⁰ xæ²¹³ tsɛ⁵⁵ tɕia³³ lɐʔ⁻⁵？

6. 你到哪儿去？我到城里去。

你去哪了？去城啊。

n̠⁴²³ tsʰuɐʔ⁴²³ na⁴²³ lɐʔ⁻⁵？tsʰuɐʔ⁴²³ tsʰən²¹³ a⁰。

7. 在那儿，不在这儿。

在卫゠□/卫゠□，不在这□/这□。

tsɛ⁵⁵ vei³³ xɐr⁵⁵/vei³³ tʰɐr⁵⁵，pɐʔ³ tsɛ⁵⁵ tsɐʔ⁴²³ xɐr⁵⁵/tsɐʔ⁴²³ tʰɐr⁵⁵。

8. 不是那么做，是要这么做的。

不是卫゠低゠弄了，是□低゠弄了。

pɐʔ³ sʅ⁵⁵ vei³³ ti³³ nuən⁵⁵ lɐʔ⁻⁵，sʅ⁵⁵ tsæ⁴²³ ti³³ nuən⁵⁵ lɐʔ⁻⁵。

9. 太多了，用不着那么多，只要这么多就够了。

可敌゠多些，用不唠□低゠□（多），就这些儿就够啦。

kʰɑʔ³ tiɑʔ⁴²³ tuɣ³³ ɕiɐʔ⁻⁵，yəŋ⁵⁵ pɐʔ³ lɔu⁰ tsæ⁴²³ ti³³ tɛ⁵⁵，tɕiou⁵⁵ tsɐʔ⁴²³ ɕiɐr³³ tɕiou⁵⁵ kou⁵⁵ la⁰。

10. 这个大，那个小，这两个哪一个好一点呢？

这个大，卫゠个小，哪个好些儿？

tsɐʔ⁴²³ kɐʔ⁰ ta⁵⁵，vei³³ kɐʔ⁰ ɕiɒ⁴²³，na⁴²³ kɐʔ⁰ xɒ⁴²³ ɕiɐr³³？

11. 那个比这个好。

卫゠个比这个好。

vei³³ kɐʔ⁰ pi⁴²³ tsɐʔ⁴²³ kɐʔ⁰ xɒ⁴²³。

12. 这些房子不如那些房子好。

这些房不如卫゠些房好。

tsɐʔ⁴²³ ɕiɐʔ⁻⁵ fɒ²¹³ pɐʔ³ zu̠²¹³ vei³³ ɕiɐʔ⁻⁵ fɒ²¹³ xɒ⁴²³。

13. 这句话用襄垣话怎么说呢？

这句话用襄垣话怎捏"说了？

tseʔ⁴²³ tɕy⁵⁵ xua⁵⁵ yəŋ⁵⁵ ɕiɒ³³ iei²¹³ xua⁵⁵ tseʔ⁴²³ ȵiɑʔ⁻⁵ suɑʔ³ leʔ⁻⁵ ?

14. 他今年多大啦？

他今年有多大啦？

tʰa³³ tɕiəŋ³³ ȵiei²¹³ tuɤ³³ ta⁵⁵ la⁰ ?

15. 可能有三十来岁吧。

可能有三十来岁哇。

kʰɤ⁴²³⁻⁴² nəŋ²¹³ iou⁴²³ sæ³³ seʔ⁴²³⁻⁵ lɛ²¹³ suei⁵⁵ va⁰ 。

16. 这个东西有多重？

这有多重？

tseʔ⁴²³ iou⁴²³⁻⁴² tuɤ³³ tsuəŋ⁵⁵ ?

17. 有五十多斤。

有五十来斤。

iou⁴²³⁻⁴² u⁴²³ seʔ⁴²³⁻⁵ lɛ²¹³ tɕiəŋ³³ 。

18. 拿得动吗？能拿得动。

□动□不动？□动唠。

xəŋ⁴²³ tuəŋ⁵⁵ xəŋ⁴²³ peʔ³ tuəŋ⁵⁵ ? xəŋ⁴²³ tuəŋ⁵⁵ lou⁰ 。

19. 我能拿得动，他拿不动。

我能□动唠，他□不动。

uɤ⁴²³ nəŋ²¹³ xəŋ⁴²³ tuəŋ⁵⁵ lou⁰ , tʰa³³ xəŋ⁴²³ peʔ³ tuəŋ⁵⁵ 。

20. 真不轻，连我也拿不动。

真不轻，连我也□不动。

tsəŋ³³ peʔ³ tɕʰiəŋ³³ , lei²¹³ uɤ⁴²³ iɤ⁴²³ xəŋ⁴²³ peʔ³ tuəŋ⁵⁵ 。

21. 你说得真好，还有什么再给咱说说。

你说得□□（非常）好，还有甚再给咱说说。

n̠^{423} suaʔ^3 tɐʔ$^{-5}$ kʰei^{55} iɤ^{55} xɒ^{423}，xæ^{213} iou$^{423-42}$ səŋ^{55} tsɛ^{55} kɐʔ^{423} tsa^{213} suaʔ^3 suaʔ^3。

22. 我嘴笨说不过他。

我嘴笨说不过他。

uɤ$^{42-42}$ tsuei^{423} pəŋ^{55} suaʔ^3 pɐʔ^3 kuɤ^{55} tʰa^{33}。

23. 说了一遍又一遍，说起来没完。

说了一遍又一遍，说起来没完。

suaʔ^3 lɔu^0 iɐʔ^3 pei^{55} iou^{55} iɐʔ^3 pei^{55}，suaʔ^3 tɕʰi$^{423-33}$ lɛ$^{312-55}$ maʔ^3 væ^{213}。

24. 你再说说！你再学学！

你再说说！你再学学！

n̠^{423} tsɛ^{55} suaʔ^3 suaʔ^3！n̠^{423} tsɛ^{55} ɕiaʔ^3 ɕiaʔ$^{3-5}$！

25. 不早啦，快去吧！

不早啦，快儿去哇！

pɐʔ^3 tsɒ^{423} la^0，kʰuɐr^{55} tsʰuɐʔ^{423} va^0！

26. 还早呢，等一会儿再去吧。

还早了，等一圪霎再去哇。

xæ^{213} tsɒ^{423} lɐʔ$^{-5}$，təŋ$^{423-42}$ iɐʔ^3 kɐʔ^3 sa^{33} tsɛ^{55} tsʰuɐʔ^{423} va^0。

27. 吃了饭去行不行？

吃唠饭去行不行？

tsʰɐʔ^3 lɔu^0 fæ^{55} tsʰuɐʔ^{423} ɕiəŋ^{213} pɐʔ^3 ɕiəŋ^{213}？

28. 慢点吃吧！不要急。

慢些儿吃哇！不要急。

mæ⁵⁵ ɕier³³ tsʰɐʔ³ va⁰！pɐʔ³ iɔu⁵⁵ tɕieʔ³。

29. 坐着吃比站着吃强。

坐下吃比站上吃强。

tsuɣ⁵⁵ a⁰ tsʰɐʔ³ pi⁴²³⁻⁴² tsæ⁵⁵ ɒ⁰ tsʰɐʔ³ tɕʰiŋ²¹³。

30. 他吃了饭啦，你吃了没有？

他吃唠饭啦，你吃啦没呐？

tʰa³³ tsʰɐʔ³ lɔu⁰ fæ⁵⁵ la⁰，n̩⁴²³ tsʰɐʔ³ la⁰ mɒʔ³ na⁰？

31. 他去过上海，我没有去过。

他去过上海，我没呐去过。

tʰa³³ tsʰueʔ⁴²³ kuɣ⁵⁵ sɒ⁵⁵ xæ²¹³，uɣ⁴²³⁻⁴² mɒʔ³ na⁰ tsʰueʔ⁴²³ kuɣ⁵⁵。

32. 来闻闻这朵花儿香不香？

来闻闻这朵花儿香不香？

lɛ²¹³ vəŋ²¹³ vəŋ²¹³⁻⁵⁵ tsɐʔ⁴²³ tuɣ⁴²³⁻⁴² xuɐr³³ ɕiɒ³³ pɐʔ³ ɕiɒ³³？

33. 给我本儿书！

给我本儿书！

kɐʔ⁴²³ uɣ⁴²³⁻⁴² pər⁴²³ su³³！

34. 我真的没有书！

我真的没呐书！

uɣ⁴²³⁻⁴² tsəŋ³³ tɐʔ³ mɒʔ³ na⁰ su³³！

35. 你告他说。

你告他说。

n̩⁴²³ kɔu⁵⁵ tʰa³³ suɒʔ³。

36. 好好走！不要跑！

好好走！不要跑！

xɒ⁴²³⁻⁴² xɒ⁴²³⁻⁵⁵ tsou⁴²³！　peʔ³ iɔu⁵⁵ pʰɔu⁴²³！

37. 小心掉下去，爬也爬不上来！

招呼跌唠，爬也爬不上来！

tsɔu³³ xu³³ tiaʔ³ lɔu⁰，pʰa²¹³ iɤ⁴²³⁻⁴² pʰa²¹³ peʔ³ sɒ⁵⁵ lɛ²¹³！

38. 医生叫你多睡上会儿。

医生叫你多睡上会儿。

i³³ səŋ³³ tɕiɔu³³ n̩⁴²³⁻⁴² tuɤ³³ suei³³ ɒ⁰ xuɐr⁴²³。

39. 抽烟喝茶都不行。

吃烟喝茶都不行。

tsʰɐʔ³ iei³³ xaʔ³ tsʰa²¹³ tou³³ peʔ³ ɕiəŋ²¹³。

40. 不管你去不去，我反正是要去了。

不管你去不去，我反正是要去了。

peʔ³ kuæ⁴²³⁻⁴² n̩⁴²³⁻⁴² tsʰuɐʔ⁴²³ peʔ³ tsʰuɐʔ⁴²³，uɤ⁴²³⁻⁴² fæ⁴²³⁻⁴² tsəŋ⁵⁵ sʅ⁵⁵ iɔu⁵⁵ tsʰuɐʔ⁴²³ lɐʔ⁻⁵。

41. 我非去不行。

我非去不行。

uɤ⁴²³⁻⁴² fei³³ tsʰuɐʔ⁴²³ peʔ³ ɕiəŋ²¹³。

42. 你是哪年来的？

你是哪年来唻？

n̩⁴²³⁻⁴² sʅ⁵⁵ na⁴²³⁻⁴² n̠iei²¹³⁻⁵⁵ lɛ²¹³ lɛ²¹³⁻⁵⁵？

43. 我是前年来的北京。

我是前年来唠北京唻。

uɤ⁴²³⁻⁴² sʅ⁵⁵ tɕʰiei²¹³ n̠iei²¹³ lɛ²¹³ lɔu⁰ piɐʔ³ tɕiəŋ³³ lɛ²¹³⁻⁵⁵。

44. 今年去不去北京？

今年去不去北京？

tɕiəŋ³³ n̥iei²¹³⁻⁵⁵ tsʰuɐʔ⁴²³ peʔ³ tsʰuɐʔ⁴²³ pieʔ³ tɕiəŋ³³？

45. 今天开会谁是主席？

今日开会谁是主席？

tɕiəŋ³³ zʐʔ³⁻⁵ kʰE³³ xuei⁵⁵ sei²¹³ sʐ⁵⁵ tsu⁴²³⁻⁴² ɕieʔ⁴²³？

46. 你得请我吧。

你该请我哇。

n̠⁴²³⁻⁴² kE³³ tɕʰiəŋ⁴²³⁻⁴² uɤ⁴²³⁻⁴² va⁰。

47. 越走越远，越说越多。

越走越远，越说越多。

yɑʔ³ tsou⁴²³⁻⁴² yɑʔ³ yei⁴²³，yɑʔ³ suɑʔ³ yɑʔ³ tuɤ³³。

48. 一边走，一边说。

一不连⁼走，一不连⁼说。

ieʔ³ peʔ³ lei²¹³ tsou⁴²³⁻⁴²，ieʔ³ peʔ³ lei²¹³ suɑʔ³。

49. 把那个东西给我。

把卫⁼个东西给我。

pa⁴²³⁻⁴² vei³³ kɐʔ⁵⁻⁵ tuəŋ³³ ɕi³³⁻⁵⁵ kɐʔ⁴²³ uɤ⁴²³。

50. 有些地方把太阳叫日头。

有些地方儿把太阳叫日头。

iou⁴²³⁻⁴² ɕieʔ³ ti⁵⁵ fɐr³³ pa⁴²³⁻⁴² tʰE⁵⁵ iɒ²¹³ tɕiɔu⁵⁵ zʐʔ³ tʰou²¹³⁻⁵⁵。

51. 你贵姓？不敢，我姓王。

你贵姓？不敢，我姓王。

n̠⁴²³⁻⁴² kuei⁵⁵ ɕiəŋ⁵⁵？peʔ³ kæ⁴²³，uɤ⁴²³⁻⁴² ɕiəŋ⁵⁵ vɒ²¹³。

52. 你姓王我也姓王，咱俩都姓王。

你姓王我也姓王，咱俩人都姓王。

n̠$^{423-42}$ ɕiəŋ^{55} vɒ^{213} uɤ$^{423-42}$ iɤ^{213} ɕiəŋ^{55} vɒ^{213}, tsa^{213} lia$^{423-42}$ zəŋ^{213} tou^{33} ɕiəŋ^{55} vɒ^{213}。

53. 你先去吧，我们一会儿就去。

你先去哇，□都一圪霎⁼好去。

n̠$^{423-42}$ ɕiei^{33} tsʰuɐʔ^{423} va^{0}, mei^{33} tou^{33} iɐʔ^{3} kɐʔ^{3} sa^{33} xɒ$^{423-42}$ tsʰuɐʔ^{423}。

54. 你先走吧，等等我们就去。

你先走哇，等等□都好去。

n̠$^{423-42}$ ɕiei^{33} tsou$^{423-42}$ va^{0}, təŋ$^{423-42}$ təŋ^{423} mei^{33} tou^{33} xɒ$^{423-42}$ tsʰuɐʔ^{423}。

55. 我该不该来？

我该来啊不该？

uɤ$^{423-42}$ kE^{33} lE^{213} a^{0} pɐʔ^{3} kE^{33}?

56. 他愿不愿意说？

他愿说不愿？

tʰa^{33} yei^{55} suɑʔ^{3} pɐʔ^{3} yei^{55}?

57. 你打算去不去？

你打划去不去？

n̠$^{423-42}$ ta$^{423-42}$ xua^{55} tsʰuɐʔ^{423} pɐʔ^{3} tsʰuɐʔ^{423}?

58. 那个人睡着了没有？

卫⁼个人睡着啦没呐？

vei^{33} kɐʔ$^{-5}$ zəŋ^{213} suei^{55} tsɐʔ^{423} la^{0} mɑ^{3} na^{0}?

59. 你吃完那碗面饱了没有？

你吃了卫⁼碗面饱啦没呐？

n̠⁴²³⁻⁴² tsʰe⁵ʔ³ lɒu⁰ vei³³ væ⁴²³⁻⁴² mei⁵⁵ pɒ⁴²³⁻⁴² la⁰ maʔ³ na⁰？

60. 他在家生病了，我去看看他好了没有。

他在家歪⁼了，我去照照他好啦没呐。

tʰa³³ tsɛ⁵⁵ tɕia³³ vE³³ leʔ²⁻⁵，uɤ⁴²³⁻⁴² tsʰuɐʔ⁴²³ tsɔu⁵⁵ tsɔu⁵⁵ n̠ia²¹³ xɒ⁴²³⁻⁴² la⁰ maʔ³ na⁰。

61. 天已经黑了，还是快走吧。

天倒黑啦，还是快走哇。

tʰei³³ tɔu⁵⁵ xaʔ³ la⁰，xæ²¹³ sɿ⁵⁵ kʰuE⁵⁵ tsou⁴²³⁻⁴² va⁰。

62. 天已经下雨了，赶快走吧。

天倒圪星了，赶紧走哇。

tʰei³³ tɔu⁵⁵ keʔ⁴²³ ɕiəŋ³³ leʔ²⁻⁵，kæ⁴²³⁻⁴² tɕiəŋ⁴²³ tsou⁴²³⁻⁴² va⁰。

63. 那个人真可怜。

卫⁼个人真恓惶。

vei³³ keʔ²⁻⁵ zəŋ²¹³ tsəŋ³³ ɕi³³ xuɒ²¹³⁻⁵⁵。

64. 这么多人这点儿面够了没有？

卫⁼低⁼带⁼人这些儿面够唠唻没呐？

vei³³ ti³³ tE⁵⁵ zəŋ²¹³ tseʔ⁴²³ ɕier³³ mei⁵⁵ kou⁵⁵ lou⁰ lE²¹³⁻⁵⁵ maʔ³ na⁰？

65. 那么小个锅，这么多人够谁吃？

卫⁼低⁼小个锅，这低⁼带⁼人够谁吃？

vei³³ ti³³ ɕiɒ⁴²³⁻⁴³ keʔ²⁻⁵ kuɤ³³，tseʔ⁴²³ ti³³ tE⁵⁵ zəŋ²¹³ kou⁵⁵ sei²¹³ tsʰeʔ³？

66. 今天比昨天好点儿。

今日比夜来可些儿。

tɕiəŋ³³ zʐ̩ʔ³ pi⁴²³⁻⁴² ieʔ⁻⁵ lɛ²¹³ kʰɤ⁴²³ ɕier³³⁻⁵⁵。

67. 昨天就觉得好点了。

夜来就觉得圪蛋＝气＝啦。

ieʔ⁻⁵ lɛ²¹³ tɕiou⁵⁵ tɕiɑʔ³ teʔ⁰ keʔ⁴²³ tæ⁵⁵ tɕʰi⁵⁵ lɑ⁰。

68. 这儿没有那儿好。

这□没呐卫＝□好。

tseʔ⁴²³ xɐr⁵⁵ mɑʔ³ nɑ⁰ vei³³xɐr⁵⁵ xɒ⁴²³。

69. 小心掉下去！

招呼跌下唠！

tsɔu³³ xu³³ tiɑʔ³ a⁵⁵ lɔu⁰！

70. 你照顾点儿老王。

你招呼些儿老王。

n̠⁴²³⁻⁴² tsɔu³³ xu³³ ɕier³³ lɒ⁴²³⁻⁴² vɒ²¹³。

71. 你可得小心那些不三不四的人。

你可得招呼卫＝些不三不四的人。

n̠⁴²³⁻⁴² kʰɑʔ³ tieʔ³ tsɔu³³ xu³³ vei³³ ɕieʔ⁻⁵ peʔ³ sæ³³ peʔ³ sʅ⁵⁵ teʔ³ zəŋ²¹³。

72. 他能不能来？

他能不能来？

tʰa³³ nəŋ²¹³ peʔ³ nəŋ²¹³ lɛ²¹³？

73. 今天的戏比昨天强多了。

今日这戏比夜来好多了。

tɕiəŋ³³ zʐ̩ʔ³ tseʔ⁴²³ ɕi⁵⁵ pi⁴²³⁻⁴² ieʔ⁻⁵ lɛ²¹³ xɒ⁴²³⁻⁴² tuɤ³³ lɑ⁰。

74. 你什么时候走？我一会儿就走。（我下午就走。）

你哪□走啊？我一圪霎＝就走。（我晚期＝就走。）

n̠⁴²³⁻⁴² na⁴²³⁻⁴² tʰɐr⁵⁵ tsou⁴²³⁻⁴² a⁵⁵ ? uɤ⁴²³⁻⁴² ie?³ kɐ?³ sa³³ tɕiou⁵⁵ tsou⁴²³。（uɤ⁴²³ væ⁴²³⁻⁴² tɕʰi³³ tɕiou⁵⁵ tsou⁴²³。）

75. 我现在走，没有见到老王，你见到告他一声。

我这趟＝走啊，没呐见唠老王，你见了告他说。

uɤ⁴²³⁻⁴² tsɐ?⁴²³ tʰɒ⁵⁵ tsou⁴²³⁻⁴² a⁵⁵，ma?³ na⁰ tɕiei⁵⁵ lou⁰ lɒ⁴²³⁻⁴² vɒ²¹³，n̠⁴²³⁻⁴² tɕiei⁵⁵ lou⁰ kou⁵⁵ tʰa³³ sua?³。

76. 八点动身，我六点半就准备好了，你怎么现在才来？

八点走，我六点半就便宜啦，你怎捏＝这趟＝将来？

pɑ?³ tei⁴²³⁻⁴² tsou⁴²³，uɤ⁴²³⁻⁴² liou⁵⁵ tei⁴²³⁻⁴² pæ⁵⁵ tɕiou⁵⁵ pei⁵⁵ i²¹³⁻²¹ la⁰，n̠⁴²³⁻⁴² tsɐ?⁴²³ ɲiɑ?³⁻⁵ tsɐ?⁴²³ tʰɒ⁵⁵ tɕiɒ³³ lɛ²¹³ ?

77. 那个人你认识不认识？我不认识。

卫＝个人你认得不认得？我认不得。

vei³³ kɐ?⁻⁵ zɘŋ²¹³ n̠⁴²³⁻⁴² zɘŋ⁵⁵ tie?³ zɘŋ⁵⁵ pɐ?³ tie?³ ? uɤ⁴²³⁻⁴² zɘŋ⁵⁵ pɐ?³ tie?³。

78. 还早呢，歇歇再走。

还早了，圪歇圪歇好走。

xæ²¹³ tsɒ⁴²³⁻⁴² lɐ?⁻⁵，kɐ?⁴²³ ɕiɑ?³ kɐ?⁴²³ ɕiɑ?³ xɒ⁴²³⁻⁴² tsou⁴²³。

79. 老李在不在家？他马上就来，你稍等等。

老李在不在家？他一圪霎＝就来，你稍等等。

lɒ⁴²³⁻⁴² li⁴²³ tsɛ⁵⁵ pɐ?³ tsɛ⁵⁵ tɕia³³ ? tʰa³³ ie?³ kɐ?³ sa³³ tɕiou⁵⁵ lɛ²¹³，n̠⁴²³⁻⁴² sou³³ tɘŋ⁴²³⁻⁴² tɘŋ⁴²³。

80. 今天我吃完饭就上街去了一趟，返回来睡了一会儿还做了个梦。

今日我吃唠饭，上街跑了一圈儿，回来睡了一圪霎还梦了个梦。

tɕiəŋ³³ zɐʔ³ uɤ⁴²³⁻⁴² tsʰɐʔ³ lɔu⁰ fæ⁵⁵，　sɒ⁵⁵ tɕiɤ³³ pʰɒ⁴²³⁻⁴² lɔu⁰ iɐʔ³ tɕʰyɐr³³，xuei²¹³ lɛ²¹³ suei⁵⁵ lɔu⁰ iɐʔ³ kɐʔ³sa³³ xæ²¹³ məŋ⁵⁵ lɔu⁰ kɐʔ³ məŋ⁵⁵。

81. 我的书你看见了没有？我没有看见，他刚才还看了。

我兀书你见唻没呐？我没呐见，他将头瞧唻。

uɤ⁴²³⁻⁴² vɐʔ³ su³³ n̠⁴²³⁻⁴² tɕiei⁵⁵ lɛ²¹³⁻⁵⁵ mɑʔ³ na⁰？uɤ⁴²³⁻⁴² mɑʔ³ na⁰ tɕiei⁵⁵，tʰa³³ tɕiɒ³³ tʰou²¹³ tɕʰiɒu²¹³ lɛ²¹³⁻⁵⁵。

82. 那本书是我哥哥的。

卫ⁿ本书是我哥哥兀。

vei⁵⁵ pəŋ⁴²³⁻⁴² su³³ sɿ⁵⁵ uɤ⁴²³⁻⁴² kɤ⁴²³⁻⁴² kɤ⁴²³ vɐʔ³。

83. 以前的人是，有做的没有吃的；现在的人是，有做的也有吃的。

卫ⁿ会儿兀人是，有做的没呐吃的；这会儿这人是，有做的也有吃的。

vei⁵⁵ xuər⁴²³⁻⁴² vɐʔ³ zəŋ²¹³ sɿ⁵⁵，iou⁴²³⁻⁴² tsɐʔ⁴²³ tɐʔ⁻⁵ mɑʔ³ na⁰ tsʰɐʔ³ tɐʔ⁻⁵；tsɐʔ⁴²³ xuər⁴²³⁻⁴² tsɐʔ⁴²³ zəŋ²¹³ sɿ⁵⁵，iou⁴²³⁻⁴² tsɐʔ⁴²³ tɐʔ⁻⁵ iɤ⁴²³⁻⁴² iou⁴²³ tsʰɐʔ³ tɐʔ⁻⁵。

84. 我的书我姐姐拿走了。

我兀书我姐姐□（拿）走啦。

uɤ⁴²³⁻⁴² vɐʔ³ su³³ uɤ⁴²³⁻⁴² tɕiɤ⁴²³⁻⁴² tɕiɤ⁴²³⁻³³ xəŋ⁴²³⁻⁴² tsou⁴²³ la⁰。

85. 别人拿走我的书了，我拿你的书看看。

旁人□（拿）走我兀书啦，我□（拿）你这书瞧瞧。

$p^h\upsilon^{213}$ $z\partial\eta^{213}$ $x\partial\eta^{423}$ $tsou^{423}$ $u\gamma^{423\text{-}42}$ $ve\text{ʔ}^3$ su^{33} la^0，$u\gamma^{423\text{-}42}$ $x\partial\eta^{423}$ $\underline{n}^{423\text{-}42}$ $ts\ae\text{ʔ}^{423}$ su^{33} $t\text{ɕ}^h iou^{213}$ $t\text{ɕ}^h iou^{213\text{-}55}$。

86. 急什么？慢点走。

急甚了？慢些儿走哇。

$t\text{ɕ}ie\text{ʔ}^3$ $s\partial\eta^{55}$ $le\text{ʔ}^{\text{-}5}$？ $m\ae^{55}$ $\text{ɕ}ier^{33}$ $tsou^{423\text{-}42}$ va^0。

87. 还有饭没有了？有。没有了。

还有饭没呐那？有。没呐那。

$x\ae^{213}$ $iou^{423\text{-}42}$ $f\ae^{55}$ $ma\text{ʔ}^3$ na^{33} na^{33}？ iou^{423}。 $ma\text{ʔ}^3$ na^{33} na^{33}。

88. 我给你找找，看有没有。

我给你寻寻，瞧瞧有没呐那。

$u\gamma^{423\text{-}42}$ $ke\text{ʔ}^{423}$ $\underline{n}^{423}$ $\text{ɕ}ie\eta^{213}$ $\text{ɕ}ie\eta^{213\text{-}55}$，$t\text{ɕ}^h iou^{213}$ $t\text{ɕ}^h iou^{213}$ $iou^{423\text{-}42}$ $ma\text{ʔ}^3$ na^{33} na^{33}。

89. 我找了好半天还没有找到。

我寻唠老大会儿还没呐寻着。

$u\gamma^{423\text{-}42}$ $\text{ɕ}ie\eta^{213}$ lou^0 $l\upsilon^{423\text{-}42}$ ta^{55} $xu\partial r^{423}$ $x\ae^{213}$ $ma\text{ʔ}^3$ na^{33} $\text{ɕ}ie\eta^{213}$ $ts\ae\text{ʔ}^3$。

90. 不用急，慢慢找一找再说吧。

不要急，慢慢寻寻再说哇。

$pe\text{ʔ}^3$ iou^{55} $t\text{ɕ}ie\text{ʔ}^3$，$m\ae^{55}$ $m\ae^{55}$ $\text{ɕ}ie\eta^{213}$ $\text{ɕ}ie\eta^{213\text{-}55}$ $ts\text{ᴇ}^{55}$ $sua\text{ʔ}^3$ va^0。

91. 你把这碗面条吃了算了！

你把这碗面圪□唠哇！

$\underline{n}^{423\text{-}42}$ pa^{423} $ts\ae\text{ʔ}^{423}$ $v\ae^{423\text{-}33}$ mei^{55} $ke\text{ʔ}^{3\text{-}423}$ $se\text{ʔ}^{\text{-}5}$ lou^{33} va^{55}！

92. 我吃不了，叫他吃吧。

我吃不了，召ᵘ他吃哇。

$u\gamma^{423\text{-}42}$ $ts^h e\text{ʔ}^3$ $pe\text{ʔ}^3$ lou^{33}，$tsou^{33}$ $t^h a^{33}$ $ts^h e\text{ʔ}^3$ va^0。

93. 这话能说不能说？能说。不能说。

这话能说不能说？能说。不能说。

tseʔ⁴²³ xua⁵⁵ nəŋ²¹³ suɑʔ³ peʔ³ nəŋ²¹³ suɑʔ³？nəŋ²¹³ suɑʔ³。peʔ³ nəŋ²¹³ suɑʔ³。

94. 你一边吃饭，一边看书，顾做什么啊！

你一不连=吃饭，一不连=瞧书，顾做甚啊！

n̠⁴²³⁻⁴² iɐʔ³ peʔ³ lei²¹³⁻³³ tsʰɐʔ³ fæ⁵⁵，iɐʔ³ peʔ³ lei²¹³⁻³³ tɕʰiɔu²¹³ su³³，ku⁵⁵ tseʔ⁴²³ səŋ³³ a⁵⁵！

95. 吃饭顺便看书两不误。

吃饭捎带瞧书两不误。

tsʰɐʔ³ fæ⁵⁵ sou³³ tɛ⁵⁵ tɕʰiɔu²¹³ su³³ liɒ⁴²³⁻⁴² peʔ³ u⁵⁵。

96. 你计划什么时候走？

你打划哪趟=走？

n̠⁴²³⁻⁴² ta⁴²³⁻⁴² xua⁵⁵ na⁴²³⁻⁴² tʰɒ⁵⁵ tsou⁴²³？

97. 你计划去不去？

你打划去不去？

n̠⁴²³⁻⁴² ta⁴²³⁻⁴² xua⁵⁵ tsʰuɐʔ⁴²³ peʔ³ tsʰuɐʔ⁴²³？

98. 你今天干什么呀？早点去我家帮忙吧。

你今日做甚啊？早些儿去□[mei³³]（我）家撺掇哇。

n̠⁴²³⁻⁴² tɕiəŋ³³ zʐ̩ʔ³ tseʔ⁴²³ səŋ³³ a⁵⁵？tsɒ⁴²³⁻⁴² ɕiɐr⁵⁵ tsʰuɐʔ⁴²³ mei³³ tɕia⁵⁵ tsʰuæ³³ tuɐʔ³ va⁵⁵。

99. 我今天去你家帮帮忙，明天去邻居家帮一上午忙。

我今日去你家撺掇撺掇，明日给隔壁撺掇一前晌。

uɤ⁴²³⁻⁴² tɕiəŋ³³ zʐ̩ʔ³ tsʰuɐʔ⁴²³ n̠iɤ³³ tɕia³³ tsʰuæ³³ tuɐʔ³ tsʰuæ³³ tuɐʔ³，

miəŋ²¹³ zɐʔ³ kɐʔ⁴²³ kɑʔ³ piɐʔ³⁻⁵ tsʰuæ³³ tuɐʔ³ iɐʔ³ tɕʰiei²¹³ ɒ⁰。

100. 你走的时候拿上些土豆。

你走动唠□[xəŋ⁴²³]上些蔓菁蛋。

n̠⁴²³⁻⁴² tsou⁴²³⁻⁴² tuəŋ⁵⁵ lou³³ xəŋ⁴²³ ɒ⁵⁵ ɕier⁻⁵⁵ mæ²¹³ tɕiəŋ³³ tæ⁵⁵。

101. 干什么的时候千万要小心点儿。

弄动甚唠可要招呼些儿。

nuəŋ⁵⁵ tuəŋ⁵⁵ səŋ⁵⁵ lou³³ kɑʔ³ iou⁵⁵ tsou³³ xu³³ ɕier⁻⁵⁵。

102. 你记不记得我们小时候开玩笑把小玲的头碰起了包？

你记得记不得□[mei³³]都小儿里□[xuæ³³]把小玲儿兀得＝脑碰起唠个疙瘩？

n̠⁴²³⁻⁴² tɕi⁵⁵ tiɐʔ³ tɕi⁵⁵ pɐʔ³ tiɐʔ³ mei³³ tou³³ ɕier⁴²³⁻⁴² li⁴²³ xuæ³³ pa⁴²³ ɕiɒ⁴²³⁻⁴² liɐr²¹³ vɐʔ³ tɐʔ⁴²³ nɒ⁴²³⁻⁴² pʰəŋ⁵⁵ tɕʰi⁴²³⁻⁴² lou³³ kɐʔ⁻⁵ kɐʔ⁴²³ tɑʔ³？

103. 你们考得好，我考得不好。

你都考好啦，□[mei³³]考得不好。

n̠ir³³ tou³³ kʰɒ⁴²³⁻⁴² xɒ⁴²³ la³³，mei³³ kʰɒ⁴²³⁻⁴² tɐʔ³ pɐʔ³ xɒ⁴²³。

104. 那还能忘了啊？

兀还能忘唠？

vɐʔ³ xæ²¹³ nəŋ²¹³ vɒ⁵⁵ lou³³？

105. 人家都有工作，我还是个农民。

□[n̠ia²¹³]都有工作，□[mei³³]还是个受苦的。

n̠ia²¹³ tou³³ iou⁴²³⁻⁴² kuəŋ³³ tsuɐʔ³，mei³³ xæ²¹³ sʅ⁵⁵ kɐʔ⁻⁵ sou⁵⁵ kʰu⁴²³⁻⁴² tɐʔ³。

第二节　儿歌　谚语　歇后语　谜语　绕口令

一　儿歌

1. 周扒皮，皮扒周。周扒皮的老婆在杭州，杭州杭州大解放，周扒皮的老婆卖冰棒，冰棒冰棒化成水，周扒皮的老婆变成鬼。

tsou^{33} pa^{33} p^{h}i^{213}，　p^{h}i^{213} pa^{33} tsou^{33}。tsou^{33} pa^{33} p^{h}i^{213} tɐʔ^3 lɒ$^{423-42}$ p^{h}uɤ^{213} tsɛ^{55} xɒ^{213} tsou^{33}，　xɒ^{213} tsou^{33} xɒ^{213} tsou^{33} ta^{55} tɕiɤ$^{423-42}$ fɒ^{55}，tsou^{33} pa^{33} p^{h}i^{213} tɐʔ^3 lɒ$^{423-42}$ p^{h}uɤ^{213} mɛ^{55} piəŋ^{33} pɒ^{55}，　piəŋ^{33} pɒ^{55} piəŋ^{33} pɒ^{55} xua^{55} ts^{h}əŋ^{213} suei^{423}，tsou^{33} pa^{33} p^{h}i^{213} tɐʔ^3 lɒ$^{423-42}$ p^{h}uɤ^{213} pei^{55} ts^{h}əŋ^{213} kuei^{423}。

2. 一只圪蟆一张嘴，两只眼睛四条腿，扑通跳下水。两只圪蟆两张嘴，四只眼睛八条腿，扑通扑通跳下水。

iɐʔ^3 tsʅ^{33} kɐʔ$^{3-423}$ ma^{213} iɐʔ^3 tsɒ^{33} tsuei^{423}，　liɒ$^{423-42}$ tsʅ^{33} iei$^{423-42}$ tɕiəŋ^{33} sʅ^{55} t^{h}iɔu^{213} t^{h}uei^{423}，p^{h}ɐʔ$^{3-423}$ t^{h}uəŋ^{33} t^{h}iɔu^{55} ɕia^{55} suei^{423}。liɒ$^{423-42}$ tsʅ^{33} kɐʔ$^{3-423}$ ma^{213} liɒ$^{423-42}$ tsɒ^{33} tsuei^{423}，sʅ^{55} tsʅ^{33} iei$^{423-42}$ tɕiəŋ^{33} pɑʔ^3 t^{h}iɔu^{213} t^{h}uei^{423}，p^{h}ɐʔ$^{3-423}$ t^{h}uəŋ^{33} p^{h}ɐʔ$^{3-423}$ t^{h}uəŋ^{33} t^{h}iɔu^{55} ɕia^{55} suei^{423}。

3. 小熊猫，上学校，老师讲课它睡觉。左耳根听，右耳根冒，你说可笑不可笑。

ɕiɒ$^{423-42}$ ɕyəŋ^{213} mɐɤ^{213}，sɒ^{55} ɕiaʔ^{423} ɕiɔu^{55}，lɒ$^{423-42}$ sʅ^{33} tɕiɒ$^{423-42}$ k^{h}ɤ^{55} t^{h}a^{33} suei^{55} tɕiɔu^{55}。tsuɤ$^{423-42}$ ər^{423} kəŋ^{33} t^{h}iəŋ^{33}，iou^{55} ər^{423} kəŋ^{33} mɔu^{55}，n̠$^{423-42}$ suɑʔ^3 k^{h}ɤ$^{423-42}$ ɕiɔu^{55} pɐʔ$^{3-423}$ k^{h}ɤ$^{423-42}$ ɕiɔu^{55}。

4. 一二三四五，上山打老虎，老虎不吃人，专吃大坏蛋。

iɐʔ^3 ər^{55} sæ^{33} sʅ^{55} vu^{423}，sɒ^{55} sæ^{33} ta$^{423-42}$ lɒ$^{423-42}$ xu^{423}，lɒ$^{423-42}$ xu^{423} pɐʔ$^{3-423}$ ts^{h}ɐʔ^3 zəŋ^{213}，tsuæ^{33} ts^{h}ɐʔ^3 ta^{55} xuɛ^{55} tæ^{55}。

5. 背背遭＝遭＝，压折姥姥腰腰，姥姥告状，告到和尚，和尚开花，满脸疙瘩。

pei³³ pei³³ tsɔu³³ tsɔu³³，ia⁵⁵ sɐʔ³ lɒ⁴²³ lɒ⁴²³⁻⁵⁵ iɔu³³ iɔu³³，lɒ⁴²³ lɒ⁴²³⁻⁵⁵ kɔu⁵⁵ tsuɒ⁵⁵，kɔu⁵⁵ tɔu⁵⁵ xɣ²¹³ sɒ⁵⁵，xɣ²¹³ sɒ⁵⁵ kɛ³³ xua³³，mæ⁴²³⁻⁴² lei⁴²³ kɐʔ³ taʔ³。

6. 小板凳，四条腿，我和奶奶圪犟嘴。奶奶做的不烂汤，我就喝唠三大碗。奶奶打唠我一不扎＝，我就哭了一黑来。

ɕiɒ⁴²³⁻⁴² pæ⁴²³ təŋ⁵⁵，sʅ⁵⁵ tʰiɔu²¹³ tʰuei⁴²³，uɣ⁴²³⁻⁴² xɣ²¹³ næ⁴²³ næ⁴²³⁻³³ kɐʔ³⁻⁴²³ tɕiɒ⁵⁵ tsuei⁴²³。næ⁴²³ næ⁴²³⁻³³ tsɐʔ³⁻⁴²³ tɐʔ³ pɐʔ³ læ⁵⁵ tʰɒ³³，uɣ⁴²³⁻⁴² tɕiou⁵⁵ xaʔ³ lɔu³³ sæ³³ ta⁵⁵ væ⁴²³。næ⁴²³ næ⁴²³⁻³³ ta⁴²³⁻⁴² lɔu³³ uɣ⁴²³⁻⁴² iɐʔ³ pɐʔ³⁻⁴²³ tsɑʔ³，uɣ⁴²³⁻⁴² tɕiou⁵⁵ kʰuɐʔ³ lɔu³³ iɐʔ³ xɑʔ³ lɛ²¹³⁻³³。

7. 扯锯□锯，姥姥家门口唱大戏，叫闺女，请女婿，小外甥也要去。去唠姥姥家没饭吃，支开锅炒屁吃。屁呕＝了，锅崩了，小外甥也走啦。

tsʰɣ⁴²³⁻⁴² tɕy⁵⁵ lou⁵⁵ tɕy⁵⁵，lɒ⁴²³ lɒ⁴²³⁻⁵⁵ tɕia³³ məŋ²¹³ kʰou⁴²³ tsʰɒ⁵⁵ ta⁵⁵ ɕi⁵⁵，tɕiou⁵⁵ kuei³³ n̠⁴²³⁻³³，tɕʰiɒŋ⁴²³⁻⁴² n̠y⁴²³ suei⁵⁵，ɕiɒ⁴²³⁻⁴² vɛ⁵⁵ səŋ³³ iɣ⁴²³⁻⁴² iɔu⁵⁵ tsʰuɐʔ⁴²³。tsʰuɐʔ⁴²³ lou³³ lɒ⁴²³ lɒ⁴²³⁻⁵⁵ tɕia³³ mɑʔ³ fæ⁵⁵ tsʰɐʔ³，tsʅ³³ kʰɛ³³ kuɣ³³ tsʰɒ⁴²³⁻⁴² pʰi⁵⁵ tsʰɐʔ³。pʰi⁵⁵ ou⁴²³ la³³，kuɣ³³ pəŋ³³ la³³，ɕiɒ⁴²³⁻⁴² vɛ⁵⁵ səŋ³³ iɣ⁴²³⁻⁴² tsou⁴²³ la³³。

8. 小板凳，忽摇摇，姥姥教我逮圪蚤。圪蚤蹦，我也蹦，姥姥说我不中用。

ɕiɒ⁴²³⁻⁴² pæ⁴²³ təŋ⁵⁵，xuɐʔ⁴²³ iɔu²¹³ iɔu²¹³，lɒ⁴²³ lɒ⁴²³⁻⁵⁵ tɕiɔu³³ uɣ⁴²³⁻⁴² tɛ⁴²³⁻⁴² kɐʔ³ tsɒ⁴²³。kɐʔ³ tsɒ⁴²³ pəŋ⁵⁵，uɣ⁴²³⁻⁴² iɣ⁴²³ pəŋ⁵⁵，lɒ⁴²³ lɒ⁴²³⁻⁵⁵ suaʔ³ uɣ⁴²³⁻⁴² pɐʔ⁴²³ tsuəŋ³³ yŋ⁵⁵。

9. 小老鼠，上灯台，偷油吃，下不来。

ɕiɒ⁴²³⁻⁴² lɒ⁴²³ su⁴²³，sɒ⁵⁵ təŋ³³ tʼɛ²¹³，tʰou³³ iou²¹³ tsʰʁʔ³，ɕia⁵⁵ peʔ³ lɛ²¹³。

10. 小汽车，滴滴滴，马兰开花二十一。

ɕiɒ⁴²³⁻⁴² tɕʰi⁵⁵ tsʰʁ³³，ti³³ ti³³ ti³³，ma⁴²³⁻⁴² læ²¹³ kʰɛ³³ xua³³ ər⁵⁵ sɐʔ⁴²³ iɐʔ³。

二　谚语

气象谚语

1. 小燕低飞蛇窜道，老牛鸣叫雨就到。

ɕiɒ⁴²³⁻⁴² iei⁵⁵ ti³³ fei³³ sʁʁ²¹³ tsʰuæ⁵⁵ tou⁵⁵，lɒ⁴²³⁻⁴² iou²¹³ miəŋ²¹³ tɕiɔu⁵⁵ y⁴²³ tɕiou⁵⁵ tou⁵⁵。

2. 早霞不出门，晚霞晒死人。

tsɒ⁴²³⁻⁴² ɕia²¹³ peʔ³ tsʰuɐʔ³ məŋ²¹³，væ⁴²³⁻⁴² ɕia²¹³ sɛ⁵⁵ sʅ⁴²³⁻⁴² zʑəŋ²¹³。

3. 秋天划破地皮，胜过春天犁十犁。

tɕʰiou³³ tʰei³³ xua²¹³ pʰuʁ⁵⁵ ti⁵⁵ pʰi²¹³，səŋ⁵⁵ kuʁ⁵⁵ tsʰuəŋ³³ tʰei³³ li²¹³ sɐʔ⁴²³ li²¹³。

4. 打上春，冻断筋。

ta⁴²³⁻⁴² ɒ⁵⁵ tsʰuəŋ³³，tuəŋ⁵⁵ tuæ⁵⁵ tɕiəŋ³³。

5. 春打六九头，春雨贵似油。

tsʰuəŋ³³ ta⁴²³⁻⁴² liou⁵⁵ tɕiou⁴²³⁻⁴² tʰou²¹³，tsʰuəŋ³³ y⁴²³⁻⁴² kuei⁵⁵ sʅ⁵⁵ iou²¹³。

6. 八月十五云遮月，正月十五雪打灯。

paʔ³ yaʔ³ sɐʔ⁴²³ u⁴²³⁻⁴² yəŋ²¹³ tsɐʔ³ yaʔ³，tsəŋ³³ yaʔ³ sɐʔ⁴²³ u⁴²³⁻⁴²

çyaʔ³ ta⁴²³⁻⁴² təŋ³³。

7. 伏天早上闷，午后大雨淋。

feʔ⁴²³ tʰei³³ tsɒ⁴²³⁻⁴² ɒ⁵⁵ məŋ⁵⁵，vu⁴²³⁻⁴² xou⁵⁵ ta⁵⁵ y⁴²³⁻⁴² liəŋ²¹³。

8. 六月连阴吃饱饭，七月连阴白扯淡。

liou⁵⁵ yaʔ³ lei²¹³ iəŋ³³ tsʰɐʔ³ pɒ⁴²³⁻⁴² fæ⁵⁵，tɕʰiɐʔ³ yaʔ³ lei²¹³ iəŋ³³ piaʔ⁴²³ tsʰɤ⁴²³⁻⁴² tæ⁵⁵。

9. 早雾晴晚雾阴，黑来有雾准连阴。

tsɒ⁴²³⁻⁴² vu⁵⁵ tɕʰiəŋ²¹³ væ⁴²³⁻⁴² vu⁵⁵ iəŋ³³，xaʔ³ lɛ²¹³ iou⁴²³⁻⁴² vu⁵⁵ tsuəŋ⁴²³⁻⁴² lei²¹³ iəŋ³³。

10. 长五月，短十月，不长不短二八月。

tsʰɒ²¹³ vu⁴²³⁻⁴² yaʔ³，tuæ⁴²³⁻⁴² sɐʔ⁴²³ yaʔ³，pɐʔ³⁻⁴²³ tsʰɒ²¹³ pɐʔ³⁻⁴²³ tuæ⁴²³⁻⁴² ər⁵⁵ paʔ³ yaʔ³。

11. 干冬湿年，旱枣涝柿。

kæ³³ tuəŋ³³ sɐʔ³ ȵiei²¹³，xæ⁵⁵ tsɒ⁴²³⁻⁴² lɒu⁵⁵ sɻ⁵⁵。

12. 春风刮地开，秋风刮米来。

tsʰuəŋ³³ fəŋ³³ kuaʔ³ ti⁵⁵ kʰɛ³³，tɕʰiou³³ fəŋ³³ kuaʔ³ mi⁴²³⁻⁴² lɛ²¹³。

13. 早看东南，晚看西北。

tsɒ⁴²³⁻⁴² kʰæ⁵⁵ tuəŋ³³ næ²¹³，væ⁴²³⁻⁴² kʰæ⁵⁵ çi³³ piɐʔ³。

14. 早看东南阴，必定有雨淋。晚看西北明，明日必定晴。

tsɒ⁴²³⁻⁴² kʰæ⁵⁵ tuəŋ³³ næ²¹³ iəŋ³³，pi⁵⁵ tiəŋ⁵⁵ iou⁴²³⁻⁴² y⁴²³⁻⁴² liəŋ²¹³，væ⁴²³⁻⁴² kʰæ⁵⁵ çi³³ piɐʔ³ miəŋ²¹³，miəŋ²¹³ zɐ̣ʔ³ pi⁵⁵ tiəŋ⁵⁵ tɕʰiəŋ²¹³。

15. 头九没雪，九九没雪。

tʰou²¹³ tɕiou⁴²³⁻⁴² maʔ³ çyaʔ³，tɕiou⁴²³⁻⁴² tɕiou⁴²³ maʔ³ çyaʔ³。

16. 立冬小雪，地冻如铁。

lieʔ³ tuəŋ³³ ɕin⁴²³⁻⁴² ɕyaʔ³，ti⁵⁵ tuəŋ⁵⁵ z̩u²¹³ tʰiaʔ³。

17. 二八月乱穿衣。

ər⁵⁵ paʔ³ yaʔ³ luæ⁵⁵ tsʰuæ³³ i³³。

18. 早晨圪星_{下毛毛雨}，晒死圪羚_{松鼠}。

tsɒ⁴²³⁻⁴² tsʰəŋ²¹³ kɛ³⁻⁴²³ ɕiəŋ³³，sɛ⁵⁵ s̩⁴²³⁻⁴² kɛ³⁻⁴²³ liəŋ²¹³。

19. 头伏一碗油，二伏一碗雨。

tʰou²¹³ fɛʔ⁴²³ iɐʔ³ væ⁴²³⁼⁴² iou²¹³，ər⁵⁵ fɛʔ⁴²³ iɐʔ³ væ⁴²³⁼⁴² y⁴²³。

20. 大旱不过五月十三。

ta⁵⁵ xæ⁵⁵ pɛʔ³ kuɤ⁵⁵ vu⁴²³⁻⁴² yaʔ³ sɛʔ⁴²³ sæ³³。

21. 蚂蚁成群一溜道，雨天必定快来到。

ma²¹³⁻²¹ i⁴²³⁻³³ tsʰəŋ²¹³ tɕʰyəŋ²¹³ iɐʔ³ liou⁵⁵ tɔu⁵⁵，y⁴²³⁻⁴² tʰei³³ pi⁵⁵ tʰiəŋ⁵⁵ kʰuɛ⁵⁵ lɛ²¹³ tɔu⁵⁵。

22. 下破初四，只有九天晴。

ɕia⁵⁵ pʰuɤ⁵⁵ tsʰuɤ³³ s̩⁵⁵，tsɛʔ⁴²³ iou⁴²³⁻⁴² tɕiou⁴²³⁻⁴² tʰei³³ tɕʰiəŋ²¹³。

23. 一九二九关门闭守，三九四九冻死鸡狗，五九六九沿河看柳，七九八九燕往北走，九九加一九耕牛遍地走。

iɐʔ³ tɕiou⁴²³⁻⁴² ər⁵⁵ tɕiou⁴²³⁻⁴² kuæ³³ məŋ²¹³ pi⁵⁵ sou⁴²³，sæ³³ tɕiou⁴²³⁻⁴² s̩⁵⁵ tɕiou⁴²³⁻⁴² tuəŋ⁵⁵ s̩⁴²³⁻⁴² tɕi³³ kou⁴²³，vu⁴²³⁻⁴² tɕiou⁴²³ liou⁵⁵ tɕiou⁴²³ iei²¹³ xɤ²¹³ kæ⁵⁵ liou⁴²³，tɕʰiɐʔ³ tɕiou⁴²³⁻⁴² paʔ³ tɕiou⁴²³⁻⁴² iei⁵⁵ vɒ⁴²³⁻⁴² piɐʔ³ tsou⁴²³，tɕiou⁴²³⁻⁴² tɕiou⁴²³ tɕia³³ iɐʔ³ tɕiou⁴²³⁻⁴² kəŋ³³ n̠iou²¹³ pei⁵⁵ ti⁵⁵ tsou⁴²³。

生活常识谚语

24. 大寒小寒杀猪过年。

ta⁵⁵ xæ²¹³ ɕiɒ⁴²³⁻⁴² xæ²¹³ sɒʔ³ tsu³³ kuɤ⁵⁵ n̠iei²¹³。

25. 冬至十天阳历年。

tuəŋ³³ tsʅ⁵⁵ sɐʔ⁴²³ tʰei³³ iɒ²¹³ liɐ³ n̠iei²¹³。

26. 八成熟，十成收；十成熟，二成丢。

pɒʔ³ tsʰəŋ²¹³ suɐʔ⁴²³，sɐʔ⁴²³ tsʰəŋ²¹³ sou³³；sɐʔ⁴²³ tsʰəŋ²¹³ suɐʔ⁴²³，ər⁵⁵ tsʰəŋ²¹³ tiou³³。

27. 天黄有雨，人黄有病。

tʰei³³ xuɒ²¹³ iou⁴²³⁻⁴² y⁴²³，zəŋ²¹³ xuɒ²¹³ iou⁴²³⁻⁴² piəŋ⁵⁵。

28. 男人不忘秋刹地，女人不忘夜拿针。

næ²¹³ zəŋ²¹³ pɐʔ³ vɒ⁵⁵ tɕʰiou³³ sɒʔ³ ti⁵⁵，n̠y⁴²³ zəŋ²¹³ pɐʔ³ vɒ⁵⁵ iɤ⁵⁵ na²¹³ tsəŋ³³。

29. 不讨便宜不吃亏，不走弯路不绕远。

pɐʔ³ tʰɒ⁴²³ pʰei²¹³ i²¹³ pɐʔ³ tsʰɐʔ³ kʰuei³³，pɐ³ tsou⁴²³ væ³³ lu⁵⁵ pɐʔ³ zɔu⁵⁵ yei⁴²³。

30. 大蒜是个宝，常吃身体好。

ta⁵⁵ suæ⁵⁵ sʅ⁵⁵ kɐʔ⁵ pɒ⁴²³，tsʰɒ²¹³ tsʰɐʔ³ səŋ³³ tʰi⁴²³⁻⁴² xɒ⁴²³。

31. 葱辣舌头蒜辣心，小芥辣断鼻梁筋。

tsʰuəŋ³³ lɑʔ³ sɐʔ⁴²³ tʰou²¹³ suæ⁵⁵ lɑʔ³ ɕiəŋ³³，ɕiɒ⁴²³⁻⁴² tɕiɤ⁵⁵ lɑʔ³ tuæ⁵⁵ piɐʔ⁴²³ liɒ²¹³ tɕiəŋ³³。

32. 冬吃萝卜夏吃姜，不用医生开药方。

tuəŋ³³ tsʰɐʔ³ luɤ²¹³ pɑʔ⁴²³ ɕia⁵⁵ tsʰɐʔ³ tɕiɒ⁵⁵，pɐʔ³ yəŋ⁵⁵ i³³ səŋ³³ kʰɐ³³ iɑʔ³ fɒ³³。

33. 春捂秋冻不生杂病。

tsʰuəŋ³³ u⁴²³ tɕʰiou³³ tuəŋ⁵⁵ pɐʔ³ səŋ³³ tsɑʔ⁴²³ piəŋ⁵⁵。

34. 春天不撒籽，秋后气个死。

tsʰuəŋ³³ tʰei³³ pɐʔ³ sa⁴²³⁻⁴² tsʅ⁴²³, tɕʰiou³³ xou⁵⁵ tɕʰi⁵⁵ kɐʔ³ sʅ⁴²³。

35. 春天不到地里走，秋后饿得满街走。

tsʰuəŋ³³ tʰei³³ pɐʔ³ tou⁵⁵ ti⁵⁵ li⁴²³ tsou⁴²³, tɕʰiou³³ xou⁵⁵ ɤ⁵⁵ tiɐʔ³ mæ⁴²³ tɕiɤ³³ tsou⁴²³。

36. 一天省一口，一月省一斗。

iɐʔ³ tʰei³³ səŋ⁴²³⁻⁴² iɐʔ³ kʰou⁴²³, iɐʔ³ yaʔ³ səŋ⁴²³⁻⁴² iɐʔ³ tou⁴²³。

37. 嫁汉嫁汉穿衣吃饭。

tɕia⁵⁵ xæ⁵⁵ tɕia⁵⁵ xæ⁵⁵ tsʰuæ³³ i³³ tsʰɐʔ³ fæ⁵⁵。

38. 家有千口，主事一人。

tɕia³³ iou⁴²³⁻⁴² tɕʰiei³³ kʰou⁴²³, tsu⁴²³⁻⁴² sʅ⁵⁵ iɐʔ³ zəŋ²¹³。

39. 一白遮百丑。

iɐʔ³ piaʔ⁴²³ tsɤ³³ piaʔ³ tsʰou⁴²³。

40. 吃不穷穿不穷，计划不到受一辈穷。

tsʰɐʔ³ pɐʔ³⁻⁴²³ tɕʰyəŋ²¹³ tsʰuæ³³ pɐʔ³⁻⁴²³ tɕʰyəŋ²¹³, tɕi⁵⁵ xua⁵⁵ pɐʔ³⁻⁴²³ tou⁵⁵ sou⁵⁵ iɐʔ³ pei⁵⁵ tɕʰyəŋ²¹³。

41. 一步赶不上，步步撵不上。

iɐʔ³ pu⁵⁵ kæ⁴²³⁻⁴² pɐʔ³ sɒ⁵⁵, pu⁵⁵ pu⁵⁵ ȵiei⁴²³⁻⁴² pɐʔ³ sɒ⁵⁵。

42. 穿衣吃饭量家当。

tsʰuæ³³ i³³ tsʰɐʔ³ fæ⁵⁵ liɒ²¹³ tɕia³³ tɒ⁵⁵。

43. 狗肉丸，不上盘。（指小家子气上不了台面）

kou⁴²³⁻⁴² zou⁵⁵ væ²¹³, pɐʔ³ sɒ⁵⁵ pʰæ²¹³。

44. 外甥狗，吃唠走。

væ⁵⁵ səŋ³³ kou⁴²³, tsʰɐʔ³ lou³³ tsou⁴²³。

45. 鸡蛋换盐，两不见钱。

tɕi³³ tæ⁵⁵ xuæ⁵⁵ iei²¹³，liɒ⁴²³⁻⁴² pɐʔ³ tɕiei⁵⁵ tɕʰiei²¹³。

46. 有粮吃到五荒六月，有煤烧到寒冬腊月。

iou⁴²³⁻⁴² liɒ²¹³ tsʰɐʔ³ tɔu⁵⁵ vu⁴²³⁻⁴² xuɒ³³ liou⁵⁵ yɑʔ³，iou⁴²³⁻⁴² mei²¹³ sɔu³³ tɔu⁵⁵ xæ²¹³ tuəŋ³³ lɑʔ³ yɑʔ³。

47. 笑一笑，十年少；愁一愁，白唠头。

ɕiɔu⁵⁵ iɐʔ³ ɕiɔu⁵⁵，sɐʔ⁴²³ n̠iei²¹³ sɔu⁵⁵；tsʰou²¹³ iɐʔ³ tsʰou²¹³，piɑʔ⁴²³ lɔu³³ tʰou²¹³。

48. 树不敲不成材，孩不打不成器。

su⁵⁵ pɐʔ³ tɕʰiɔu³³ pɐʔ³ tsʰəŋ²¹³ tsʰE²¹³，xE²¹³ pɐʔ³ ta⁴²³⁻⁴² pɐʔ³ tsʰəŋ²¹³ tɕʰi⁵⁵。

49. 笋头离不唠担，媳妇离不唠汉。

luɤ²¹³ tʰou²¹³ li²¹³ pɐʔ³ lɔu³³ tæ⁵⁵，ɕiɐʔ³ fu⁵⁵ li²¹³ pɐʔ³ lɔu³³ xæ⁵⁵。

50. 吃药不忌嘴，跑折大夫腿。

tsʰɐʔ³ iɑʔ³ pɐʔ³ tɕi⁵⁵ tsuei⁴²³，pɒ⁴²³⁻⁴² sɐʔ³ tE⁵⁵ fu³³ tʰuei⁴²³。

哲理谚语

51. 火要空心，人要虚心。

xuɤ⁴²³ iɔu⁵⁵ kʰuəŋ³³ ɕiəŋ³³，zəŋ²¹³ iɔu⁵⁵ ɕy³³ ɕiəŋ³³。

52. 人心高过天，当唠皇帝想成仙。

zəŋ²¹³ ɕiəŋ³³ kɔu³³ kuɤ⁵⁵ tʰei³³，tɒ⁵⁵ lɔu³³ xuɒ²¹³ ti⁵⁵ ɕiɒ⁴²³⁻⁴² tsʰəŋ²¹³ ɕiei³³。

53. 白的容易黑，黑的不易白。

piɑʔ⁴²³ tɐʔ³ zuəŋ²¹³ i⁵⁵ xɑʔ³，xɑʔ³ tɐʔ³ pɐʔ³ i⁵⁵ piɑʔ⁴²³。

54. 双桥好过，独木难行。

suɒ³³ tɕʰiɔu²¹³ xɒ⁴²³⁻⁴² kuɤ⁵⁵，tuɐʔ⁴²³ maɒ³ næ²¹³ ɕiəŋ²¹³。

55. 早起三光，迟起三慌。

tsɒ⁴²³⁻⁴² tɕʰi⁴²³ sæ³³ kuɒ³³，tsʰ̍²¹³ tɕʰi⁴²³⁻⁴² sæ³³ xuɒ³³。

56. 饭怕搅，人怕挑。

fæ⁵⁵ pʰa⁵⁵ tɕiɒ⁴²³，zəŋ²¹³ pʰa⁵⁵ tʰiɒ⁴²³。

57. 不讨便宜不吃亏，不走弯路不碰墙。

pɐʔ³ tʰɒ⁴²³⁻⁴² pʰei²¹³ i³³ pɐʔ³ tsʰɐʔ³ kʰuei³³，pɐʔ³ tsou⁴²³⁻⁴² væ³³ lou⁵⁵ pɐʔ³ pʰəŋ⁵⁵ tɕʰiɒ²¹³。

58. 人活脸，树活皮。

zəŋ²¹³ xuaʔ⁴²³ lei⁴²³，su⁵⁵ xuaʔ⁴²³ pʰi²¹³。

59. 人不发外财不富，马不吃夜草不肥。

zəŋ²¹³ pɐʔ³⁻⁴²³ faʔ³ vE⁵⁵ tsʰE²¹³ pɐʔ³⁻⁴²³ fu⁵⁵，ma⁴²³⁻⁴² pɐʔ³⁻⁴²³ tsʰɐʔ³ iɤ⁵⁵ tsʰɒ⁴²³⁻⁴² pɐʔ³⁻⁴²³ fei²¹³。

60. 话赶话没好话。

xua⁵⁵ kæ⁴²³⁻⁴² xua⁵⁵ maʔ³ xɒ⁴²³⁻⁴² xua⁵⁵。

61. 多说话惹人骂。

tuɤ³³ suaʔ³ xua⁵⁵ zɤ⁴²³⁻⁴² zəŋ²¹³ ma⁵⁵。

62. 穷到街头没人问，富到深山有远亲。

tɕʰyəŋ²¹³ tɔu⁵⁵ tɕiɤ³³ tʰou²¹³ maɒ³ zəŋ²¹³ vəŋ⁵⁵，fu⁵⁵ tɔu⁵⁵ səŋ³³ sæ³³ iou⁴²³⁻⁴² yei⁴²³ tɕʰiəŋ³³。

63. 白日游门走四方，黑来晚上熬油补裤裆。

piaʔ⁴²³ zɐʔ³ iou²¹³ mər²¹³ tsou⁴²³⁻⁴² s̩⁵⁵ fɒ³³，xaʔ³ lE²¹³ ŋɒu²¹³ iou²¹³ pu⁴²³⁻⁴² kʰu⁵⁵ tɒ³³。

64. 人哄地皮，地哄肚皮。

zʅəŋ²¹³ xuəŋ⁴²³⁻⁴² ti⁵⁵ pʰi²¹³，ti⁵⁵ xuəŋ⁴²³⁻⁴² tu⁵⁵ pʰi²¹³。

65. 人在地上走，刀在石上磨。

zʅəŋ²¹³ tsᴇ⁵⁵ ti⁵⁵ ɒ⁵⁵ tsou⁴²³，tou³³ tsᴇ⁵⁵ sɐʔ³ ɒ⁵⁵ muɤ²¹³。

66. 公鸡不叫照样天明。

kuəŋ³³ tɕiər³³⁻⁵⁵ pɐʔ³⁻⁴²³ tɕiɔu⁵⁵ tsou⁵⁵ iɒ⁵⁵ tʰei³³ miəŋ²¹³。

67. 抬得高，跌得重。

tʰᴇ²¹³ tɐʔ³ kou³³，tiɑʔ³ tɐʔ³ tsuəŋ⁵⁵。

68. 儿不嫌母丑，狗不嫌家穷。

ər²¹³ pɐʔ³⁻⁴²³ ɕiei²¹³ m̲⁴²³⁻⁴² tsʰou⁴²³，kou⁴²³⁻⁴² pɐʔ³⁻⁴²³ ɕiei²¹³ tɕia³³ pʰiəŋ²¹³。

69. 吃亏人常在。

tsʰɐʔ³ kʰuei³³ zʅəŋ²¹³ tsʰɒ²¹³ tsᴇ⁵⁵。

70. 好汉不吃眼前亏。

xɒ⁴²³⁻⁴² xæ⁵⁵ pɐʔ³⁻⁴²³ tsʰɐʔ³ iei⁴²³⁻⁴² tɕʰiei²¹³ kʰuei³³。

71. 在家千日好，出门事事难。

tsᴇ⁵⁵ tɕia³³ tɕʰiei³³ zʅʔ³ xɒ⁴²³，tsʰuɑʔ³ mər²¹³ sʅ⁵⁵ sʅ⁵⁵ næ²¹³。

72. 出门看天色，进门看脸色。

tsʰuɑʔ³ mər²¹³ kʰæ⁵⁵ tʰei³³ sɐʔ³，tɕiəŋ⁵⁵ mər²¹³ kʰæ⁵⁵ lei⁴²³⁻⁴² sɐʔ³。

73. 到甚山唱甚歌。

tou⁵⁵ səŋ⁵⁵ sæ³³ tsʰɒ⁵⁵ səŋ⁵⁵ kɤ³³。

74. 人勤地不懒，大囤圪堆小囤满。

zʅəŋ²¹³ tɕʰiəŋ²¹³ ti⁵⁵ pɐʔ³ læ⁴²³，ta⁵⁵ tʰuəŋ²¹³ kɐʔ³⁻⁴²³ tuei³³ ɕiɒ⁴²³⁻⁴² tʰuəŋ²¹³ mæ⁴²³。

75. 真金不怕火烧，好媳妇不怕人瞧。

tsəŋ³³ tɕiəŋ³³ pɐʔ³ pʰa⁵⁵ xuɤ⁴²³⁻⁴² sou³³，xɒ⁴²³⁻⁴² ɕiɐʔ³ fu⁵⁵ pɐʔ³ pʰa⁵⁵ zəŋ²¹³ tɕʰiou²¹³。

76. 蛆枣儿先红，小家媳妇先穷。

tɕʰy³³ tsɐr⁴²³ ɕiei³³ xuəŋ²¹³，ɕiɒ⁴²³⁻⁴² tɕia³³ ɕiɐʔ³ fu⁵⁵ ɕiei³³ tɕʰyəŋ²¹³。

77. 家种千亩地，不如随身带武艺。

tɕia³³ tsuəŋ⁵⁵ tɕʰiei³³ m̠⁴²³⁻⁴² ti⁵⁵，pɐʔ³ zu²¹³ suei²¹³ səŋ³³ tᴇ⁵⁵ vu⁴²³⁻⁴² i⁵⁵。

78. 人心不过米粟，眼目不过大家。

zəŋ²¹³ ɕiəŋ³³ pɐʔ³ kuɤ⁵⁵ mi⁴²³ ɕyɐʔ³，iei⁴²³ mɑʔ³ pɐʔ³ kuɤ⁵⁵ ta⁵⁵ tɕia³³。

79. 天热不忘□（拿）衣裳，肚饱不忘□（拿）干粮。

tʰei³³ zɐʔ³ pɐʔ³ vɒ⁵⁵ xəŋ⁴²³⁻⁴² i³³ sɒ⁵⁵，tu⁵⁵ pɒ⁴²³⁻⁴² pɐʔ³ vɒ⁵⁵ xəŋ⁴²³⁻⁴² kæ³³ liɒ²¹³。

80. 谷怕秋来旱，人怕老来穷。

kuɐʔ³ pʰa⁵⁵ tɕʰiou³³ lᴇ²¹³ xæ⁵⁵，zəŋ²¹³ pʰa⁵⁵ lɒ⁴²³⁻⁴² lᴇ²¹³ tɕʰyəŋ²¹³。

81. 饿死不吃猫碗饭，冻死不烤灯头火。

ɤ⁵⁵ sʅ⁴²³⁻⁴² pɐʔ³ tsʰɐʔ³ mɐr²¹³ væ⁴²³⁻⁴² fæ⁵⁵，tuəŋ⁵⁵ sʅ⁴²³⁻⁴² pɐʔ³ kʰɒ⁴²³⁻⁴² təŋ³³ tʰou²¹³ xuɤ⁴²³。

82. 三岁看大，七岁看老。

sæ³³ suei⁵⁵ kʰæ⁵⁵ ta⁵⁵，tɕʰiɐʔ³ suei⁵⁵ kʰæ⁵⁵ lɒ⁴²³。

83. 当面教子，背后教夫。

tɒ³³ mei⁵⁵ tɕiɔu⁵⁵ tsʅ⁴²³，pei⁵⁵ xou⁵⁵ tɕiɔu⁵⁵ fu³³。

84. 门里出身，自带三分。

mən²¹³ li⁴²³⁻⁴² tsʰuɑʔ³ sən³³, tsʅ⁵⁵ tɛ⁵⁵ sæ³³ fən³³。

85. 雨不大下湿衣裳，话不重说到心上。

y⁴²³⁻⁴² pɐʔ³⁻⁴²³ ta⁵⁵ ɕia⁵⁵ sɐʔ³ i³³ sɒ⁵⁵，xua⁵⁵ pɐʔ³⁻⁴²³ tsuən⁵⁵ suaʔ³ tou⁵⁵ ɕiən³³ sɒ⁵⁵。

86. 一人说话满有理，俩人说话分高低。

iɐʔ³ zən²¹³ suaʔ³ xua⁵⁵ mæ⁴²³⁻⁴² iou⁴²³ li⁴²³，lia⁴²³⁻⁴² zən²¹³ suaʔ³ xua⁵⁵ fən³³ kou³³ ti³³。

87. 儿多母受苦，猪多没好食。

ər²¹³ tuɤ³³ m̠⁴²³⁻⁴² sou⁵⁵ kʰu⁴²³，tsu³³ tuɤ³³ mɑʔ³ xɒ⁴²³⁻⁴² sɐʔ³。

88. 庭院难养千里马，花盆难育万年松。

tʰiən²¹³ yei⁵⁵ næ²¹³ iɒ⁴²³⁻⁴² tɕʰiei³³ li⁴²³⁻⁴² ma⁴²³，xua³³ pʰər²¹³ næ²¹³ y⁵⁵ væ⁵⁵ ȵiei²¹³ suən³³。

89. 猪肝心，羊五脏，猪毛贴不到羊身上。

tsu³³ kæ³³ ɕiən³³，iɒ²¹³ vu⁴²³⁻⁴² tsɒ⁵⁵，tsu³³ mou²¹³ tʰiɑʔ³ pɐʔ³ tou⁵⁵ iɒ²¹³ sən³³ ɒ⁵⁵。

90. 水浅养不住鱼。

suei⁴²³⁻⁴² tɕʰiei⁴²³ iɒ⁴²³ pɐʔ³ tsu⁵⁵ y²¹³。

91. 车有车路，马有马路。

tsʰɤ³³ iou⁴²³⁻⁴² tsʰɤ³³ lou⁵⁵，ma⁴²³⁻⁴² iou⁴²³ ma⁴²³⁻⁴² lou⁵⁵。

92. 火烧眉毛顾眼前。

xuɤ⁴²³⁻⁴² sou³³ mi²¹³ mou²¹³ ku⁵⁵ iei⁴²³⁻⁴² tɕʰiei²¹³。

社交谚语

93. 生意好做，伙计难佮。

səŋ³³ i⁵⁵ xɒ⁴²³⁻⁴² tsuɐʔ³，xuɤ⁴²³⁻⁴² tɕi⁵⁵ næ²¹³ kɐʔ³。

94. 有理没理管好自己。

iou⁴²³⁻⁴² li⁴²³ maʔ³⁻⁴²³ li⁴²³ kuæ⁴²³⁻⁴² xɒ⁴²³ tsʅ⁵⁵ tɕi⁴²³。

95. 仁人一条心，黄土变成金。

sa³³ zəŋ²¹³ iɐʔ³ tʰiɔu̯²¹³ ɕiəŋ³³，xuɒ²¹³ tʰu⁴²³ pei⁵⁵ tsʰəŋ²¹³ tɕiəŋ³³。

96. 能吃过头饭，不说过头话。

nəŋ²¹³ tsʰɐʔ³ kuɤ⁵⁵ tʰou²¹³ fæ⁵⁵，pɐʔ³⁻⁴²³ suɑʔ³ kuɤ⁵⁵ tʰou²¹³ xua⁵⁵。

97. 节令不到，不知冷暖；人不厮跟，不知厚薄。

tɕiɑʔ³ liəŋ⁵⁵ pɐʔ³ tɔu⁵⁵，pɐʔ³ tsʅ³³ ləŋ⁴²³⁻⁴² næ⁴²³；zəŋ²¹³ pɐʔ³ sɐʔ⁴²³ kəŋ³³，pɐʔ³ tsʅ³³ xou⁵⁵ pɑʔ⁴²³。

98. 哄死人不偿命。

xuəŋ⁴²³⁻⁴² sʅ⁴²³ zəŋ²¹³ pɐʔ³ tsʰɒ²¹³ miəŋ⁵⁵。

99. 会说话当钱使。

xuei⁵⁵ suaʔ³ xua⁵⁵ tɒ³³ tɕʰiei²¹³ sʅ⁴²³。

100. 人在人情在，人走人情坏。

zəŋ²¹³ tsɛ⁵⁵ zəŋ²¹³ tɕʰiəŋ²¹³ tsɛ⁵⁵，zəŋ²¹³ tsou⁴²³⁻⁴² zəŋ²¹³ tɕʰiəŋ²¹³ xuɛ⁵⁵。

101. 用人不疑，疑人不用。

yəŋ⁵⁵ zəŋ²¹³ pɐʔ⁴²³ i²¹³，i²¹³ zəŋ²¹³ pɐʔ⁴²³ yəŋ⁵⁵。

102. 马善被人骑，人善被人欺。

ma⁴²³⁻⁴² sæ⁵⁵ pi⁵⁵ zəŋ²¹³ tɕʰi²¹³，zəŋ²¹³ sæ⁵⁵ pi⁵⁵ zəŋ²¹³ tɕʰi³³。

103. 两好伴一好。

liɒ⁴²³⁻⁴² xɒ⁴²³ kɐʔ³ iɐʔ³ xɒ⁴²³。

104. 为人一条路，惹人一堵墙。

vei²¹³ z̧əŋ²¹³ ieʔ³ tʰiou²¹³ lou⁵⁵，z̧ɤ⁴²³⁻⁴² z̧əŋ²¹³ ieʔ³ tu⁴²³⁻⁴² tɕʰiɒ²¹³。

105. 你敬我一尺，我敬你一丈。

n̠⁴²³⁻⁴² tɕiəŋ⁵⁵ uɤ⁴²³⁻⁴² ieʔ³ tsʰeʔ²¹³，uɤ⁴²³⁻⁴² tɕiəŋ⁵⁵ n̠⁴²³⁻⁴² ieʔ³ tsɒ⁵⁵。

106. 家有千万，还有一时不便。

tɕia³³ iou⁴²³⁻⁴² tɕʰiei³³ væ⁵⁵，xæ²¹³ iou⁴²³⁻⁴² ieʔ³ sʅ²¹³ peʔ³⁻⁴²³ pei⁵⁵。

107. 话说三遍淡如水。

xua⁵⁵ suaʔ³ sæ³³ pei⁵⁵ tæ⁵⁵ z̧u²¹³ suei⁴²³。

108. 骂人不揭短，打人不打脸。

ma⁵⁵ z̧əŋ²¹³ peʔ³ tɕiaʔ³ tuæ⁴²³，ta⁴²³⁻⁴² z̧əŋ²¹³ peʔ³ ta⁴²³⁻⁴² lei⁴²³。

三　歇后语

1. 五百钱分两下——二百五。

u⁴²³ piaʔ³ tɕʰiei²¹³ fəŋ³³ liɒ⁴²³ ɕia⁵⁵——l̠⁵⁵ piaʔ³ u⁴²³。

2. 鞋帮做了帽缘——高戴（待）了。

ɕiɤ²¹³ pɒ⁵⁵ tsueʔ³ lou³³ mou⁵⁵ yei²¹³——kɔu³³ tE⁵⁵ la⁰。

3. 皮带打人——软收拾。

pʰi²¹³ tE⁵⁵ ta⁴²³⁻⁴² z̧əŋ²¹³——z̧uæ⁴²³⁻⁴² sou³³ seʔ⁴²³⁻⁵。

4. 牵牛过纸桥——过不去。

tɕʰiei³³ iou²¹³ kuɤ⁵⁵ tsʅ⁴²³⁻⁴² tɕʰiou²¹³——kuɤ⁵⁵ peʔ³ tɕʰy⁵⁵。

5. □脑穿裤袜——脸儿上下不来。

teʔ⁴²³ nɒ⁴²³ tsʰuæ³³ lei²¹³ veʔ³——lieɹ⁴²³ sɒ⁵⁵ ɕia⁵⁵ peʔ³ lE²¹³。

6. 草帽烂了边儿啦——顶好。

tsʰɒ⁴²³ mou⁵⁵ læ⁵⁵ lou³³ pieɹ³³ la⁰——tiəŋ⁴²³⁻⁴² xɒ⁴²³。

7. 枕上茅梁石睡觉——离死（屎）不远了。

tsəŋ⁵⁵ ɒ⁵⁵ mɔu²¹³ liɒ²¹³ sɐʔ⁴²³ suei⁵⁵ tɕiɔu⁵⁵——li²¹³ sʅ⁴²³⁻⁴² pɐʔ³ yei⁴²³ la⁰。

8. 卖醋跌河里了——完酸啦。

mɛ⁵⁵ tsʰu⁵⁵ tiɑʔ³ xɤ²¹³ li⁴²³ la⁰——væ²¹³ suæ³³ la⁰。

9. 四两棉花——弹（谈）不着。

sʅ⁵⁵ liɒ⁴²³⁻⁴² mei²¹³ xua³³——tʰæ²¹³ pɐ³ tsɐʔ⁴²³。

10. 庙里泥马——惊不了。

miɔu⁵⁵ li⁴²³⁻⁴² mi²¹³ ma⁴²³——tɕiəŋ³³ pɐ³ lou³³。

11. 木头人跳河——不沉。

mɑʔ³ tʰou²¹³ zəŋ²¹³ tʰiɔu⁵⁵ xɤ²¹³——pɐʔ³ tsʰəŋ²¹³。

12. 外公死儿啦——没舅（救）。

vɛ⁵⁵ kuəŋ³³ sʅ⁴²³⁻⁴² l̩²¹³ la³³——mɑʔ³ tɕiou⁵⁵。

13. 耕地用鞭——催（吹）牛。

kəŋ³³ ti⁵⁵ yəŋ⁵⁵ pei³³——tsʰuei³³ iou²¹³。

14. 一丈布扯唠九尺——只有一尺（吃）了。

iɐʔ³ tsɒ⁵⁵ pu⁵⁵ tsʰɤ⁴²³⁻⁴² lou³³ tɕiou⁴²³⁻⁴² tsʰɐʔ³——tsɐʔ³ iou⁴²³⁻⁴² iɐʔ³ tsʰɐʔ³ la³³。

15. 将军不下马——棋＝（骑）_{杂面面条}。

tɕiɒ³³ tɕyəŋ³³ pɐʔ³ ɕia⁵⁵ ma⁴²³——tɕʰi²¹³。

16. 小石头垒山——捞饭小米干饭。

ɕiɒ⁴²³⁻⁴² sɐʔ⁴²³ tʰou²¹³ lei⁴²³⁻⁴² sæ³³——lɔu³³ fæ⁵⁵。

17. 稀共稠——煎饼。

ɕi³³ kuəŋ⁵⁵ tsʰou²¹³——tɕiei³³ piŋ⁴²³⁻³³。

18. 和尚住着破窑——没寺（事）。

xuɤ²¹³ sɒ⁵⁵ tsu⁵⁵ tɐʔ³ pʰuɤ⁵⁵ iou²¹³——mɑʔ³ sʅ⁵⁵。

四 谜语

1. 铁舌头，木耳朵，屁眼吃，脊梁屙——刨（刨子）。

tʰiaʔ³ saʔ³ tʰou²¹³，maʔ³ l̠⁴²³ tuɤ⁴²³，pʰi⁵⁵ iei⁴²³⁻⁴² tsʰɐʔ³，tɕieʔ³ liŋ²¹³
ɤ³³——pɔu⁵⁵。

2. 半墙上有俩圪窑，里头放俩葡萄——眼睛。

pæ⁵⁵ tɕʰiŋ²¹³ sɒ⁵⁵ iou⁴²³⁻⁴² lia⁴²³ kɐʔ³ iɔu²¹³，li⁴²³⁻⁴² tʰou²¹³ fɒ⁵⁵ lia⁴²³⁻⁴²
pʰu²¹³ tʰɔu²¹³——iei⁴²³。

3. 我家有个大肚鸽儿，见人来就上桌儿——水壶。

uɤ⁴²³ tɕia³³ iou⁴²³⁻⁴² kɐʔ³ ta⁵⁵ tu⁵⁵ kɐr⁵⁵，tɕiei⁵⁵ zə̃ŋ²¹³ lɛ²¹³ tɕiou⁵⁵ sɒ⁵⁵
tsuɐr⁵⁵——suei⁴²³⁻⁴² xu²¹³。

4. 人身有个肚朝后，你要不信我的话，你去问你舅。你舅也说
是脊背朝前，肚朝后——小腿。

zə̃ŋ²¹³ sə̃ŋ³³ iou⁴²³⁻⁴² kɐʔ³ tu⁵⁵ tsʰɔu²¹³ xou⁵⁵，n̠⁴²³⁻⁴²iɔu⁵⁵ pɐʔ³
ɕiəŋ⁵⁵ uɤ⁴²³⁻⁴² tɐʔ³ xua⁵⁵，n⁴²³ tɕʰy⁴²³ vəŋ⁵⁵ ȵiɤ³³ tɕiou⁵⁵。ȵiɤ³³ tɕiou⁵⁵
iɤ⁴²³⁻⁴² suɐʔ³ sʅ⁵⁵ tsɐʔ³ pei⁵⁵ tsʰɔu²¹³ tɕʰiei²¹³，tu⁵⁵ tsʰɔu²¹³
xou⁵⁵——ɕiŋ⁴²³ tʰuei⁴²³。

五 绕口令

1. 青头愣撞不了愣头青的钟，愣头青念不了青头愣的经。要儿
英扫不了英儿要的庙，英儿要拔不了要儿英的灯。变白生擀不了生
白变的面，生白变切不了变白生的葱。吧儿笨打不了笨儿吧的鼓，
笨儿吧吹不了吧儿笨的笙。

tɕʰiəŋ³³ tʰou²¹³ ləŋ⁵⁵ tsuŋ⁵⁵ pɐʔ³ lɔu³³ ləŋ⁵⁵ tʰou²¹³ tɕʰiəŋ³³ tɐ³ tsuŋ³³， ləŋ⁵⁵ tʰou²¹³ tɕʰiəŋ³³ n̠iei⁵⁵ pɐʔ³ lou³³ tɕʰiəŋ³³ tʰou²¹³ ləŋ⁵⁵ tɐʔ³ tɕiəŋ³³。iou⁵⁵ l̠²¹³ iəŋ³³ sou⁴²³⁻⁴² pɐʔ³ lou³³ iəŋ³³ l̠²¹³ iou⁵⁵ tɐ³ miou⁵⁵，iəŋ³³ l̠²¹³ iou⁵⁵ paʔ⁴²³ pɐʔ³ lou³³ iou⁵⁵ l̠²¹³ iəŋ³³ tɐʔ³ təŋ³³。pei⁵⁵ piaʔ⁴²³ səŋ³³ kæ⁴²³⁻⁴² pɐʔ³ lou³³ səŋ³³ piaʔ⁴²³ pei⁵⁵ tɐʔ³ mei⁵⁵，səŋ³³ piaʔ⁴²³ pei⁵⁵ tɕʰiaʔ³ pɐʔ³ lou³³ pei⁵⁵ piaʔ⁴²³ səŋ³³ tɐʔ³ tsʰuəŋ³³。pa³³ l̠²¹³ pəŋ⁵⁵ ta⁴²³⁻⁴² pɐʔ³ lou³³ pəŋ⁵⁵ l̠²¹³ pa³³ tɐʔ³ ku⁴²³，pəŋ⁵⁵ l̠²¹³ pa³³ tsʰuei³³ pɐʔ³ lou³³ pa³³ l̠²¹³ pəŋ⁵⁵ tɐʔ³ səŋ³³。

2. 半墙住窝红嘴白木鸽，伸起我这红手白胳膊，特 ⁼儿拟声词飞了红嘴白木鸽，闪出我这红手白胳膊，不知是红手白胳膊比红嘴白木鸽白，还是红嘴白木鸽比红手白胳膊白。

pæ⁵⁵ tɕʰiɒ²¹³ tsu⁵⁵ uɤ³³ xuəŋ²¹³ tsuei⁴²³⁻⁴² piaʔ⁴²³ maʔ³ kɐʔ⁵，səŋ³³ tɕʰi⁴²³⁻⁴² uɤ⁴²³ tsɐʔ³ xuəŋ²¹³sou⁴²³⁻⁴² piaʔ⁴²³ kɐʔ³ paʔ³，tʰər⁵⁵ fei³³ lou³³ xuəŋ²¹³ tsuei⁴²³⁻⁴² piaʔ⁴²³ maʔ³ kɐʔ⁵，sæ⁴²³⁻⁴² tsʰuɐʔ³ uɤ⁴²³⁻⁴² tsɐʔ³ xuəŋ²¹³ sou⁴²³⁻⁴² piaʔ⁴²³ kɐʔ³ paʔ³，pɐʔ³ tsʅ³³ sʅ⁵⁵ xuəŋ²¹³ sou⁴²³⁻⁴² piaʔ⁴²³ kɐʔ³ paʔ³ pi⁴²³⁻⁴² xuəŋ²¹³ tsuei⁴²³ piaʔ⁴²³ maʔ³ kɐʔ⁵ piaʔ⁴²³，xæ²¹³ sʅ⁵⁵ xuəŋ²¹³ tsuei⁴²³⁻⁴² piaʔ⁴²³ maʔ³ kɐʔ⁵ pi⁴²³⁻⁴² xuəŋ²¹³ sou⁴²³⁻⁴² piaʔ⁴²³ kɐʔ³ paʔ³ piaʔ⁴²³。

第三节　民间故事

一

申屎案

səŋ⁴²³⁻⁴² sʅ⁴²³ ŋæ⁵⁵

很久以前，有仨怪名儿人。一个叫齐跟儿有，一个叫薄多些，一个叫韩从来。

有一次，这仨人同住在一家黑店里。因他们都知道店家很坏，就都各自想办法儿对付一下黑店主。半夜时分，韩从来悄悄地来到厨房，把锅里的水舀唠个差不多啦，就把屎屙在里头，还把锅盖好。没多大会儿，齐跟儿有也往里屙了一大堆。鸡叫啦，薄多些还没呐想出对付店主的办法儿，正好他急屙，就款款过同样屙在锅里。

第二天，店家发烟冒火上堂告了他们。仨人一同跪在堂前，县太爷拍着桌子问："□仨谁给□屙锅里唻？"韩从来嘴快说："老爷，恐怕是齐跟儿有唻。"县官大怒叫喊道："夜来□还做饭，谁说是齐跟儿就有唻？"齐跟儿有一听暗暗高兴，挺唠挺胸说："对，老爷！是薄多些吧！"店主赶快说："老爷，是一大堆。"县官指着齐跟儿有骂道："明明是一大堆，还能说成是不多些唻？混蛋。"薄多些心里好笑这俩笨蛋，对县官说："老爷，那韩从来屙不就对啦！"县官听唠更火啦，使劲拍着桌子骂道："□这笨虫，这堆屎还没呐弄清，□还要从来屙啊！来人！轰出这些笨猪，仨人还说不清是谁屙这堆屎唻！"仨人被轰出门外，一顿好笑。

xəŋ⁴²³⁻⁴² tɕiou⁴²³ i⁴²³⁻⁴² tɕʰiei²¹³, iou⁴²³⁻⁴² sa³³ kuɛ⁵⁵ miər²¹³ zəŋ²¹³。iɐʔ³ kɐʔ³⁻⁵ tɕiou⁵⁵ tɕʰi²¹³ kər³³⁻⁵⁵ iou⁴²³, iɐʔ³ kɐʔ³⁻⁵ tɕiou⁵⁵ pɐʔ⁴²³ tuɤ³³ ɕiɐʔ²⁻⁵, iɐʔ³ kɐʔ³⁻⁵ tɕiou⁵⁵ xæ²¹³ tsʰuəŋ²¹³ lɛ²¹³。

iou⁴²³⁻⁴² iɐʔ³ tsʰʅ⁵⁵, tsɤ⁴²³ sa³³ zəŋ²¹³ tʰuəŋ²¹³ tsu⁵⁵ tsɛ⁵⁵ iɐʔ³ tɕia³³ xɑʔ³ tei⁵⁵ li⁴²³。iəŋ³³ tʰa³³ məŋ²¹³⁻⁵⁵ tou³³ tsʅ³³ tou⁵⁵ tei⁵⁵ tɕia³³ xəŋ⁴²³⁻⁴² xuɛ⁵⁵, tɕiou⁵⁵ tou³³ kɑʔ³ tsʅ⁵⁵ ɕin⁴²³⁻⁵⁵ pæ⁵⁵ fər⁻⁵⁵ tuei⁵⁵ fu⁵⁵ iɐʔ³ ɕia⁵⁵ xɑʔ³ tei⁵⁵ tsu⁴²³。pæ⁵⁵ iɤ⁵⁵ sʅ²¹³ fəŋ³³, xæ²¹³ tsʰuəŋ²¹³ lɛ²¹³ tɕʰiɔu³³ tɕʰiɔu³³⁻⁵⁵ tɐʔ³ lE²¹³ tɔu⁵⁵ tsʰu²¹³ fɒ²¹³, pa⁴²³⁻⁴² kuɤ³³ li⁴²³⁻⁴²

tɐʔ³ suei⁴²³ iɒ⁴²³⁻⁴² lɔu³³ kɐʔ³⁻⁵ tsʰa⁵⁵ pɐʔ³ tuɤ³³ la³³, tɕiou⁵⁵ pa⁴²³⁻⁴²

sʅ⁴²³ ɤ³³ tsE⁵⁵ li⁴²³⁻⁴² tʰou²¹³⁻³³, xæ²¹³ pa⁴²³⁻⁴² kuɤ³³ kE⁵⁵ xɒ²¹³。mɑʔ³

tuɤ³³ ta⁵⁵ xuər⁻⁵⁵, tɕʰi²¹³ kər³³⁻⁵⁵ iou⁴²³ iɤ⁴²³⁻⁴² vɒ⁴²³⁻⁴² li⁴²³ ɤ³³ lɔu³³

iɐʔ³ tuei³³。tɕi³³ tɕiɔu⁵⁵ la³³, pɐʔ⁴²³ tuɤ³³ ɕiɐʔ³⁻⁵ xæ²¹³ mɑʔ³ na³³

ɕiɒ⁴²³⁻⁴² tsʰuɑʔ³ tuei⁵⁵ fu⁵⁵ tei⁵⁵ tsu⁴²³⁻⁴² tɐʔ³ pæ⁵⁵ fɐr⁻⁵⁵, tsəŋ⁵⁵ xɒ⁴²³⁻⁴²

tʰa³³ tɕiɐʔ³ ɤ³³, tɕiou⁵⁵ kʰuæ⁴²³ kʰuæ⁴²³⁻⁵⁵ kuɤ⁵⁵ tʰuəŋ²¹³ iɒ⁵⁵ ɤ³³

tsE⁵⁵ kuɤ³³ li⁴²³。

ti⁵⁵ l̠⁵⁵ tʰei³³, tei⁵⁵ tɕia³³ fɑʔ³ iei³³ mɔu⁵⁵ xuɤ⁴²³ sɒ⁵⁵ tʰɒ²¹³

kɔu⁵⁵ lɒ⁴²³ tʰa³³ məŋ²¹³⁻⁵⁵。sa³³ zəŋ²¹³ iɐʔ³ tʰuəŋ²¹³ kuei⁵⁵ tsE⁵⁵ tʰɒ²¹³

tɕʰiei²¹³, ɕiei⁵⁵ tʰE⁵⁵ iɤ²¹³ pʰiɑʔ³ tɐʔ³⁻⁵ tsuɑʔ³⁻⁵ vəŋ⁵⁵: "n̠iɤ³³ sa³³

sei²¹³ kɐʔ⁴²³ n̠ia²¹³ ɤ³³ kuɤ³³ li⁴²³⁻⁴² lE²¹³⁻⁵⁵? "xæ²¹³ tsʰuəŋ²¹³ lE²¹³

tsuei⁴²³⁻⁴² kʰuE⁵⁵ suɑʔ³: "kʰuəŋ⁴²³⁻⁴² pʰa⁵⁵ sʅ⁵⁵ tɕʰi²¹³ kər³³⁻⁵⁵ iou⁴²³

lE²¹³⁻⁵⁵。"ɕiei⁵⁵ kuæ³³ ta⁵⁵ nu⁵⁵ tɕiou⁵⁵ xæ⁴²³⁻⁴² tɔu⁵⁵: "iɤ⁵⁵ lE²¹³

n̠ia²¹³ xæ²¹³ tsɐʔ⁴²³ fæ⁵⁵, sei²¹³ suɑʔ³ sʅ⁵⁵ tɕʰi²¹³ kər³³⁻⁵⁵ tɕiou⁵⁵

iou⁴²³⁻⁴² lE²¹³⁻⁵⁵? "tɕʰi²¹³ kər³³⁻⁵⁵ iou⁴²³ iɐʔ³ tʰiəŋ³³ æ⁵⁵ æ⁵⁵ kɔu³³

ɕiəŋ⁵⁵, tʰiəŋ⁴²³⁻⁴² lɔu³³ tʰiəŋ⁴²³ ɕyəŋ³³ suɑʔ³: "tuei⁵⁵, lɒ⁴²³⁻⁴² iɤ²¹³!

sʅ⁵⁵ pɐʔ⁴²³ tuɤ³³ ɕiɐʔ³⁻⁵ pa⁵⁵! "tei⁵⁵ tsu⁴²³⁻⁴² kæ⁴²³ kʰuE⁵⁵ suɑʔ³:

"lɒ⁴²³⁻⁴² iɤ²¹³ sʅ⁵⁵ iɐʔ³ ta⁵⁵ tuei³³。"ɕiei⁵⁵ kuæ³³ tsʅ⁴²³⁻⁴² tɐʔ⁴²³ tɕʰi²¹³

kər³³⁻⁵⁵ iou⁴²³ ma⁵⁵ tɔu⁵⁵: "miəŋ²¹³ miəŋ²¹³ sʅ⁵⁵ iɐʔ³ ta⁵⁵ tuei³³,

xæ²¹³ nəŋ²¹³ suɑʔ³ tsʰəŋ²¹³ sʅ⁵⁵ pɐʔ⁴²³ tuɤ³³ ɕiɐʔ³⁻⁵ lE²¹³⁻⁵⁵? xuəŋ⁵⁵

tæ⁵⁵。"pɐʔ⁴²³ tuɤ³³ ɕiɐʔ³⁻⁵ ɕiəŋ³³ li⁴²³⁻⁴² xɒ⁴²³ ɕiou⁵⁵ tsɤ⁴²³⁻⁴² lia⁴²³

pəŋ⁵⁵ tæ⁵⁵, tuei⁵⁵ ɕiei⁵⁵ kuæ³³ suɑʔ³: "lɒ⁴²³⁻⁴² iɤ²¹³, na⁵⁵ xæ²¹³

tsʰuəŋ²¹³ lE²¹³ ɤ³³ pɐʔ³⁻⁴²³ tɕiou⁵⁵ tuei⁵⁵ la³³! "ɕiei⁵⁵ kuæ³³ tʰiəŋ³³ lɔu³³ kəŋ⁵⁵ xuɤ⁴²³⁻⁴² ta⁵⁵ la³³, sʅ⁴²³⁻⁴² tɕiəŋ⁵⁵ pʰiaʔ³ tɐʔ³⁻⁵ tsuaʔ³⁻⁵ ma⁵⁵ tɔu⁵⁵：“n̩iɤ³³ tsɤ⁴²³ pəŋ⁵⁵ tsʰuəŋ²¹³, tsɤ⁴²³ tuei³³ sʅ⁴²³⁻⁴² xæ²¹³ maʔ³⁻⁴²³ na³³ nuəŋ⁵⁵ tɕʰiəŋ³³, n̩iɤ³³ xæ²¹³ iɔu⁵⁵ tsʰuəŋ²¹³ lᴇ²¹³ ɤ³³ a⁵⁵！lᴇ²¹³ zə̣ŋ²¹³！xuəŋ³³ tsʰuaʔ³⁻⁵ tsɤ⁴²³ ɕiɐʔ⁻⁵ pəŋ⁵⁵ tsu³³, sa³³ zə̣ŋ²¹³ xæ²¹³ suaʔ³ pɐʔ³ tɕʰiəŋ³³ sʅ⁵⁵ sei²¹³ ɤ³³ tsɤ⁴²³ tuei³³ sʅ⁴²³⁻⁴² lᴇ²¹³⁻⁵⁵！”sa³³ zə̣ŋ²¹³ pi⁵⁵ xuəŋ³³ tsʰuaʔ³⁻⁵ məŋ²¹³ vᴇ⁵⁵, iɐʔ³ tuəŋ⁵⁵ xɒ⁴²³⁻⁴² ɕiɔu⁵⁵。

二

襄垣黎城"亲家"的来历

ɕiɒ³³ iei²¹³ li²¹³ tsʰəŋ²¹³ tɕʰiəŋ⁵⁵ tɕia³³ tɐʔ³ lᴇ²¹³ li⁵⁵

　　襄垣和黎城有一种特殊的习俗，就是襄垣人和黎城人互称"亲家"。不管是黎城人见襄垣人，还是襄垣人见黎城人，不分男女老少，不分生人、熟人，都是开口便骂，并动手打闹。黎城人开口就叫襄垣人是"半生棍儿（小舅子）"，襄垣人叫黎城人是"小外甥"，但从来都是骂不翻脸，打不记仇。一提"亲家"二字，马上和好，甚至互相间可以吃饭不算账，住宿不给钱，就如一家人一样。如果遇到与其他地方的人争斗，还可一致对外，互相袒护。这种习俗现在还有。

　　襄垣和黎城为甚会有这样特殊的关系？这里有一个传奇的故事。

　　从前，在襄垣北关村东厢坊的小店院，住着一对王姓夫妇，没呐儿，只有一个聪明伶俐的闺女儿，一十二岁了，长得如花似玉，王氏夫妇爱如珍宝，但因为没呐儿，这成了他们汉老婆的一块心病。所以王氏夫妇每天求神拜佛，希望能生一个儿，以续香火。

襄垣和黎城交界处有一座大山叫东顶山（黎城人叫广志山），山顶上有玉皇殿，当地人叫"老爷庙"。半山腰有娲媓庙，供的是女娲娘娘。女娲娘娘管着人间生儿育女，所以来这里求子的人特别多，也特别灵，王氏就决定到东顶山上的娲媓庙求子。这天，王氏一大早起来，穿戴整齐准备起身，十二岁的闺女也嚷着跟她一起去。东顶山上原有个风俗，没呐出嫁的闺女是不准上山的。所以王氏坚决不让闺女同去，一个人上路了。

来到东顶山娲媓庙已是正午时分，王氏进完香许过愿，回身一看，只见闺女站在身后，原来闺女也偷偷跟来了。王氏又急又气，叫唠一声"小奶奶哎"，抬起手就要打，不料手还没落下，闺女已跌倒在地气绝身亡了。

王氏一看闺女死啦，急得大哭起来，惊动唠山上的人。这时，庙中的老道人走唠过来，把小女的尸身扶坐在女娲神像身边的座椅上，一边倒身下跪，一边说道："小奶奶大驾归临，在下等候多时了。夜来娘娘曾托梦于我，说'明日午时小奶奶要来本庙即位，可为她塑身，置于我身旁'，现在正是午时，又应唠其母'小奶奶'谶语，不是小奶奶是谁？赶快为其包骨塑身吧。"

闺女死啦，王氏悲痛欲绝，听道人这么一说，又似信非信，只得由着众人。于是，大家七手八脚将闺女用白绫包身，用泥土封塑后，放置在女娲娘娘神像旁。从此，娲媓庙里就多唠一位"襄垣小奶奶"的神像。

王氏当天回到家里，夜里便做一梦，梦见闺女华冠丽服飘然而来，王氏扯住大哭，闺女说："母亲不必悲伤，我本是玉帝贴身侍妾，因触犯宫规，被贬到下界托生，今大限已满，蒙玉帝重新召回。玉帝已封我为'小奶奶'，专管人间儿童聪明智慧。可告知四方人们，每年四月十八，凡十二岁儿童，不分男女，都要来东顶山娲媓庙'开锁'，以求智慧。"说罢飘然而去。

王氏醒来，心中释然，于是遍告四邻八方。一传十，十传百，人们都来东顶山娲媓庙拜"小奶奶"给孩"开锁"，"开锁"之俗便兴盛起来。寺内修唠梳妆楼，山上还有望乡台。每逢十月初一，襄垣北关娘家的人来赶会时，还要给小奶奶梳洗更衣，抬上神像到望乡台，展望家乡，并到其母坟上焚香祭奠。

从此，黎城和襄垣便结成唠亲家，黎城人见唠襄垣人叫"半生棍儿"，襄垣人叫黎城人"小外甥"，对骂几句，耍笑耍笑。要是遇到天灾人祸，没呐生计，便相互投奔，结亲甚多。时至今日，几百年来，两县人民和睦相处，辈辈相传。

ς{in}^{33} iei^{213} $x\gamma^{213}$ li^{213} $ts^hən^{213}$ $iou^{423\text{-}42}$ $ie?^3$ $tsuəŋ^{423\text{-}42}$ $t^ha?^3$ su^{33} $tə?^3$ $\varsigma ie?^{423}$ $\varsigma ye?^{423}$ $t\varsigma iou^{55}$ $s\ni^{55}$ ςin^{33} iei^{213} $zə̧ŋ^{213}$ $x\gamma^{213}$ li^{213} $ts^hən^{213}$ $zə̧ŋ^{213}$ xu^{55} $ts^hən^{33}$ "$t\varsigma^hiəŋ^{55}$ $t\varsigma ia^{33}$"。$pæ?^{3\text{-}423}$ $kuæ^{423}$ $s\ni^{55}$ li^{213} $ts^hən^{213}$ $zə̧ŋ^{213}$ $t\varsigma iei^{55}$ ςin^{33} iei^{213} $zə̧ŋ^{213}$，$xæ^{213}$ $s\ni^{55}$ ςin^{33} iei^{213} $zə̧ŋ^{213}$ $t\varsigma iei^{55}$ li^{213} $ts^hən^{213}$ $zə̧ŋ^{213}$，$pæ?^{3\text{-}423}$ $fəŋ^{33}$ $næ^{213}$ $ɳy^{423\text{-}42}$ $lɒ^{423}$ sou^{55}，$pæ?^{3\text{-}423}$ $fəŋ^{33}$ $sən^{33}$ $zə̧ŋ^{213}$、$suæ^{423}$ $zə̧ŋ^{213}$，tou^{33} $s\ni^{55}$ k^hE^{33} $k^hou^{423\text{-}42}$ pei^{55} ma^{55}，$piəŋ^{55}$ $tuəŋ^{55}$ $sou^{423\text{-}42}$ ta^{423} $nɔu^{55}$。li^{213} $ts^hən^{213}$ $zə̧ŋ^{213}$ k^hE^{33} $k^hou^{423\text{-}42}$ $t\varsigma iou^{55}$ $t\varsigma iou^{55}$ ςin^{33} iei^{213} $zə̧ŋ^{213}$ $s\ni^{55}$ "$pæ^{55}$ $sən^{33}$ $kuər^{55}$"，ςin^{33} iei^{213} $zə̧ŋ^{213}$ $t\varsigma iou^{55}$ li^{213} $ts^hən^{213}$ $zə̧ŋ^{213}$ $s\ni^{55}$ "$\varsigma in^{423\text{-}42}$ vE^{55} $səŋ^{33}$"，$tæ^{}$ $ts^huən^{213}$ lE^{213} tou^{33} $s\ni^{55}$ ma^{55} $pe?^3$ $fæ^{33}$ lei^{423}，$ta^{423\text{-}42}$ $pæ?^3$ $t\varsigma i^{55}$

tsʰou²¹³。iɐʔ³⁻⁴²³　tʰi²¹³　"tɕʰiəŋ⁵⁵　tɕia³³"　ər⁵⁵　tsʅ⁵⁵，ma⁴²³⁻⁴²　sɒ⁵⁵
xɤ²¹³　xɒ⁴²³，səŋ⁵⁵　tsʅ⁵⁵　xu⁵⁵　ɕiɒ³³　tɕiei³³　kʰɤ⁴²³⁻⁴²　i⁴²³　tsʰɐʔ³　fæ⁵⁵
pɐʔ³⁻⁴²³　suæ⁵⁵　tsɒ⁵⁵，tsu⁵⁵　ɕyɐʔ³　pɐʔ³⁻⁴²³　kɐʔ⁴²³　tɕʰiei²¹³，tɕiou⁵⁵
zʮ²¹³　iɐʔ³　tɕia³³　zəŋ²¹³　iɐʔ³　iɒ⁵⁵。iou⁵⁵　sʅ⁵⁵　y⁵⁵　tɒu⁵⁵　xɤ²¹³
tɕʰi²¹³　tʰa³³　ti⁵⁵　fɒ³³　tɐʔ³　zəŋ²¹³　tsəŋ³³　tou⁵⁵，xæ²¹³　kʰɤ⁴²³⁻⁴²
iɐʔ³　tsʅ⁵⁵　tuei⁵⁵　vE⁵⁵，xu⁵⁵　ɕiɒ³³　tʰæ⁴²³⁻⁴²　xu⁵⁵。tsɐʔ⁴²³　tsuəŋ⁴²³
ɕiɐʔ⁴²³　ɕyɐʔ⁴²³　ɕiei⁵⁵　tsE⁵⁵　xæ²¹³　iou⁴²³。

　　ɕiɒ³³　iei²¹³　xɤ²¹³　li²¹³　tsʰəŋ²¹³　vei⁵⁵　səŋ⁵⁵　xuei⁵⁵　iou⁴²³⁻⁴²
tsɐʔ⁴²³　iɒ⁵⁵　tʰɑʔ³　su³³　tɐʔ³　kuæ³³　ɕi⁵⁵？tsɐʔ⁴²³　li⁴²³　iou⁴²³⁻⁴²　iɐʔ³
kɐʔ³⁻⁵　tsʰuæ²¹³　tɕʰi²¹³　tɐʔ³　ku⁵⁵　sʅ⁵⁵。

　　tsʰuəŋ²¹³　tɕʰiei²¹³，tsE⁵⁵　ɕiɒ³³　iei²¹³　piɐʔ³　kuæ³³　tsʰuəŋ³³　tuəŋ³³
ɕiɒ³³　fɒ²¹³　tɐʔ³　ɕiɒ⁴²³⁻⁴²　tei⁵⁵　yei⁵⁵，tsu⁵⁵　tɐʔ³　iɐʔ³　tuei⁵⁵　vɒ²¹³
ɕiəŋ⁵⁵　fu³³　fu⁵⁵，mɑʔ³　na³³　ər²¹³，tsɐʔ⁴²³　iou⁴²³⁻⁴²　iɐʔ³　kɐʔ³
tsʰuəŋ³³　miəŋ²¹³　liəŋ²¹³　li⁵⁵　tɐʔ³　kuei³³　ȵiər⁴²³⁻⁵⁵，iɐʔ³　sɐʔ⁴²³
ər⁵⁵　suei⁵⁵　lɐʔ⁵⁻⁵，tsɒ⁴²³⁻⁴²　tɐʔ³　zʮ²¹³　xua³³　sʅ⁵⁵　y⁵⁵，vɒ²¹³　sʅ⁵⁵
fu³³　fu⁵⁵　ŋE⁵⁵　zʮ²¹³　tsəŋ³³　pɒ⁴²³，tæ⁵⁵　iəŋ³³　vei⁵⁵　mɑʔ³　na³³
ər²¹³，tsɐʔ⁴²³　tsʰəŋ²¹³　lou³³　tʰa³³　məŋ²¹³⁻⁵⁵　xæ⁵⁵　lɒ⁴²³⁻⁴²　pʰuɤ²¹³
tɐʔ³　iɐʔ³　kuE⁵⁵　ɕiəŋ³³　piəŋ⁵⁵。suɤ⁴²³⁻⁴²　i⁴²³　vɒ²¹³　sʅ⁵⁵　fu³³　fu⁵⁵
mei⁴²³⁻⁴²　tʰei³³　tɕʰiou²¹³　səŋ²¹³　pE⁵⁵　fɐʔ⁴²³，ɕi³³　vɒ⁵⁵　nəŋ²¹³　səŋ³³
iɐʔ³　kɐʔ³　ər⁵⁵，i⁴²³⁻⁴²　ɕy⁵⁵　ɕiɒ³³　xuɤ⁴²³。

　　ɕiɒ³³　iei²¹³　xɤ²¹³　li²¹³　tsʰəŋ²¹³　tɕiou³³　tɕiɤ⁵⁵　tsʰu⁵⁵　iou⁴²³⁻⁴²
iɐʔ³　tsuɤ⁵⁵　ta⁵⁵　sæ³³　tɕiou³³　tuəŋ³³　tiəŋ⁴²³⁻⁴²　sæ³³（li²¹³　tsʰəŋ²¹³
zəŋ²¹³　tɕiou³³　kuɒ⁴²³⁻⁴²　tsʅ⁵⁵　sæ³³），sæ³³　tiəŋ⁴²³⁻⁴²　ɒ⁵⁵　iou⁴²³⁻⁴²
y⁵⁵　xuɒ²¹³　tei⁵⁵，tɒ³³　ti⁵⁵　zəŋ²¹³　tɕiou³³　"lɒ⁴²³⁻⁴²　iɤ²¹³

miɔu^{33}" 。 pæ^{55} sæ^{33} iɔu^{33} iou$^{423\text{-}42}$ va^{33} xuɒ^{213} miɔu^{55}, kuəŋ^{55} tɐʔ^{3} sʅ^{55} ȵy$^{423\text{-}42}$ va^{33} ȵiɒ^{213} ȵiɒ^{213} 。 ȵy$^{423\text{-}42}$ va^{33} ȵiɒ^{213} ȵiɒ^{213} kuæ$^{423\text{-}42}$ tɐʔ^{3} zʅŋ^{213} tɕiei^{33} səŋ^{33} ər^{213} y^{55} ȵy^{423}, suɤ$^{423\text{-}42}$ i^{423} lE^{213} tsɐʔ^{423} li^{423} tɕʰiou^{213} tsʅ$^{423\text{-}42}$ tɐʔ^{3} zʅŋ^{213} tʰaʔ^{3} piaʔ^{423} tɐʔ^{3} tuɤ^{33}, iɤ$^{423\text{-}42}$ tʰaʔ^{3} piaʔ^{423} liəŋ^{213}, vɒ^{213} sʅ^{55} tɕiou^{55} tɕyaʔ^{3} tiəŋ^{55} tɔu^{55} tuəŋ^{33} tiəŋ$^{423\text{-}42}$ sæ^{33} ɒ^{55} tɐʔ^{3} va^{33} xuɒ^{213} miɔu^{55} tɕʰiou^{213} tsʅ^{423} 。 tsɐʔ^{423} tʰei^{33}, vɒ^{213} sʅ^{55} iɐʔ^{3} ta^{55} tsɒ$^{423\text{-}42}$ tɕʰi$^{423\text{-}42}$ lE^{213}, tsʰuæ^{33} tæ^{55} tsəŋ$^{423\text{-}42}$ tɕʰi^{213} tsuan$^{423\text{-}42}$ pi^{55} tɕʰi$^{423\text{-}42}$ səŋ^{33}, sɐʔ^{423} ər^{55} suei^{55} tɐʔ^{3} kuei^{33} n̠$^{423\text{-}33}$ iɤ$^{423\text{-}42}$ zɒ^{423} tɐʔ^{3} kəŋ^{33} tʰa^{33} iɐʔ^{3} tɕʰi$^{423\text{-}42}$ tsʰuɐʔ^{423} 。 tuən^{33} tiəŋ$^{423\text{-}42}$ sæ^{33} ɒ^{55} yei^{213} iou$^{423\text{-}42}$ kɐʔ^{3} fəŋ^{33} ɕyɐʔ^{423}, maʔ^{3} na^{33} tsʰuɐʔ^{3} tɕia^{55} tɐʔ^{3} kuei^{33} n̠$^{423\text{-}33}$ sʅ^{55} pɐʔ^{3} tsuən$^{423\text{-}42}$ sɒ^{55} sæ^{33} tɐʔ^{3} 。 suɤ$^{423\text{-}42}$ i^{423} vɒ^{213} sʅ^{55} tɕiei^{33} tɕyaʔ^{3} pɐʔ^{3} zɒ^{55} kuei^{33} n̠$^{423\text{-}33}$ tʰuəŋ^{213} tsʰuɐʔ^{423}, iɐʔ^{3} kɐʔ^{3} zʅŋ^{213} sɒ^{55} lou^{55} lɐʔ$^{\text{-}5}$ 。

lE^{213} tɔu^{55} tuəŋ^{33} tiəŋ$^{423\text{-}42}$ sæ^{33} va^{33} xuɒ^{213} miɔu^{55} i$^{423\text{-}42}$ sʅ^{55} tsəŋ^{55} vu$^{423\text{-}42}$ sʅ^{213} fəŋ^{33}, vɒ^{213} sʅ^{55} tɕiəŋ^{55} væ^{213} ɕiɒ^{33} ɕy$^{423\text{-}42}$ kuɤ^{55} yei^{55}, xuei^{213} səŋ^{33} iɐʔ^{3} kʰæ^{55}, tsɐʔ^{3} tɕiei^{55} kuei^{33} n̠$^{423\text{-}33}$ tsæ^{55} tsE^{55} səŋ^{33} xou^{55}, yei^{213} lE^{213} kuei^{33} n̠$^{423\text{-}33}$ iɤ$^{423\text{-}42}$ tʰou^{33} tʰou$^{33\text{-}55}$ kəŋ^{33} lE^{213} lɐʔ$^{\text{-}5}$ 。 vɒ^{213} sʅ^{55} iou^{55} tɕʰi^{55} iou^{55} tɕiɐʔ^{3}, tɕiɔu^{55} lɔu^{33} iɐʔ^{3} səŋ^{33} "ɕiɒ$^{423\text{-}42}$ næ^{423} næ$^{423\text{-}33}$ E^{33}", tʰE^{213} tɕʰi$^{423\text{-}42}$ sou^{423} tɕiou^{55} iɔu^{55} ta^{423}, pɐʔ^{3} liɔu^{55} sou$^{423\text{-}42}$ xæ^{213} maʔ^{3} luaʔ^{3} ɕia^{55}, kuei^{33} n̠$^{423\text{-}33}$ i$^{423\text{-}42}$ tiaʔ^{3} tɔu$^{423\text{-}42}$ tsE^{55} ti^{55} tɕʰi^{55} tɕyaʔ^{423} səŋ^{33} vɒ^{213} lɐʔ$^{\text{-}5}$ 。

vɒ^{213} sʅ^{55} iɐʔ^{3} kʰæ^{55} kuei^{33} n̠$^{423\text{-}33}$ sʅ$^{423\text{-}42}$ la^{33}, tɕiɐʔ^{3} tɐʔ^{3}

ta⁵⁵　kʰuɐ丨³　tɕʰi⁴²³⁻⁴²　lE²¹³，tɕiən³³　tuəŋ⁵⁵　lɔu³³　sæ³³　ɒ⁵⁵　tɐʔ³

zɐŋ²¹³。tsɐʔ⁴²³　sʅ²¹³，miɔu⁵⁵　tsuəŋ³³　tɐʔ³　lɒ⁴²³⁻⁴²　tɔu⁵⁵　zɐŋ²¹³

tsou⁴²³⁻⁴²　lɔu³³　kuɤ⁵⁵　lE²¹³，pa⁴²³⁻⁴²　ɕiɒ⁴²³⁻⁴²　n̠y⁴²³　tɐʔ³　sʅ³³

səŋ³³　fu²¹³　tsuɤ⁵⁵　tsE⁵⁵　n̠y⁴²³⁻⁴²　va³³　səŋ²¹³　ɕiɒ⁵⁵　səŋ³³　pei³³

tɐʔ³　tsuɤ⁵⁵　i⁴²³⁻⁴²　ɒ⁵⁵，iɐʔ³　pei³³　tɔu⁴²³⁻⁴²　səŋ³³　ɕia⁵⁵　kuei⁵⁵，

iɐʔ³　pei³³　suaʔ³　tɔu⁵⁵："ɕiɒ⁴²³⁻⁴²　næ⁴²³　næ⁴²³⁻³³　ta⁵⁵　tɕia⁵⁵　kuei³³

liəŋ²¹³，tsE⁵⁵　ɕia⁵⁵　təŋ⁴²³⁻⁴²　xou⁵⁵　tuɤ³³　sʅ²¹³　lɐʔ⁻⁵。iɤ⁵⁵　lE²¹³

n̠iɒ²¹³　n̠iɒ²¹³　tsʰəŋ²¹³　tʰuaʔ³　məŋ⁵⁵　y²¹³　uɤ⁴²³，suaʔ³　'miəŋ²¹³

zɐ̠ʔ³　vu⁴²³⁻⁴²　sʅ²¹³　ɕiɒ⁴²³⁻⁴²　næ⁴²³　næ⁴²³⁻³³　iou⁵⁵　lE²¹³　pəŋ⁴²³⁻⁴²

miɔu⁵⁵　tɕiɐʔ³　vei⁵⁵，kʰɤ⁴²³⁻⁴²　vei⁵⁵　tʰa³³　su⁵⁵　səŋ³³，tsʅ⁵⁵　y²¹³

uɤ⁴²³⁻⁴²　səŋ³³　pʰɒ²¹³'，ɕiei⁵⁵　tsE⁵⁵　tsəŋ⁵⁵　sʅ⁵⁵　vu⁴²³⁻⁴²　sʅ²¹³，

iou⁵⁵　iəŋ⁵⁵　lɔu³³　tɕʰi²¹³　m̲⁴²³　'ɕiɒ⁴²³⁻⁴²　næ⁴²³　næ⁴²³⁻³³'，tsʰəŋ⁵⁵

y⁴²³，pɐʔ³⁻⁴²³　sʅ⁵⁵　ɕiɒ⁴²³⁻⁴²　næ⁴²³　næ⁴²³⁻³³　sʅ⁵⁵　sei²¹³？kæ⁴²³⁻⁴²

kʰuE⁵⁵　vei⁵⁵　tɕʰi²¹³　pou³³　kuɐʔ³　suaʔ³　səŋ³³　pa³³。"

　　kuei³³　n̲⁴²³⁻³³　sʅ⁴²³⁻⁴²　la³³，vɒ²¹³　sʅ⁵⁵　pei³³　tʰuəŋ⁵⁵　y⁵⁵

tɕyaʔ⁴²³，tʰiəŋ³³　tɔu⁵⁵　zɐŋ²¹³　tsɐʔ⁴²³　mɤ⁰　iɐʔ³　suaʔ³，iou⁵⁵　sʅ⁵⁵

ɕiəŋ⁵⁵　fei³³　ɕiəŋ⁵⁵，tsɐʔ⁴²³　tiɐʔ³　iou²¹³　tɐʔ³　tsuəŋ⁵⁵　zɐ̠ŋ²¹³。y²¹³

sʅ⁵⁵，ta⁵⁵　tɕia³³　tɕʰiɐʔ³　sou⁴²³⁻⁴²　paʔ³　tɕiaʔ³　tɕiɒ³³　kuei³³　n̲⁴²³⁻³³

yəŋ⁵⁵　piaʔ⁴²³　liəŋ²¹³　pou³³　səŋ³³，yəŋ⁵⁵　n̠i²¹³　tʰu⁴²³⁻⁴²　fəŋ³³　suaʔ³

xou⁵⁵，fɒ⁵⁵　tsʅ⁵⁵　tsE⁵⁵　n̠y⁴²³⁻⁴²　va³³　n̠iɒ²¹³　n̠iɒ²¹³　səŋ²¹³　ɕiɒ⁵⁵

pʰɒ²¹³。tsʰuəŋ²¹³　tsʰʅ⁴²³，va³³　xuɒ²¹³　miɔu⁵⁵　tɕiou⁵⁵　tuɤ⁵⁵　lɔu³³

iɐʔ³　vei⁵⁵　"ɕiɒ³³　iei²¹³　ɕiɒ⁴²³⁻⁴²　næ⁴²³　næ⁴²³⁻³³"　tɐʔ³　səŋ²¹³

ɕiɒ⁵⁵。

　　vɒ²¹³　sʅ⁵⁵　tɒ³³　tʰei³³　xuei²¹³　tɔu⁵⁵　tɕia³³　li⁴²³，iɤ⁵⁵　li⁴²³⁻⁴²

pei⁵⁵ tsuɐʔ²³ iɐʔ²³ məŋ⁵⁵, məŋ⁵⁵ tɕiei⁵⁵ kuei³³ n̠⁴²³⁻³³ xua²¹³ kuæ⁵⁵
li⁵⁵ fɐʔ⁴²³ pʰiɔu³³ z̪æ²¹³ ər²¹³ lE²¹³, vɒ²¹³ sʅ⁵⁵ tsʰɤ⁴²³⁻⁴² tsu⁵⁵ ta⁵⁵
kʰuɐʔ²³, kuei³³ n̠⁴²³⁻³³ suaʔ²³: "m̠⁴²³⁻⁴² tɕʰiəŋ³³ pɐʔ³⁻⁴²³ pi⁵⁵ pei³³
sɒ⁵⁵, uɤ⁴²³⁻⁴² pəŋ⁴²³ sʅ⁵⁵ y⁵⁵ ti⁵⁵ tʰia²³ səŋ³³ sʅ⁵⁵ tɕʰiɐʔ²³, iəŋ³³
tsʰu⁵⁵ fæ⁵⁵ kuəŋ³³ kuei³³, pi⁵⁵ pei⁴²³⁻⁴² tɔu⁵⁵ ɕia⁵⁵ tɕiɤ⁵⁵ tʰuaʔ²³
səŋ³³, tɕiəŋ³³ ta⁵⁵ ɕiei⁵⁵ i⁴²³⁻⁴² mæ⁴²³, məŋ²¹³ y⁵⁵ ti⁵⁵ tsʰuəŋ²¹³
ɕiəŋ³³ tsɔu⁵⁵ xuei²¹³。y⁵⁵ ti⁵⁵ i⁴²³⁻⁴² fəŋ³³ uɤ⁴²³⁻⁴² vei²¹³ ' ɕiɒ⁴²³⁻⁴²
næ⁴²³ næ⁴²³⁻³³ ', tsuæ³³ kuæ⁴²³ z̪əŋ²¹³ tɕiei³³ ər²¹³ tʰuəŋ²¹³
tsʰuəŋ³³ miəŋ²¹³ tsʅ⁵⁵ xuei⁵⁵。kʰɤ⁴²³⁻⁴² kɔu⁵⁵ tsʅ³³ sʅ⁵⁵ fɒ³³ z̪əŋ²¹³
məŋ²¹³⁻⁵⁵, mei⁴²³⁻⁴² n̠iei²¹³ sʅ⁵⁵ yɑʔ³ sɐʔ⁴²³ paʔ³, fæ²¹³ sɐʔ⁴²³ ər⁵⁵
suei⁵⁵ ər²¹³ tʰuəŋ²¹³, pɐʔ³⁻⁴²³ fəŋ³³ næ²¹³ n̠y⁴²³, tou³³ iou⁵⁵ lE²¹³
tuəŋ³³ tiəŋ⁴²³⁻⁴² sæ³³ va³³ xuɒ²¹³ miɔu⁵⁵ ' kʰE³³ suɤ⁴²³ ', i⁴²³⁻⁴²
tɕʰiou²¹³ tsʅ⁵⁵ xuei⁵⁵。"suaʔ²³ pa⁵⁵ pʰiɔu³³ z̪æ²¹³ ər²¹³ tsʰuɐʔ⁴²³。

    vɒ²¹³ sʅ⁵⁵ ɕiəŋ⁴²³⁻⁴² lE²¹³, ɕiəŋ³³ tsuəŋ³³ sʅ⁵⁵ z̪æ²¹³, y²¹³ sʅ⁵⁵
pei⁵⁵ kɔu⁵⁵ sʅ⁵⁵ liəŋ²¹³ pɑʔ³ fɒ³³。iɐʔ²³ tsʰuæ²¹³ sɐʔ⁴²³, sɐʔ⁴²³
tsʰuæ²¹³ piɑʔ³, z̪əŋ²¹³ məŋ²¹³⁻⁵⁵ tou³³ lE²¹³ tuəŋ³³ tiəŋ⁴²³⁻⁴² sæ³³
va³³ xuɒ²¹³ miɔu⁵⁵ pE⁵⁵ "ɕiɒ⁴²³⁻⁴² næ⁴²³ næ⁴²³⁻³³" kɐʔ⁴²³ xE²¹³
"kʰE³³ suɤ⁴²³", "kʰE³³ suɤ⁴²³" tsʅ³³ ɕyɐʔ⁴²³ pei⁵⁵ ɕiəŋ³³
səŋ⁵⁵ tɕʰi⁴²³⁻⁴² lE²¹³。sʅ⁵⁵ nuei⁵⁵ ɕiou³³ lɔu³³ suɤ³³ tsuɒ³³
lou²¹³, sæ³³ ɒ⁵⁵ xæ²¹³ iou⁴²³⁻⁴² vɒ⁵⁵ ɕiɒ³³ tʰE²¹³。mei⁴²³⁻⁴² fəŋ²¹³
sɐʔ⁴²³ yɑʔ³ tsʰuɤ³³ iɐʔ²³, ɕiɒ³³ iei²¹³ piɐʔ³ kuæ³³ n̠iɒ²¹³ tɕia³³
tɐʔ³ z̪əŋ²¹³ lE²¹³ kæ⁴²³⁻⁴² xuei⁵⁵ sʅ²¹³, xæ²¹³ iou⁵⁵ kɐʔ⁴²³ ɕiɒ⁴²³⁻⁴²
næ⁴²³ næ⁴²³⁻³³ suɤ³³ ɕi⁴²³⁻⁴² kəŋ³³ i³³, tʰE²¹³ ɒ⁵⁵ səŋ²¹³ ɕiɒ³³
tɔu⁵⁵ vɒ⁵⁵ ɕiɒ³³ tʰE²¹³, tsæ⁴²³⁻⁴² vɒ⁵⁵ tɕia³³ ɕiɒ³³, piəŋ⁵⁵ tɔu⁵⁵

tɕʰi²¹³　m̠⁴²³⁻⁴²　fəŋ²¹³　ɒ⁵⁵　fəŋ²¹³　ɕiɒ³³　tɕi⁵⁵　tei⁵⁵。

tsʰuəŋ²¹³　tsʰɹ⁴²³，ɕiɒ³³　iei²¹³　xɤ²¹³　li²¹³　tsʰəŋ²¹³　pei⁵⁵　tɕiɑʔ³　tsʰəŋ²¹³　lɔu³³　tɕʰiəŋ⁵⁵　tɕia³³，li²¹³　tsʰəŋ²¹³　zəŋ²¹³　tɕiei⁵⁵　lɔu³³　ɕiɒ³³　iei²¹³　zəŋ²¹³　tɕiɔu⁵⁵　"pæ⁵⁵　səŋ³³　kuər⁵⁵"，ɕiɒ³³　iei²¹³　zəŋ²¹³　tɕiɔu⁵⁵　li²¹³　tsʰəŋ²¹³　zəŋ²¹³　"ɕiɒ⁴²³⁻⁴²　vE⁵⁵　səŋ³³"，tuei⁵⁵　ma⁵⁵　tɕi⁴²³⁻⁴²　tɕy⁵⁵，sua⁴²³⁻⁴²　ɕiɔu⁵⁵　sua⁴²³⁻⁴²　ɕiɔu⁵⁵。iɔu⁵⁵　sɹ⁵⁵　y⁵⁵　tɔu⁵⁵　tʰei³³　tsE³³　zəŋ²¹³　xuɤ⁵⁵，mɑʔ³　na³³　səŋ³³　tɕi⁵⁵，pei⁵⁵　xu⁵⁵　ɕiɒ³³　tʰou²¹³　pəŋ⁵⁵，tɕiɑʔ³　tɕʰiəŋ³³　səŋ⁵⁵　tuɤ³³。sɹ²¹³　tsɹ⁵⁵　tɕiəŋ³³　zʐʔ³，tɕi⁴²³⁻⁴²　piɑʔ³　ȵiei²¹³　lE²¹³，liɒ⁴²³⁻⁴²　ɕiei⁵⁵　zəŋ²¹³　miəŋ²¹³　xɤ²¹³　mu⁵⁵　ɕiɒ³³　tsʰu⁴²³，pei⁵⁵　pei⁵⁵　ɕiɒ³³　tsʰuæ²¹³。

<h1 style="text-align:center">三</h1>

<h2 style="text-align:center">襄垣各地地名的来历</h2>

ɕiɒ³³　iei²¹³　kɑʔ³　ti⁵⁵　ti⁵⁵　miəŋ²¹³　tɐʔ³　lE²¹³　liɐʔ³

1. 关于五阳的来历，说后羿从天上射下九个太阳，其中有五个落在这里，因此得名五阳。

kuæ³³　y²¹³　vu⁴²³⁻⁴²　iɒ²¹³　tɐʔ³　lE²¹³　liɐʔ³，suɑʔ³　xou⁵⁵　i⁵⁵　tsʰuəŋ²¹³　tʰei³³　ɒ⁵⁵　sɤ⁵⁵　ɕia⁵⁵　tɕiou⁴²³⁻⁴²　kɐʔ³　tʰE⁵⁵　iɒ²¹³，tɕʰi²¹³　tsuəŋ³³　iou⁴²³⁻⁴²　vu⁴²³⁻⁴²　kɐʔ³　luɑʔ³　tsE⁵⁵　tsɐʔ⁴²³　li⁴²³，iəŋ³³　tsʰɹ⁴²³⁻⁴²　tiɐʔ³　miəŋ²¹³　vu⁴²³⁻⁴²　iɒ²¹³。

2. 虒亭的来历。虒亭之名是春秋时晋国大夫羊舌赤起的。当时，这个地方有一座城邑，名叫铁染城。城的四周山高林密、野兽众多，尤其是有几只老虎，十分凶猛，时常闯入城中伤人。城中百姓苦不堪言。

当时，晋文公手下有两员大将，一个叫魏丑，一个叫崔征。二人决心为民除害，杀死老虎。魏、崔二人带领士兵上山，经过十多天的围猎，将老虎全部围在甄平山的一个山岭里。于是，二人带领士兵在岭上将虎全部捉住，无一漏网。他们在铁染城外建唠一个很大的笼，将虎放在里头，困唠起来。在笼边分别建唠两个高亭，目的是为唠看守老虎。人们叫大笼为虎笼，叫亭为上虎亭和下虎亭。过唠一段时间，老虎被困饿而死。虎患已绝，人们便在虎亭四周盖起房屋，定居下来，慢慢形成唠村落，并定名为"虎亭村"。

后来晋文公分封时，将虎亭这块儿地方封给唠大夫羊舌赤。羊舌赤一到领地，就十分不高兴。他想，虎是吃羊的，羊是怕虎的，自己叫羊舌赤，这个地方叫虎亭，极为不祥，千万不行。羊舌赤毕竟是个大夫，不是个白吃饭的，瞑目沉思唠一会儿，眉头一皱，计上心来，他把地名中的"虎"字加上两笔就变成唠"虒"，既保留唠原来的"虎"字，音又变成唠"虒"。虒者，死也，"死虎"当然不可怕了，不要说是羊，连小虫儿也不怕它！就这样，"虎亭村"改成唠"虒亭村"。

ʂʅ³³ tʰiəŋ²¹³ tɤʔ³ lɛ²¹³ lieʔ³。ʂʅ³³ tʰiəŋ²¹³ tsʅ³³ miəŋ²¹³ ʂʅ⁵⁵ tsʰuəŋ³³ tɕʰiou³³ ʂʅ²¹³ tɕiəŋ⁵⁵ kuɤʔ³ ta⁵⁵ fu³³ iŋ²¹³ ʂɤʔ⁴²³ tsʰɤʔ³ tɕʰi^{h:423-42} tɤʔ³。tɒ³³ ʂʅ²¹³，tsɤʔ⁴²³ kɤʔ³ ti⁵⁵ fɒ³³ iou⁴²³⁻⁴² iɤʔ³ tsuɤ⁵⁵ tsʰəŋ²¹³ i²¹³，miəŋ²¹³ tɕiou⁵⁵ tʰiɑʔ³ zæ⁴²³ tsʰəŋ²¹³。tsʰəŋ²¹³ tɤʔ³ ʂʅ⁵⁵ tsou³³ sæ³³ kou³³ liəŋ²¹³ mieʔ³、iɤ⁴²³⁻⁴² sou⁵⁵ tsuəŋ⁵⁵ tuɤ³³，iou²¹³ tɕʰi^{h:213} ʂʅ⁵⁵ iou⁴²³⁻⁴² tɕi⁴²³⁻⁴² tsɤʔ³ lɒ⁴²³⁻⁴² xu⁴²³，sɤʔ⁴²³

fəŋ³³ ɕyəŋ³³ məŋ⁴²³, sʅ²¹³ tsʰɒ²¹³ tsʰuɒ⁴²³⁻⁴² ʐuɐʔ³ tsʰəŋ²¹³ tsuəŋ³³

sɒ³³ z̩əŋ²¹³。tsʰəŋ²¹³ tsuəŋ³³ piɑʔ³ ɕiəŋ⁵⁵ kʰu⁴²³⁻⁴² pɐʔ³ kʰæ³³

iei²¹³。

　　tɒ³³ sʅ²¹³, tɕiəŋ⁵⁵ vəŋ²¹³ kuəŋ³³ sou⁴²³⁻⁴² ɕia⁵⁵ iou⁴²³⁻⁴² liɒ⁴²³

yei²¹³ ta⁵⁵ tɕiɒ⁵⁵, iɐʔ³ kɐʔ³ tɕiou⁵⁵ vei⁵⁵ tsʰou⁴²³, iɐʔ³ kɐʔ³

tɕiou⁵⁵ tsʰuei³³ tsəŋ³³。ər⁵⁵ z̩əŋ²¹³ tɕyɑʔ³ ɕiəŋ³³ vei⁵⁵ miəŋ²¹³

tsʰu²¹³ xE⁵⁵, sɑʔ³ sʅ⁴²³⁻⁴² lɒ⁴²³⁻⁴² xu⁴²³。vei⁵⁵ tsʰuei³³ ər⁵⁵ z̩əŋ²¹³

tE⁵⁵ liəŋ⁴²³⁻⁴² sʅ⁵⁵ piəŋ³³ sɒ⁵⁵ sæ³³, tɕiəŋ³³ kuɤ⁵⁵ sɐʔ⁴²³ tuɤ³³

tʰei³³ tɐʔ³ vei²¹³ liaʔ³, tɕiɒ³³ lɒ⁴²³⁻⁴² xu⁴²³ tɕʰyei²¹³ pu⁵⁵ vei²¹³

tsE⁵⁵ tsəŋ³³ pʰiəŋ²¹³ sæ³³ tɐʔ³ iɐʔ³ kɐʔ³ sæ³³ liəŋ⁴²³⁻⁴² li⁴²³。

y²¹³ sʅ⁵⁵, ər⁵⁵ z̩əŋ²¹³ tE⁵⁵ liəŋ⁴²³⁻⁴² sʅ⁵⁵ piəŋ³³ tsE⁵⁵ liəŋ⁴²³⁻⁴² ɒ⁵⁵

tɕiɒ³³ xu⁴²³ tɕʰyei²¹³ pu⁵⁵ tsuɑʔ³ tsu⁵⁵, vu²¹³ iɐʔ³ lou⁵⁵ vɒ⁴²³。

tʰa³³ məŋ²¹³⁻⁵⁵ tsE⁵⁵ tʰiaʔ³ z̞æ⁴²³⁻⁴² tsʰəŋ²¹³ vE⁵⁵ tɕiei⁵⁵ lɔu³³ iɐʔ³

kɐʔ³ xəŋ⁴²³⁻⁴² ta⁵⁵ tɐʔ³ luəŋ²¹³, tɕiɒ³³ xu⁴²³⁻⁴² fɒ⁵⁵ tsE⁵⁵ li⁴²³⁻⁴²

tʰou²¹³, kʰuəŋ⁵⁵ lɔu³³ tɕʰi⁴²³⁻⁴² lE²¹³。tsE⁵⁵ luəŋ²¹³ pei³³ fəŋ³³

piɑʔ⁴²³ tɕiei⁵⁵ lɔu³³ liɒ⁴²³⁻⁴² kɐʔ³ kou³³ tʰiəŋ²¹³, maʔ³ tiɐʔ³ sʅ⁵⁵

vei⁵⁵ lɔu³³ kʰæ³³ sou⁴²³ lɒ⁴²³⁻⁴² xu⁴²³。z̩əŋ²¹³ məŋ²¹³⁻⁵⁵ tɕiou⁵⁵

ta⁵⁵ luəŋ²¹³ vei²¹³ xu⁴²³⁻⁴² luəŋ²¹³, tɕiou⁵⁵ tʰiəŋ²¹³ vei²¹³ sɒ⁵⁵

xu⁴²³⁻⁴² tʰiəŋ²¹³ xɤ²¹³ ɕia⁵⁵ xu⁴²³⁻⁴² tʰiəŋ²¹³。kuɤ⁵⁵ lɔu³³ iɐʔ³

tuæ⁵⁵ sʅ²¹³ tɕiei³³, lɒ⁴²³⁻⁴² xu⁴²³ pi⁵⁵ kʰuəŋ⁵⁵ ɤ⁵⁵ ər²¹³ sʅ⁴²³。

xu⁴²³⁻⁴² xuæ⁵⁵ i⁴²³⁻⁴² tɕyɑʔ³, z̩əŋ²¹³ məŋ²¹³⁻⁵⁵ pei⁵⁵ tsE⁵⁵ xu⁴²³⁻⁴²

tʰiəŋ²¹³ sʅ⁵⁵ tsou³³ kE⁵⁵ tɕʰi⁴²³⁻⁴² fɒ²¹³ vɐʔ²⁻⁵, tiəŋ⁵⁵ tɕy³³ ɕia⁵⁵

lE²¹³, mæ⁵⁵ mæ⁵⁵ ɕiəŋ²¹³ tsʰəŋ²¹³ lɔu³³ tsʰuəŋ³³ luaʔ³, piəŋ⁵⁵

tiəŋ⁵⁵ miəŋ²¹³ vei²¹³ "xu⁴²³⁻⁴² tʰiəŋ²¹³ tsʰuəŋ³³"。

xou⁵⁵ lɛ²¹³ tɕiəŋ⁵⁵ vəŋ²¹³ kuəŋ³³ fəŋ³³ fəŋ³³ sʅ²¹³, tɕiɒ³³ sʅ³³ tʰiəŋ²¹³ tseʔ⁴²³ kʰuɐr⁵⁵ ti⁵⁵ fɒ⁵⁵ fəŋ³³ kɐʔ⁴²³ lou³³ ta⁵⁵ fu³³ iɒ²¹³ sɐʔ⁴²³ tsʰɐʔ³。 iɒ²¹³ sɐʔ⁴²³ tsʰɐʔ³ iɐʔ³ tou⁵⁵ liəŋ⁴²³⁻⁴² ti⁵⁵, tɕiou⁵⁵ sɐʔ⁴²³ fəŋ³³ pɐʔ³⁻⁴²³ kou³³ ɕiəŋ⁵⁵。 tʰa³³ ɕiɒ⁴²³⁻⁴², xu⁴²³ sʅ⁵⁵ tsʰɐʔ³ iɒ²¹³ tɐʔ³, iɒ²¹³ sʅ⁵⁵ pʰa⁵⁵ xu⁴²³⁻⁴² tɐʔ³, tsʅ⁵⁵ tɕi⁴²³⁻⁴² tɕiou⁵⁵ iɒ²¹³ sɐʔ⁴²³ tsʰɐʔ³, tsɐʔ⁴²³ kɐʔ³ ti⁵⁵ fɒ³³ tɕiou⁵⁵ xu⁴²³⁻⁴² tʰiəŋ²¹³, tɕiɐʔ³ vei²¹³ pɐʔ⁴²³⁻⁴² ɕiɒ²¹³, tɕʰiei³³ væ⁵⁵ pɐʔ³⁻⁴²³ ɕiəŋ²¹³。 iɒ²¹³ sɐʔ⁴²³ tsʰɐʔ³ pi⁵⁵ tɕiəŋ⁵⁵ sʅ⁵⁵ kɐʔ³ ta⁵⁵ fu³³, pɐʔ⁴²³ sʅ⁵⁵ kɐʔ³ piaʔ⁴²³ tsʰɐʔ³ fæ⁵⁵ tɐʔ³。 miəŋ²¹³ maʔ³ tsʰəŋ²¹³ sʅ³³ lou³³ iɐʔ³ xuɐr⁴²³⁻⁵⁵, mi²¹³ tʰou²¹³ iɐʔ³ tsou⁵⁵, tɕi⁵⁵ sɒ⁵⁵ ɕiəŋ³³ lɛ²¹³, tʰa³³ pa⁴²³⁻⁴² ti⁵⁵ miəŋ²¹³ tsuəŋ³³ tɐʔ³ " xu⁴²³⁻⁴² " tsʅ⁵⁵ tɕia³³ sɒ⁵⁵ liɒ⁴²³⁻⁴² piɐʔ³ tɕiou⁵⁵ pei⁵⁵ tsʰəŋ²¹³ lou³³ " sʅ³³ ", tɕi⁵⁵ pɒ⁴²³⁻⁴² liou²¹³ lou³³ yei²¹³ lɛ²¹³ " xu⁴²³⁻⁴² " tsʅ⁵⁵, iəŋ³³ iou⁵⁵ pei⁵⁵ tsʰəŋ²¹³ lou³³ " sʅ³³ "。 sʅ³³ tsɤ⁴²³, sʅ⁴²³⁻⁴² iɤ⁴²³, " sʅ⁴²³⁻⁴² xu⁴²³ " tɒ³³ zæ²¹³ pɐʔ³⁻⁴²³ pʰa⁵⁵ lɐʔ²⁻⁵, pɐʔ³⁻⁴²³ iou⁵⁵ suaʔ³ sʅ⁵⁵ iɒ²¹³, lei²¹³ ɕiɒ⁴²³⁻⁴² tsʰuɐr²¹³⁻⁵⁵ iɤ⁴²³⁻⁴² pɐʔ³⁻⁴²³ pʰa⁵⁵ tʰa³³! tɕiou⁵⁵ tsɐʔ⁴²³ iɒ⁵⁵, " xu⁴²³⁻⁴² tʰiəŋ²¹³ tsʰuəŋ³³ " kæ⁴²³⁻⁴² tsʰəŋ²¹³ lou³³ " sʅ³³ tʰiəŋ²¹³ tsʰuəŋ³³ "。

3. 襄垣虒亭镇有个箭壑村。相传西汉末年，刘秀被王莽追杀至此。王莽开弓放箭直射刘秀，亏是路旁有一巨石，刘秀躲在石后，幸免于难，但巨石上被利箭划开一壑，所以叫箭壑。

ɕiɒ³³ iei²¹³ sʅ³³ tʰiəŋ²¹³ tsəŋ⁵⁵ iou⁴²³⁻⁴² kɐʔ³ tɕiei⁵⁵ xɐʔ³ tsʰuəŋ³³。 ɕiɒ³³ tsʰuæ²¹³ ɕi³³ xæ⁵⁵ maʔ³ ȵiei²¹³, liou²¹³ ɕiou⁵⁵ pi⁵⁵ vɒ²¹³ mɒ⁴²³ tsuei³³ saʔ³ tsʅ⁵⁵ tsʰʅ⁴²³。 vɒ²¹³ mɒ⁴²³ kʰɛ³³

kuəŋ³³ fɒ⁵⁵ tɕiei⁵⁵ tsɤʔ⁴²³ sɤ⁵⁵ liou²¹³ ɕiou⁵⁵，kʰuei³³ sʅ⁵⁵ lou⁵⁵
pʰɒ²¹³ iou⁴²³⁻⁴² iɐʔ³ tɕy⁵⁵ sɐʔ³，liou²¹³ ɕiou⁵⁵ tuɤ⁴²³⁻⁴² tsE⁵⁵ sɐʔ³
xou⁵⁵，ɕiəŋ⁵⁵ mei⁴²³⁻⁴² y²¹³ næ⁵⁵，tæ⁵⁵ tɕy⁵⁵ sɐʔ³ ɒ⁵⁵ pi⁵⁵ li⁵⁵
tɕiei⁵⁵ xua²¹³ kʰE³³ iɐʔ³ xɐʔ³，suɤ⁴²³⁻⁴² i⁴²³ tɕiɔu⁵⁵ tɕiei⁵⁵ xɐʔ³。

4. 襄垣县的常隆村，说是古时有十条恶龙为虐，大禹治水时
与十条恶龙进行唠一场生死搏斗，结果九条恶龙被降伏，有一条逃
到此地藏唠起来，因此得名藏龙。后来宋太祖赵匡胤路经此地，遇
一樵夫，问："此地何名？"樵夫答道："藏龙。"赵匡胤闻之失
色道："此地藏龙，对朕称王极为不利。"于是，吩咐随从转告乡
里，改藏龙为常隆。

ɕin³³ iei²¹³ ɕiei⁵⁵ tɐʔ³ tsʰɒ²¹³ lyəŋ²¹³ tsʰuəŋ³³，suaʔ³ sʅ⁵⁵
ku⁴²³⁻⁴² sʅ²¹³ iou⁴²³⁻⁴² sɐʔ⁴²³ tʰiou²¹³ ŋɒʔ³ lyəŋ²¹³ vei²¹³ iaʔ³，
ta⁵⁵ y⁴²³⁻⁴² tsʅ⁵⁵ suei⁴²³⁻⁴² sʅ²¹³ y⁴²³⁻⁴² sɐʔ⁴²³ tʰiou²¹³ ŋɒʔ³ lyəŋ²¹³
tɕiəŋ⁵⁵ ɕiəŋ²¹³ lou³³ iɐʔ³ tsʰɒ⁴²³⁻⁴² səŋ³³ sʅ⁴²³⁻⁴² pɒʔ³ tou⁵⁵，tɕiaʔ³
kuɤ⁴²³⁻⁴² tɕiou⁴²³ tʰiɔu²¹³ ŋɒʔ³ lyəŋ²¹³ pi⁵⁵ ɕin²¹³ fɐʔ⁴²³，iou⁴²³⁻⁴²
iɐʔ³ tʰiɔu²¹³ tʰɔu²¹³ tɔu⁵⁵ tsʰʅ⁴²³⁻⁴² ti⁵⁵ tsʰɒ²¹³ lou³³ tɕʰi⁴²³⁻⁴² lE²¹³，
iəŋ³³ tsʰʅ⁴²³⁻⁴² tiɐʔ³ miəŋ²¹³ tsʰɒ²¹³ lyəŋ²¹³。xou⁵⁵ lE²¹³ suəŋ⁵⁵
tʰE⁵⁵ tsu⁴²³⁻⁴² tsɔu⁵⁵ kʰuɒ³³ iəŋ⁵⁵ lou⁵⁵ tɕiəŋ³³ tsʰʅ⁴²³⁻⁴² ti⁵⁵，y⁵⁵
iɐʔ³ tɕʰiɔu²¹³ fu³³，vəŋ⁵⁵："tsʰʅ⁴²³⁻⁴² ti⁵⁵ xɤ²¹³ miəŋ²¹³？"tɕʰiɔu²¹³
fu³³ tɒʔ³ tɔu⁵⁵："tsʰɒ²¹³ lyəŋ²¹³。"tsɔu⁵⁵ kʰuɒ³³ iəŋ⁵⁵ vəŋ²¹³
tsʅ³³ sɐʔ³ sɐʔ³ tou⁵⁵："tsʰʅ⁴²³⁻⁴² ti⁵⁵ tsʰɒ²¹³ lyəŋ²¹³，tuei⁵⁵ tsəŋ⁵⁵
tsʰəŋ³³ vɒ²¹³ tɕiɐʔ³ vei²¹³ pɐʔ³⁻⁴²³ li⁵⁵。"y²¹³ sʅ⁵⁵，fəŋ³³ fu³³
suei²¹³ tsʰuəŋ²¹³ tsuæ⁴²³⁻⁴² kɔu⁵⁵ ɕin³³ li⁴²³，kæ⁴²³⁻⁴² tsʰɒ²¹³ lyəŋ²¹³
vei²¹³ tsʰɒ²¹³ lyəŋ²¹³。

5. 在襄垣的夏店有个马喊村，村名的来历说的就是张良的故事。相传在汉朝时，刘邦当唠皇帝，大封群臣，刘姓将领都封为王，立下汗马功劳的韩信却封为侯。身为汉初三老的张良看出刘邦的私心，就不辞而别，回到故乡襄垣隐居。刘邦痛失良臣，便带领人马日夜追赶。当来到襄垣夏店地界时，烈日炎炎，人困马乏，刘邦便令军士找水，但找唠半天，一滴水也没呐找着。刘邦不信，便亲自下马来找。突然马蹄陷入一块石头之中，兀马一声长嘶，猛然拔蹄，只见蹄下一股清泉喷涌而出，直到人马喝足，兀泉还是涌流不竭。刘邦深感稀奇，将此地命为"马喊"，将兀股清泉命为"马刨泉"。

tsE⁵⁵ ɕiŋ³³ iei²¹³ tɐʔ³ ɕia⁵⁵ tei⁵⁵, iou⁴²³⁻⁴² kɐʔ³ ma⁴²³⁻⁴²
xæ⁴²³ tsʰuɐŋ³³, tsʰuɐŋ³³ miəŋ²¹³ tɐʔ³ lE²¹³ liɐʔ³ sua ʔ³ tɐʔ³ tɕiou⁵⁵
sʅ⁵⁵ tsɒ³³ liŋ²¹³ tɐʔ³ ku⁵⁵ sʅ⁵⁵。ɕiŋ³³ tsʰuæ²¹³ tsE⁵⁵ xæ⁵⁵ tsʰou²¹³
sʅ²¹³, liou²¹³ pɒ³³ tɒ³³ lou³³ xuŋ²¹³ ti⁵⁵, ta⁵⁵ fəŋ³³ tɕʰyəŋ²¹³
tsʰəŋ²¹³, liou²¹³ ɕiəŋ⁵⁵ tɕiŋ⁵⁵ liəŋ⁴²³⁻⁴² tou³³ fəŋ³³ vei²¹³ vɒ²¹³,
liɐʔ³ ɕia⁵⁵ xæ⁵⁵ ma⁴²³⁻⁴² kuəŋ³³ lou²¹³ tɐʔ³ xæ²¹³ ɕiəŋ⁵⁵ tɕʰiaʔ³
fəŋ³³ vei²¹³ xou²¹³。səŋ³³ vei²¹³ xæ⁵⁵ tsʰuɤ³³ sæ³³ lɒ⁴²³⁻⁴² tɐʔ³
tsɒ³³ liŋ²¹³ kʰæ⁵⁵ tsʰua ʔ³ liou²¹³ pɒ³³ tɐʔ³ sʅ³³ ɕiəŋ³³, ɕiou⁵⁵
pɐʔ³⁻⁴²³ tsʰʅ²¹³ ər²¹³ piaʔ⁴²³, xuei²¹³ tou⁵⁵ ku⁵⁵ ɕiŋ³³ ɕiŋ³³ iei²¹³
iəŋ⁴²³⁻⁴² tɕy³³。liou²¹³ pɒ³³ tʰuəŋ⁵⁵ sɐʔ³ liŋ²¹³ tsʰəŋ²¹³, pei⁵⁵ tE⁵⁵
liəŋ⁴²³⁻⁴² zʐəŋ²¹³ ma⁴²³⁻⁴² zʐɐʔ³ iɤ⁵⁵ tsuei³³ kæ⁴²³。tɒ³³ lE²¹³ tou⁵⁵
ɕiŋ³³ iei²¹³ ɕia⁵⁵ tei⁵⁵ ti⁵⁵ tɕiɤ⁵⁵ sʅ²¹³, liaʔ³ zʐɐʔ³ iei²¹³ iei²¹³,
zʐəŋ²¹³ kʰuəŋ⁵⁵ ma⁴²³⁻⁴² faʔ⁴²³, liou²¹³ pɒ³³ pei⁵⁵ liəŋ⁵⁵ tɕyəŋ³³
sʅ²¹³ tsɒ⁴²³⁻⁴² suei⁴²³, tæ⁵⁵ tsɒ⁴²³⁻⁴² lou³³ pæ⁵⁵ tʰei³³, iɐʔ³ tiaʔ³

suei⁴²³⁻⁴² iɤ⁴²³ maʔ³ na³³ tsɒ⁴²³⁻⁴² tsɐʔ³。liou²¹³ pɒ³³ pɐʔ³⁻⁴²³ ɕiəŋ⁵⁵, pei⁵⁵ tɕʰiəŋ³³ tsʅ⁵⁵ ɕia⁵⁵ ma⁴²³⁻⁴² lE²¹³ tsɒ⁴²³。tʰuɐʔ³ zʑæ²¹³ ma⁴²³⁻⁴² tʰi²¹³ ɕiei⁵⁵ zuɐʔ³ iɐʔ³ kʰuE⁵⁵ sɐʔ³ tʰou²¹³⁻³³ tsʅ³³ tsuəŋ³³ veʔ³ ma⁴²³⁻⁴² iɐʔ³ səŋ³³ tsʰɒ²¹³ sʅ³³, məŋ⁴²³⁻⁴² zʑæ²¹³ paʔ⁴²³ tʰi²¹³, tsɐʔ³ tɕiei⁵⁵ tʰi²¹³ ɕia⁵⁵ iɐʔ³ ku⁴²³⁻⁴² tɕʰiəŋ³³ tɕʰyei²¹³ pʰəŋ³³ yəŋ⁴²³⁻⁴² ər²¹³ tsʰuɒʔ³, tsɐʔ⁴²³ tɔu⁵⁵ zʑəŋ²¹³ ma⁴²³⁻⁴² xaʔ³ tɕyaʔ³, veʔ³ tɕʰyei²¹³ xæ²¹³ sʅ⁵⁵ yəŋ⁴²³⁻⁴² liou²¹³ pɐʔ³⁻⁴²³ tɕiaʔ³。liou²¹³ pɒ³³ səŋ³³ kæ⁴²³⁻⁴² ɕi³³ tɕʰi²¹³, tɕiɒ³³ tsʰʅ⁴²³⁻⁴² ti⁵⁵ miəŋ⁵⁵ vei²¹³ "ma⁴²³⁻⁴² xæ⁴²³", tɕiɒ³³ veʔ³ ku⁴²³⁻⁴² tɕʰiəŋ³³ tɕʰyei²¹³ miəŋ⁵⁵ vei²¹³ "ma⁴²³⁻⁴² pɔu³³ tɕʰyei²¹³"。

6. 襄垣县的古韩镇有个好去处，叫"凉楼"，古为县八景之一。凉楼的附近有个村叫北里信，北里信村东南有处水潭，叫鹿哭泉。相传在很早时，这里有一对夫妻，生唠一个儿，除唠两只正常的眼外，左胳膊上还长有一只眼睛，取名"三目子"。因其与常人不同，父母为避灾祸，便将三目子遗弃荒郊，三目子被一只鹿衔走。后来，有一个猎人路过鹿洞，发现唠洞内的三目子，便将其带回家中抚养。鹿回来后，不见唠三目子，四处寻寻不见，垂泪成行，忧郁成疾。兀滴滴鹿泪化作一股清泉，人称"鹿哭泉"。据说喝唠此泉可使无奶的产妇乳汁如注，所以来这里求奶的人很多。

三目子四岁卫〓年，经百法和尚点化，左胳膊上的卫〓只眼睛睁开啦，便到建封寺修炼，十岁开始游方，人称三目僧。三目僧原是隐居在燕山脚下的南天隐叟，因与姜太公斗法失败，被黄飞虎发配到古韩，才投胎人间。三目僧为唠报答黄飞虎的不杀之恩，便为黄飞虎三月二十八的生辰修建唠一座规模宏大的祝寿圣殿，中有凉楼最为壮观。夏季来临，此楼内却凉爽如秋，故称"凉楼"，由此而形成了方圆百里的凉楼大会。

ɕiŋ³³ iei²¹³ ɕiei⁵⁵ tɐʔ³ ku⁴²³⁻⁴² xæ²¹³ tsəŋ⁵⁵ iou⁴²³⁻⁴² kɐʔ³ xɒ⁴²³⁻⁴² tsʰuɐʔ⁴²³ tsʰuɐʔ³, tɕiɔu⁵⁵ liŋ²¹³ lou²¹³, ku⁴²³⁻⁴² vei²¹³ ɕiei³³ paʔ³ tɕiəŋ⁴²³⁻⁴² tsʅ³³ iɐʔ³。liŋ²¹³ lou²¹³ tɐʔ³ fu⁵⁵ tɕiəŋ⁵⁵ iou⁴²³⁻⁴² kɐʔ³ tsʰuəŋ³³ tɕiou⁵⁵ piɐʔ³ li⁴²³⁻⁴² ɕiəŋ⁵⁵, piɐʔ³ li⁴²³⁻⁴² ɕiəŋ⁵⁵ tsʰuəŋ³³ tuəŋ³³ næ²¹³ iou⁴²³⁻⁴² tsʰu⁵⁵ suei⁴²³⁻⁴² tʰæ²¹³, tɕiou⁵⁵ luaʔ³ kʰuɐʔ³ tɕʰyei²¹³。ɕiŋ³³ tsʰuæ²¹³ tsE⁵⁵ xəŋ²¹³ tsɒ⁴²³ sʅ²¹³, tsɐʔ⁴²³ li⁴²³⁻⁴² iou⁴²³ iɐʔ³ tuei⁵⁵ fu³³ tɕʰi³³, səŋ³³ lɒu³³ iɐʔ³ kɐʔ³ ər²¹³, tsʰu²¹³ lɔu³³ liŋ⁴²³⁻⁴² tsɐʔ³ tsəŋ⁵⁵ tsʰɒ²¹³ tɐʔ³ iei⁴²³⁻⁴² vE⁵⁵, tsuɣ⁴²³⁻⁴² kɐʔ³ paʔ³ sɒ⁵⁵ tsɒ⁴²³⁻⁴² iou⁴²³ iɐʔ³ tsɐʔ³ iei⁴²³⁻⁴² tɕiəŋ³³, tɕʰy⁴²³⁻⁴² miəŋ²¹³ sæ³³ maʔ³ tsʅ⁴²³。iəŋ³³ tɕʰi²¹³ y⁴²³⁻⁴² tsʰɒ²¹³ zəŋ²¹³ pɐʔ³⁻⁴²³ tʰuəŋ²¹³, fu⁵⁵ m̠⁴²³⁻⁴² vei⁵⁵ pi⁵⁵ tsE⁵⁵ xuɣ⁵⁵, pei⁵⁵ tɕiŋ³³ sæ³³ maʔ³ tsʅ⁴²³⁻⁴² i²¹³ tɕʰi⁵⁵ xuɒ³³ tɕiŋ³³, tɐʔ³ sæ³³ maʔ³ tsʅ⁴²³ pi⁵⁵ iɐʔ³ tsɐʔ³ luaʔ³ ɕiei²¹³ tsou⁴²³。xou⁵⁵ lE²¹³, iou⁴²³⁻⁴² iɐʔ³ kɐʔ³ liaʔ³ zəŋ²¹³ lou⁵⁵ kuɣ⁵⁵ luaʔ³ tuəŋ⁵⁵, faʔ³ ɕiei⁵⁵ lɔu³³ tuəŋ⁵⁵ nuei⁵⁵ tɐʔ³ sæ³³ maʔ³ tsʅ⁴²³, pei⁵⁵ tɕiŋ³³ tɕʰi²¹³ tE⁵⁵ xuei²¹³ tɕia³³ tsuəŋ³³ fu⁴²³⁻⁴² iŋ⁴²³。luaʔ³ xuei²¹³ lE²¹³ xou⁵⁵ pɐʔ³⁻⁴²³ tɕiei⁵⁵ lɔu³³ sæ³³ maʔ³ tsʅ⁴²³, sʅ⁵⁵ tsʰu⁵⁵ ɕiəŋ²¹³ ɕiəŋ²¹³ pɐʔ³⁻⁴²³ tɕiei⁵⁵, tsʰuei²¹³ luei⁵⁵ tsʰəŋ²¹³ xɒ²¹³, iou³³ y⁵⁵ tsʰəŋ²¹³ tɕiɐʔ³。vɐʔ³ tiaʔ³ tiaʔ³ luaʔ³ luei⁵⁵ xua⁵⁵ tsuɐʔ³ iɐʔ³ ku⁴²³⁻⁴² tɕʰiəŋ³³ tɕʰyei²¹³, zəŋ²¹³ tsʰəŋ³³ luaʔ³ kʰuɐʔ³ tɕʰyei²¹³。tɕy⁵⁵ suaʔ³ xaʔ³ lɔu³³ tsʰʅ⁴²³⁻⁴² tɕʰyei²¹³ kʰɣ⁴²³⁻⁴² sʅ⁴²³ vu²¹³ næ⁴²³⁻⁴² tɐʔ³ tsʰæ⁴²³⁻⁴² fu⁵⁵ zu⁴²³⁻⁴² tsʅ³³ zu²¹³ tsu⁵⁵, suɣ⁴²³⁻⁴² i⁴²³ lE²¹³ tsɐʔ^{423} li$^{423\text{-}42}$ tɕʰiou^{213} næ$^{423\text{-}42}$ tɐʔ^{3} zɵŋ^{213} xəŋ$^{423\text{-}42}$ tuɤ^{33}。

sæ^{33} maʔ^{3} tsɿ$^{423\text{-}42}$ sɿ^{55} suei^{55} vei^{55} ȵiei^{213}, tɕiəŋ^{33} piaʔ^{3} faʔ^{3} xuɤ^{213} sɒ^{55} tei$^{423\text{-}42}$ xua^{55}, tsuɤ$^{423\text{-}42}$ kɐʔ^{3} paʔ^{3} sɒ^{55} tɐʔ^{3} vei^{55} tsɐʔ^{3} iei$^{423\text{-}42}$ tɕiəŋ^{33} tsəŋ^{33} kʰE^{33} la^{33}, pei^{55} tɔu^{55} tɕiei^{55} fəŋ^{33} sɿ^{55} ɕiou^{33} lei^{55}, sɐʔ^{423} suei^{55} kʰE^{33} sɿ$^{423\text{-}42}$ iou^{213} fɒ^{33}, zɵŋ^{213} tsʰən^{33} sæ^{33} maʔ^{3} sən^{33}。sæ^{33} maʔ^{3} sən^{33} yei^{213} sɿ^{55} iəŋ$^{423\text{-}42}$ tɕy^{33} tsE^{55} iei^{33} sæ^{33} tɕiaʔ^{3} ɕia^{55} tɐʔ^{3} næ^{213} tʰei^{33} iəŋ$^{423\text{-}42}$ sou^{423}, iəŋ^{33} y$^{423\text{-}42}$ tɕiɒ^{33} tʰE^{55} kuəŋ^{33} tou^{55} faʔ^{3} sɐʔ^{3} pE^{55}, pi^{55} xuɒ^{213} fei^{33} xu$^{423\text{-}42}$ faʔ^{3} pʰei^{55} tɔu^{55} ku$^{423\text{-}42}$ xæ^{213}, tsʰE^{213} tʰou^{213} tʰE^{33} zɵŋ^{213} tɕiei^{33}。sæ^{33} maʔ^{3} sən^{33} vei^{55} lou^{33} pɔu^{55} taʔ^{3} xuɒ^{213} fei^{33} xu$^{423\text{-}42}$ tɐʔ^{3} pɐʔ$^{3\text{-}423}$ saʔ^{3} tsɿ^{33} əŋ^{33}, pei^{55} vei^{55} xuɒ^{213} fei^{33} xu$^{423\text{-}42}$ sæ^{33} yaʔ^{3} ər^{55} sɐʔ^{423} paʔ^{3} tɐʔ^{3} sən^{33} tsʰən^{213} ɕiou^{33} tɕiei^{55} lou^{33} iɐʔ^{3} tsuɤ^{55} kuei^{33} muɤ^{213} xuəŋ^{213} ta^{55} tɐʔ^{3} tsuaʔ^{3} sou^{55} səŋ^{55} tei^{55}, tsuəŋ^{33} iou$^{423\text{-}42}$ liɒ^{213} lou^{213} tsuei^{55} vei^{213} tsuɒ^{55} kuæ^{33}。ɕia^{55} tɕi^{55} lE^{213} liəŋ^{213} tsʰɿ$^{423\text{-}42}$ lou^{213} nuei^{55} tɕʰiaʔ^{3} liɒ^{213} suɒ$^{423\text{-}42}$ zʅ^{213} tɕʰiou^{33}, ku^{55} tsʰən^{33} liɒ^{213} lou^{213}, iou^{213} tsʰɿ$^{423\text{-}42}$ ər^{213} ɕiəŋ^{213} tsʰən^{213} lou^{33} fɒ^{33} yei^{213} piaʔ^{3} li$^{423\text{-}42}$ tɐʔ^{3} liɒ^{213} lou^{213} ta^{55} xuei^{55}。

（讲述人：黄培明，2020年1月15日）

参考文献

[1]北京大学中国语言文学系语言学教研室.汉语方音字汇(第二版)[M].北京：文字改革出版社，1989.

[2]白静茹等.高平方言研究[M].太原：山西人民出版社，2005.

[3]白平.汉语史研究新论[M].太原：书海出版社，2002.

[4]闭克朝.横县平话中的韵随调转现象[J].华中师范大学学报，1991，(1).

[5]曹志耘.汉语方言中的调值分韵现象[J].中国语文，2009，(2).

[6]陈鹏飞.林州方言阳声韵鼻尾消变及其连动作用[J].殷都学刊，2006，(2).

[7]陈泽平.福安话韵母的历史音变及其共时分析方法[J].中国语文，2012，(1).

[8]崔淑慧.代县方言研究[M].太原：山西人民出版社，2005.

[9]崔容.太原北郊区方言研究[M].太原：山西人民出版社，2004.

[10]崔霞，贺红，李颖.朔州方言研究[M].太原：九州出版社，2012.

[11]常乐，任小琴.榆次方言研究[M].太原：北岳文艺出版社，2015.

[12]丁邦新.丁邦新语言学论文集[M].北京：商务印书馆，1998.

[13]丁声树编录，李荣参订.古今字音对照手册[M].北京：中华书

局，1981.

[14]董秀芳.词汇化：汉语双音词的衍生和发展[M].北京：商务印书馆，2011.

[15]高本汉.中国音韵学研究[M].北京：商务印书馆，1994.

[16]关黑拽.山西泽州方言的"V＋将＋来/去"结构[J].方言，2020，(4).

[17]贺巍.洛阳方言记略[J].方言，1984，(4).

[18]贺巍.获嘉方言研究[M].北京：商务印书馆，1989.

[19]何大安.规律与方向：变迁中的音韵结构[M].北京：北京大学出版社，2004.

[20]侯精一，温端政.山西方言调查研究报告[M].太原：山西高校联合出版社，1993.

[21]侯精一，温端政，田希诚.山西方言的分区(稿)[J].方言，1986，(2).

[22]侯精一.长治方言志[M].北京：语文出版社，1985.

[23]侯精一.晋东南地区的子变韵母[J].中国语文，1985，(2).

[24]侯精一.现代晋语的研究[M].北京：商务印书馆，1999.

[25]侯精一.现代汉语方言概论[M].上海：上海教育出版社，2002.

[26]侯兴泉.西部粤语的调值分韵[J].语言科学，2012，(3).

[27]胡双宝.文水话的自感动词结构"V＋人"[J].中国语文，1984，(4).

[28]金有景.山西襄垣方言和《中原音韵》的入声问题[J].语文研究，1989，(4).

[29]金有景.襄垣方言效摄、蟹摄(一、二等韵)字的韵母读法[J].语

文研究，1985，(2).

[30]蒋绍愚.近代汉语研究概况[M].北京：北京大学出版社，1994.

[31]李方桂.上古音研究[M].北京：商务印书馆，1980.

[32]李荣.切韵音系[M].北京：科学出版社，1956.

[33]李荣.汉语方言调查手册[M].北京：科学出版社，1957.

[34]李荣.温岭方言的变音[J].中国语文，1978，(2).

[35]李荣.音韵存稿[M].北京：商务印书馆，1982.

[36]李荣.官话方言的分区[J].方言，1985，(1).

[37]李荣.汉语方言分区的几个问题[J].方言，1985，(2).

[38]李荣.汉语方言的分区[J].方言，1989，(4).

[39]陆志韦等.汉语的构词法[M].北京：科学出版社，1964.

[40]李小平.山西临县方言舒声促化现象分析[J].山西师大学报，1998，(4).

[41]李新魁.《中原音韵》音系研究[M].郑州：中州书画社，1983.

[42]李新魁.中古音[M].北京：商务印书馆，1991.

[43]李欢.山西黎城方言的异调分韵[J].方言，2019，(1).

[44]罗常培.唐五代西北方音[M].北京：科学出版社，1961.

[45]刘淑学.中古入声字在河北方言中的读音研究[M].保定：河北大学出版社，2000.

[46]刘勋宁.隰县方言古咸山宕三摄舒声字的韵尾[J].方言，1993，(1).

[47]罗昕如.湘语中的"V人"类自感词[J].湖南师范大学社会科学学报，2006，(5).

[48]潘悟云.吴语的语音特征[J].温州师专学报，1986，(2).

[49]钱曾怡.山东方言研究[M].济南：齐鲁书社，2001.

[50]乔全生.山西方言的"V＋将＋来/去"结构[J].中国语文，1992，(1).

[51]乔全生.山西方言"子尾"研究[J].山西大学学报(哲学社会科学版)，1995，(3).

[52]乔全生.晋方言语法研究[M].北京：商务印书馆，2000.

[53]乔全生.晋语与官话非同步发展[J].方言，2003，(2)(3).

[54]乔全生.晋方言语音史研究[M].北京：中华书局，2008.

[55]乔全生.现代晋方言与唐五代西北方言的亲缘关系[J].中国语文，2004，(3).

[56]乔全生.论晋方言区的形成[J].山西大学学报(哲学社会科学版)，2004，(4).

[57]乔全生.晋方言研究综述[J].山西大学学报(哲学社会科学版)，2005，(1).

[58]乔全生.晋方言轻唇音声母的演变[J].语文研究，2005，(1).

[59]乔全生.晋方言古全浊声母的演变[J].山西大学学报(哲学社会科学版)，2005，(2).

[60]乔全生.论晋方言中的"阴阳对转"[J].晋中学院学报，2005，(2).

[61]乔全生，刘芳.长治方言"将"的共时用法及历时演变[J].山西大学学报(哲学社会科学版)，2013，(4).

[62]瞿建慧.湘语辰溆片异调变韵现象[J].中国语文，2009，(2).

[63]邵荣芬.切韵研究[M].北京：中国社会科学出版社，1982.

[64]史素芬.武乡方言研究[M].太原：山西人民出版社，2002.

[65]沈明.山西晋语古清平字的演变[J].方言，1999，(4).

[66]沈明.山西方言韵母一二等的区别[J].中国语文，1999，(6).

[67]蒋平，沈明.晋语的儿尾变调和儿化变调[J].方言，2002，(4).

[68]沈明.晋东南晋语入声调的演变[J].语文研究，2005，(4).

[69]沈明.晋语的分区(稿)[J].方言，2006，(4).

[70]孙立新.陕西方言漫话[M].北京：中国社会出版社，2004.

[71]孙小花.五台方言的入声[J].语文研究，2004，(4).

[72]徐通锵.历史语言学[M].北京：商务印书馆，1991.

[73]徐通锵.语言论：语言型语言的结构原理和研究方法[M].长春：东北师范大学出版社，1997.

[74]徐通锵.汉语研究方法论初探[M].北京：商务印书馆，2004.

[75]邢向东.神木方言研究[M].北京：中华书局，2002.

[76]邢向东.陕北晋语语法比较研究[M].北京：商务印书馆，2006.

[77]项梦冰.连城客家话语法研究[M].北京：语文出版社，1997.

[78]夏俐萍."×人"致使结构及其词汇化[J].语言科学，2016，(6).

[79]杨耐思.中原音韵音系[M].北京：中国社会科学出版社，1981.

[80]杨耐思.近代汉语音论[M].北京：商务印书馆，1997.

[81]王福堂.汉语方言语音的演变和层次(修订本)[M].北京：语文出版社，2005.

[82]王洪君.入声韵在山西方言中的演变[J].语文研究，1990，(1).

[83]王洪君.阳声韵在山西方言中的演变(上)[J].语文研究，1991，(4).

[84]王洪君.阳声韵在山西方言中的演变(下)[J].语文研究，1992，(1).

[85]王洪君.汉语非线性音系学[M].北京：北京大学出版社，1999.

[86]王力.汉语史稿[M].北京：中华书局，1980.

[87]王力.汉语语音史[M].北京：中国社会科学出版社，1985.

[88]王临惠.山西方言的"圪"字研究[J].语文研究，2002，(3).

[89]王临惠.汾河流域方言的语音特点及其流变[M].北京：中国社会科学出版社，2003.

[90]王利.长治县方言研究[M].太原：山西人民出版社，2007.

[91]王利.晋东南晋语历史比较研究[M].北京：中国社会科学出版社，2017.

[92]温端政.山西方言志丛书[M].北京：语文出版社，太原：山西高校联合出版社，1982—1999.

[93]温端政.试论山西晋语的入声[J].中国语文，1986，(2).

[94]温端政.试论晋的特点和归属[J].语文研究，1997，(2).

[95]徐国莉、庄初升.临桂县六塘土话的阳平分韵现象[J].广西师范大学学报(哲学社会科学版)，2017，(3).

[96]徐丽丽.中古阳声韵白际方言今读分析[J].清华大学学报(哲学社会科学版)，2010，(2).

[97]赵日新.中古阳声韵徽语今读分析[J].中国语文，2003，(5).

[98]赵日新，邓楠.安徽祁门军话[M].北京：商务印书馆，2019.

[99]赵秉璇.汉语、瑶语复辅音同源例证[M].载《古汉语复声母论文集》，北京：北京语言文化大学出版社，1998.

[100]张琨.汉语方言中鼻音韵尾的消失[J].史语所集刊，1983，第五十四本第一分.

[101]张崇."嵌l词"探源[J].中国语文，1993，(3).

[102]张吉生.汉语韵尾辅音演变的音系理据[J].中国语文，2007，(4).

[103]支建刚.豫北晋语中的异调分韵现象[J].中国语文，2013，(3).

[104]中国社会科学院，澳大利亚人文科学院.中国语言地图集[M].朗文(远东香港)出版有限公司，1987/1989.

[105]中国社会科学院语言研究所，中国社会科学院民族学与人类学研究所，香港城市大学语言资讯科学研究中心.中国语言地图集(第2版)[M].北京：商务印书馆，2012.

[106]中国社会科学院语言研究所.方言调查字表(修订本)[M].北京：商务印书馆，1983.

[107]Matthew Y. Chen(陈渊泉)1975.An areal Study Of nasalization in Chinese.Journal of Chinese Linguistics，Volume 1 Number 1.

后 记

　　襄垣是我的家乡，不仅物质资源丰富，人文底蕴也相当丰厚，襄垣方言也非常有特色。本书是在我硕士学位论文的基础上完成的，其中语音和词汇部分是2010年12月29日至2011年1月5日跟随恩师赵日新先生，与徐丽丽师姐历时八天，赴襄垣县古韩镇调查所得。所以说，无论是音系的确定，方言调查字表中3700多个单字音的调查，还是1000余条分类词表的调查都是在赵老师的悉心指导下完成的。2020年1月至3月，我又调查补充了词汇、语法和语料记音的相关部分。

　　跟随老师和丽丽师姐一起在县城小饭店跨年的场景似乎还在眼前，倏忽之间已经过去十一年。在这十一年中，我完成了我的硕士、博士学业，走上了教师的工作岗位，并有幸继续从事方言研究。我的恩师赵日新先生多年来一直在学术上给予我指点和鼓励，工作中给我以提醒和建议，生活中给我以关心和帮助。赵老师引领我走进方言研究的大门，每当我感到理不出头绪，不知问题如何下手的时候，老师总是微笑着提出高屋建瓴的意见，使我豁然开朗。说来惭愧，在北京外国语学院的六年求学时光，我没有十分刻苦努力地学习，没有作出什么成果。也曾经有很长一段时间感觉自己不会做方言研究这一行，浪费了很多时间去迷茫、去尝试。2017年12月到长治学院成为一名教师之后，才深刻体会到学习、创新的意义，体会到能为汉语方言研究尽一份绵薄之力是何其幸运。时常为自己没有珍惜校园的学习时光而感到懊悔，也常因成果寥寥而感到愧对恩师。时值拙作即将出版，虽然理论水平尚待进一步提高，但总算可以给恩师交一份答卷。

在从事方言研究的成长过程中，我有幸得到张振兴、侯精一、曹志耘、沈明、邢向东、张世方、高晓红、黄晓东等诸位先生的热情鼓励和真诚帮助。我的可爱的同门师兄弟姐妹们，孙宇炜、刘丹丹、陈贵秀、闫庆万、孙建华、李姣雷、徐建、张滢、朱玉柱、沈薇利等在学习、工作和生活中给予我许多真诚帮助和建议。在此，向诸位师友表达我深深的谢意。

我还要感谢一直以来给予我全力支持的父母和爱人，还要感谢一直默默支持我写作的儿子浩浩，感谢家人为我提供了强大的后勤保障和支持，让我能够在工作之余有足够的时间和精力完成这部书的写作。

我要感谢长治学院给予本书博士科研启动金的资助，感谢系领导和同事们的关心和帮助，感谢北岳文艺出版社的谢放老师。最后，我还要感谢我的发音合作人，几位发音人老师始终耐心细致、不厌其烦，感谢他们为这部书的出版付出的辛勤劳动。

因时间较紧、学力不足等原因，文中欠妥地方，恳请各位同行、专家予以批评指正。

张威娜

2021年5月25日